湖北省公益学术著作出版专项资金
Hubei Special Funds for Academic and Public-interest Publications

追光

中国光谷自主创新之路

ZHONGGUO GUANGGU
ZIZHU CHUANGXIN ZHI LU

李 琴　陶木子　贺 亮　李 佳　朱佳琦◎著

长江出版传媒　湖北科学技术出版社

图书在版编目（CIP）数据

追光：中国光谷自主创新之路 / 李琴等著 .—武汉：湖北科学技术出版社，2024.1
ISBN 978-7-5706-2945-9

Ⅰ. ①追… Ⅱ. ①李… Ⅲ. ①高技术产业区－概况－武汉 Ⅳ. ① F127.633

中国国家版本馆 CIP 数据核字（2023）第 199944 号

追光：中国光谷自主创新之路
ZHUIGUANG ZHONGGUO GUANGGU ZIZHU CHUANGXIN ZHI LU

策　　划：王小芳　魏　珩
特约策划：刘　亮　　　　责任校对：陈横宇
责任编辑：魏　珩　王承晨　　　　封面设计：曾雅明

出版发行：湖北科学技术出版社
地　　址：武汉市雄楚大街 268 号（湖北出版文化城 B 座 13—14 层）
电　　话：027-87679468　　　　邮　　编：430070

印　　刷：武汉市华康印务有限责任公司　　　　邮　　编：430021

710×1000　1/16　　18 印张　282 千字
2024 年 1 月第 1 版　　2024 年 1 月第 1 次印刷
定　　价：98.00 元

序　一

向创新要“新质生产力”，向光谷建言三十六个字

（一）

从45年前启程，改革开放45个年轮里，跨越一个又一个充满活力的“春天”，绘就了一幅波澜壮阔、气势恢宏的历史画卷。身处世界百年未有之大变局，外部环境不再“顺风顺水”，不确定性和不稳定性上升。一个国家、一个民族的发展，立足点在于走好自己的路，关键在于办好自己的事。我国经济发展进入新时代，把握新发展阶段、贯彻新发展理念、构建新发展格局、加快形成新质生产力，是由我国经济社会发展的理论逻辑、历史逻辑、现实逻辑决定的。只有坚定不移集中精力办好自己的事情，才能“乱云飞渡仍从容”“任尔东西南北风”。

习近平总书记在东北的一次考察期间，两度提到“新质生产力”。我比较早捕捉到这一新的提法并持续关注最新研究。按照马克思主义政治经济学理论，生产力就是人类改造自然和征服自然的能力，是推动社会进步的最活跃、最革命的要素，也是衡量社会发展的根本性标准。社会主义的根本任务是解放和发展社会生产力。

马克思曾说“生产力中也包括科学”，邓小平也指出“科学技术是第一生产力”。生产力的跃升是一个从量变到质变的过程。当关键性技术实现突破、发生质变，必然引发生产力核心因素的变革，从而产生新质生产力。换句话说，新质生产力迥异于“旧”和“量”，关键在“新”与“质”，是以科技创新为主导、实现关键性颠覆性技术突破而产生的生产力。没有科技的关键性突破，就没有新质生产力，先进科技是新质生产力生成的内在动力。

洞悉历史大势，掌握历史主动，奠定历史分量。“把科技自立自强作为国家发展的战略支撑”“推进关键核心技术攻关和自主创新”，写入党的第三个历史决议。时光表盘上总有一些耀眼的时刻，标注着历史的“进度条”。习近平总书记 2022 年 6 月 28 日在光谷考察时强调，科技自立自强是国家强盛之基、安全之要。加快科技自立自强，确保国内大循环畅通、塑造国际大循环新优势，必然要求整合科技创新资源，引领发展战略性新兴产业和未来产业，加快形成新质生产力。

（二）

光谷的故事，就是一个成长的故事。中国光谷，一个自主创新的故事；世界光谷，一个关乎话语权和主动权的故事。

1988 年，论干支则为壬辰，属龙。全年多有大事可叙，这是改革开放第十个年头，光谷肇始。2001 年 12 月 11 日，一柄长 32.2cm、宽 10.5cm、厚 6.3cm 的红褐色小木槌，敲响中国入世之音——此前半年，“武汉 · 中国光谷”正式诞生——次日，《长江日报》头版头条：《光谷入世》。光谷与世界，共生也共融。

发轫于三国关羽“卓刀为泉”之地，到穿城连山的生态大走廊、黄金十字轴，凡 35 年 6 次大扩容，光谷一路向东看。发展逻辑从产城人回归人城产，从东湖科学城到武汉新城，与世界同步创新，和时间赛跑；踏时代脉动节拍，同历史并进，豹变的光谷继续“长大”。

从钢而硅，从钢产量到硅含量，一场全球性“芯片战争”大幕掀起，荷兰光刻机巨头阿斯麦因“卡脖子”技术全球皆知。同样是荷兰的老牌世界 500 强企业飞利浦，与武汉合资共建的长飞公司，至今保留着一栋“服役”32 年、形似“小平房”的行政楼，见证了从“市场换技术”到“技术换市场”时代印记；见证了地处光谷的这家光纤巨头，走出一条中国特色自主创新之路，也继续见证其走好自主创新这条必由之路；还将见证其“造船出海”，从“长江边的飞利浦”逆袭为“世界的长飞”。

这也是光谷与生俱来的使命。光谷的使命具有双重性：顶天，代表中国科技参与世界竞争；立地，将科学技术真正转化为生产力。光谷代表“国家队”，参与并争夺全球产业竞争话语权和主动权，应对大变局的高水平科技自立自强，是坚实底气，更是奋斗基点。

在量变阶段布局，于质变关口卡位。光谷是我国重要的科教基地，国家战略科技建设力量，科技第一生产力、人才第一资源、创新第一动力的主要内生源头。形成新领域、新赛道、新范式的全球引领性优势，决定了必须加快形成新质生产力，建立内生育成体系。

（三）

“一个人走得快，一群人走得远”，第一家企业开在光谷的企业家雷军，在第四次年度演讲中动情回忆过“成长”：在武汉大学图书馆看完《硅谷之火》热血沸腾，当晚在操场一圈又一圈走了整整一夜。创办一家伟大的公司，梦想之火在他心里彻底点燃了。

在黑龙江狩猎 7 年半的“完达山猎户”、经济学家周其仁，在游学调研全球主要创新城市后判断，科技创新就是要有高浓度、高密度的“场”，一个鼓舞另一个，高浓度、高频度、高密度地在场互动，才能发生连锁反应。

加州大学伯克利分校科学家格雷厄姆·弗莱明经过反复尖端实验后，在《自然》杂志发表权威论文成果：光合作用始于单个光子，一个光子就可启动光合作用，光合生物可将光能转化为生命所需的化学能。

光谷为新。光谷的创新，是不灭的火炬；光谷的文化，是创新的火种。“常为新”的光谷，光电子信息产业独树一帜，文化场景也独树一帜。从 20 岁出头的大学生创业群体，到 70 多岁的“扫地僧”式企业家群落，来自五湖四海，走向四面八方，血液里流淌着创新创业基因。参天大树，灌木丛林，彼此滋养。一个个企业“光子”，扎根光谷土壤，咬定一个“垛口”冲锋，心怀定力不朝三暮四，相互合力不左顾右盼。他们，信奉专业、坚守实业、连续创业，崇尚简单、用技术说话、坚持“长期主义”，吸收“水分”和“养分”发生“光合作用”，在光谷实现“光合效应”，共营拔节生长式的文化场景，共享热带雨林式的创新生态。

光谷是个海洋。作为武汉具有全国影响力的科技创新中心主战场，光谷不妨博采大湾区、长三角之众长，把“科技创新中心”聚焦在“产业科技创新中心”。两字之差内涵却略不同，后者注重以企业为导向、以产业为核心的新的成果评价体系。科技、创新、产业，三者协同融合、一体化发展，抢抓国家重大生产力布局优化机遇，加快形成新质生产力，提升世界光谷建设的全球重要影响力，打造世界级新兴产业引领地。

“千人一面、千人千面、一人千面”，分别对应卖方市场、买方市场、共创市场，这是数字经济时代进化论。数字化引领生产力，智能化增添新动能，进而加快形成符合高质量发展的新质生产力。23 年住在光谷、观察光谷、研究光谷，一直“在场”，所见、所感、所思，浓缩成两句话、三十六个字：

企业创新起家，产业创新发家，科技创新立家；

观念创新齐家，体制创新强家，文化创新当家。

是为序。

长江日报社（长报传媒集团）长江财经传媒研究院院长

2023 年 12 月

序　二

知道光谷，至少有 20 年。我毕业以后，一直从事高新区发展研究工作。东湖高新区作为中国光谷（简称“光谷”），同时也是科技部火炬中心六大世界一流高科技园区试点之一，我早有耳闻，也默默关注。2007 年，光谷建设已有 7 年，需要在新的形势条件下梳理研究东湖高新区的产业定位和发展问题。我作为课题负责人，来光谷开展为期 3 个月的实地访谈和研究工作。这是我第一次近距离接触光谷。国务院批复东湖高新区建设国家自主创新示范区后，我又参加了《东湖国家自主创新示范区产业发展规划》《东湖国家自主创新示范区发展规划纲要》（报国务院批复）等研究编制工作。2011 年长城战略咨询设立武汉业务中心（2014 年在此基础上组建光谷创新发展研究院），我作为负责人从宁波来到武汉，很荣幸成为一名光谷人，至今 12 年时间。

这是我和光谷的缘分，更是我个人的幸运。

光谷源起

当前，光谷品牌已经形成了广泛的国内外影响力。习近平总书记考察光谷，肯定湖北武汉东湖新技术开发区在光电子信息产业领域独树一帜。

然万事有初，光谷的诞生有其深刻的国内外背景。

从国际环境看，新技术产业革命蓬勃发展。二战后，基础科学研究出现了许多重大突破，为新一轮技术和产业革命奠定了重要的理论基础。20 世纪 50 年代起，核技术、空间技术、电子计算机、生命科学以及新材料等领域出现一系列重大突破，科技创新和新兴产业变革交织演进，新技术产业革命蓬勃发展。美国硅谷就是这轮新技术产业革命的典型代表。1951 年斯坦福大学工业园设立，大量技术研发类企业形成聚集，逐步形成适宜高科技企业生长栖息的“热带雨林”式创新生态，孕育了包括苹果、谷歌、英特尔、微软、思科、IBM、脸书等在内的大批知名高科技企业，形成了影响世界的微电子产业、信息技术产业、新能源产业、生物医学产业等新兴产业集群。同时，科技企业孵化器伴随着新技术产业革命的兴起而产生，并随之获得了快速发展。

20 世纪 70 年代末，国内环境也发生了历史性变化。1978 年 3 月，全国科学大会召开，我国的科技事业出现历史性转折，迎来了科学的春天。邓小平提出“科学技术是生产力”这一著名论断，1988 年重申并进一步发展提出“科学技术是第一生产力”。中国科研人员开始更紧密地接触外面的世界。被誉为“中关村民营科技第一人”的陈春先先生（当时是中国科学院物理研究所研究员），1978—1981 年 3 次访问美国，受硅谷现象的启发，提出要建立“中国的硅谷”，并牵头成立北京等离子体学会先进技术发展服务部，这被看作中国历史上第一个民办科研机构，也是民营科技企业的前身。与此同时，20 世纪 80 年代初，托夫勒《第三次浪潮》、奈斯比特《大趋势》等一批国外未来学书籍传入国内，对我国科技界产生了深刻影响。1983 和 1984 年，国务院连续两次召开了新技术革命对策研讨会。1985 年中共中央发布《关于科技体制改革的决定》，指出要在有条件的城市试办新技术园区。1988 年 5 月，国务院批准建立北京市新技术产业开发试验区（后为中关村科技园区），这是我国第一家国家高新区。同年 8 月，“火炬计划”正式开始实施，国家高新区建设进入新阶段。

从武汉看，光谷的诞生也有其深刻的社会背景。众所周知，华裔物理学家高锟提出光纤通信的基本原理，也因此获得诺贝尔物理学奖。光谷是新中国第一根光纤的诞生地。1974 年在武汉邮电科学研究院工作的赵梓森先生提出石英光纤通信技术方案，并于 1976 年拉出中国的第一根光纤，他也因此被誉为“中国光纤之父”。在全球新技术产业革命的影响下，1984 年 2 月，武汉市几乎与国家同步组织召开了新技术革命讨论会，同年成立东湖技术密集经济小区规划办公室，这是东湖高新区管委会的前身。1987 年，我国第一家科技企业孵化器——武汉东湖新技术创业者中心挂牌成立，光谷成为我国孵化器事业的发源地。中国科技企业孵化器建设 25 周年座谈会、中国创业孵化 30 周年座谈会均在武汉举行。1988 年 12 月，东湖新技术开发区管理办公室正式挂牌成立。1991 年 3 月，国务院批准建立东湖高新区等 26 个首批国家高新区。光谷“从 0 到 1”、从无到有，成为国家队。

可以看出，光谷是全球新技术产业革命、我国改革开放、民营经济萌芽发展等多种因素共同作用下产生的，天然具备科技、改革、创业三重基因。

光谷发展回顾

自国务院批复以来，东湖高新区发展大致可以分为以下几个阶段。

第一阶段始于 1991 年，算是起步探索期。国家高新区是个新事物，各个地方几乎是同时起步，没有经验可以借鉴，大家都在摸索前行。但是，与多数高新区以引进项目为主、大搞招商引资不同的是，东湖高新区依托武汉市丰富的科教人才资源禀赋，从一开始就坚持走以推动企业创业、科技成果转化、集聚高新技术企业为导向的发展路子。以终为始，30 年一以贯之。当时，东湖高新区先后建设了关南科技园、关东科技园、武汉留创园、东湖大学科技园等发展平台。同时率先开展科技型企业股份制改造，诞生了我国第一家民营股份制企业（三特索道）。

第二阶段始于 2000 年。经过 10 年左右的发展，国家高新区进入新的发展阶段。一些领先型国家高新区率先探索，跃迁转型。1999 年中关村经国务院批复正式进入“一区多园”的新发展格局，同年上海市开始实施“聚焦张江”战略。2001 年 9 月在武汉召开的全国 53 个国家高新区所在市市长座谈会上，时任科技部部长徐冠华提出国家高新区“二次创业”的战略构想。与之同步的是，湖北省武汉市经过 1 年的酝酿谋划，于 2000 年正式启动光谷建设，2001 年原国家发展计划委员会（简称“国家计委”）和科技部批复同意东湖高新区建设国家光电子产业基地，即“武汉 · 中国光谷”。也正是因为这个原因，东湖高新区 2006

年成功跻身世界一流高科技园区建设试点行列。

第三阶段始于 2010 年。2009 年 12 月，国务院批复东湖高新区成为继中关村之后的全国第二家国家自主创新示范区，光谷具备了更高的发展位势和更快的发展速度。在此期间，武汉未来科技城被中央组织部和国务院国有资产监督委员会确定为全国“中央企业集中建设人才基地”，光谷生物城（武汉国家生物产业基地）进入发展快车道，国家现代服务业试点、国家文化和科技融合示范基地、自由贸易试验区、国家双创示范基地等一系列国家战略加持光谷，“3551”人才计划、“黄金十条”、“创业十条”等一整套政策组合拳相继发力。这为新时期建设世界光谷打下了坚实基础。

回顾光谷发展历程，我觉得有以下几点值得关注。

一是注重生态筑基。

武汉是中国四大科教中心城市之一，拥有丰富的教育资源和科研实力。光谷区域有武汉大学、华中科技大学等知名高校院所，是我国第三大科教人才资源密集区，具有丰富的原生态创新资源。在 30 年发展过程中，光谷不断加强与高校院所在成果转化、人才培育等方面的合作，建设了一大批技术创新平台、成果转化平台和产业服务平台，集聚了人才、创业投资等高品质创新要素，形成了要素富集、物种丰富、充满活力、具有光谷特色的创新生态。创新生态最关键的作用，是“从 0 到 1”的生发能力和原创能力。春风化雨，润物无声。我们看到的一个个知名企业，以及企业集聚形成的特色产业，正是创新生态所化育出来的企业之花、产业之果。没有创新生态作为基底，企业和产业就会成为无根之木、无源之水，难以行远攀高。

二是注重久久为功。

2000 年前后，全国提出要发展光电子产业、建设中国光谷的，还有长春、西安、上海、广州、福州等城市。因此，原国家计委和科技部批复的是建设“武汉 · 中国光谷”。随着 21 世纪初全球互联网泡沫的破灭，光通信产业特别是光纤光缆产业于 2002 年进入严冬期。面对外部环境的剧烈变化，东湖高新区审时度势，保持战略定力不动摇，逆周期发力施策，2002 年策划组织首届中国光谷国际光电子博览会暨论坛（迄今共举办 19 届），发起组建武汉光电国家实验室（筹）并于 2003 年 11 月获科技部正式批准。上下同欲者胜，政府与企业就这样共同发力，成功穿越光通信产业周期。从此，中国光谷只此一家，再无别号。市场是动态的，产业是多元的，政府的资源是有限的。在洞察发展趋势、尊重市场规律的前提下，政府集中有限的资源聚力培育某个产业，并在相当长的时间内保持定力，形成具有市场竞争力的特色产业集群，是一种有效途径。光谷建设和光电子信息产业如此，光谷生物城建设和生物产业如此，“互联网 +”办公室和数字经济也是如此。在这条路上，光谷是探索者、践行者和获益者。

三是注重科技创业。

光谷的发展史，本身就是一部创业史。创业精神浸透了光谷诞生发展的方方面面，是所有光谷人的共同价值观。我国改革开放 40 多年，也是全社会创业激情迸发、民营经济坚韧发展的 40 多年。创业改变了中国经济，也深刻改变了中国社会。从 1987 年我国第一家科技企业孵化器开始，光谷就致力于为创业者服务，为创新者护航。30 多年来，光谷迎来了一代又一代年轻的创业者，也走出了一批又一批优秀的企业和企业家。他们骑着自行车来，开着小轿车走，在实现自我价值的同时，也为区域经济发展和国家科技自立自强作出了应有的贡献。源沛流强，蓬勃创业造就了一大批充满活力的高科技企业。2022 年，光谷高新技术企业超过 5200 家，居国家高新区第四位。光谷瞪羚企业从 2011 年的 30 家增长到 2022 年的 559 家，从中走出了 7 家“独角兽”企业、20 余家潜在“独角兽”企业和 23 家上市公司，占光谷同期上市企业的七成。充满激情的创业者、敢为人先的创业精神和鼓励冒险宽容失败的创新文化，是光谷的活力源泉和根本动力。

四是注重改革赋能。

国家高新区是中国科技体制改革的产物，与中国经济体制改革息息相关。开发区作为我国改革开放的新生事物，其管理体制和运行机制区别于一般行政区域，基本上都走“小政府、大社会”“小机构、大服务”的新路子。从这个意义上讲，光谷天然自带改革基因，产生于改革，使命也是改革。为更好地服务创新创业，东湖高新区管委会在全国率先实现了干部全员聘任制，率先在双一流高校开展硕士博士校园招聘，培育了一支懂产业、懂技术、懂市场的专业化干部队伍。从 20 世纪 80 年代成立东湖新技术创业者中心帮助创业者代办工商手续，到 20 世纪 90 年代在全国率先探索科技型民营企业股份制改造，到成立大学科技园探索“校内研发—高校周边孵化—大学科技园产业化—高新技术产业区规模化”科技成果转化“四级跳”模式，出台“黄金十条”开展科技成果使用权、处置权、收益权“三权”改革，推进科研人员职务科技成果所有权或长期所有权试点，再到自创区和自贸区“双自联动”开展先行先试改革试验任务。光谷的改革一直在路上，脚步从未停歇，先后探索形成了一批行之有效、可借鉴可推广的先行先试经验，在我国高新区发展的不同阶段起到了相应的示范引领作用。

展望世界光谷

2023 年 9 月 25 日，湖北省政府印发实施《加快“世界光谷”建设行动计划》，提出到 2035 年建成具有全球影响力的世界光谷，成为世界创新版图重要一极和全球光电子信息产业地标。主要体现为“五个一流”：世界一流的科研平台、世界一流的人才队伍、世界一流的领军企业、世界一流的科创金融和世界一流的体制机制。这吹响了建设世界光谷的集结号和冲锋号，标志着光谷发展进入新的历史阶段。

建设世界光谷，要做的事情很多。我个人觉得有 3 个方面值得探讨。

开放是前提。建设世界光谷，需要在世界坐标中找准战略方位，在全球范围内配置创新资源，在国际市场上展示光谷实力。一方面蓄势强能，创造有足够感召力的平台、条件、制度和环境，吸引聚合国内外高能级创新要素，提升科技原创能力和产业策源能力，建设世界级光电子产业集群，培育产业新赛道和未来产业，把自己的事情做到极致；另一方面要把积蓄起来的能量对外释放出去，支持有实力的企业开拓海外市场，形成具有全球竞争力和影响力的光谷军团，为我国参与全球科技和产业竞争打头阵、当先锋。世界光谷建得成不成、好不好，要放到国际上做评价。国内外共同认可的光谷，才是真正的世界光谷。

人才是关键。人是一切的根本。创新人才的高度，决定了光谷的高度。高科技人才的横向流动是全球化时代的必然现象，光谷要创造条件努力成为全球高科技人才（特别是光电子领域）环流的重要一极。决定人才流动的因素，除了人才自身追求发展实现价值之外，家人的态度也非常重要，而他们更关心生活配套环境（特别是子女教育）。光谷需要以人为核心推动“人＋科产城”建设，围绕人才的自我实现、自主流动和自在生活创造各种必要条件，贴合不同层次人群的多元化需求配置生态、生活与生产等各项服务功能，营造“近悦远来”的人才生态，让更多的人来到光谷，留在光谷，以光谷为家，以光谷为荣，最终成为有广泛影响力和吸引力的人才栖息地、人口集聚地和人气打卡地。

创业是源头。我个人认为，创业比单纯的科技创新更重要。创业不是仅包括科技创新，而是以创业者为核心，对技术、资金、数据等创新要素的创造性配置，是基于科技创新的经济活动。科技创新、转化和产业化的速度不断加快，前沿技术群体性突破是本轮科技革命的重要特征。科技型创业企业往往呈现指数型成长态势，其发展速度远远超过工业经济时代企业的线性成长，“快鱼吃慢鱼”现象逐步取代“大鱼吃小鱼”而成为高科技企业竞争的常态。相较于大企业的创新组织方式，创业这种形式更能适应上述时代特征，特别是在创新无人区和未来产业领域。事实上，很多大企业也在以内部创业（或并购创业企业）的方式组织自己的研发创新活动。创业不仅具有创新价值和经济价值，其产生的社会价值更为重要，是促进社会纵向流动、激发全社会动力和活力的重要驱动。创业九死一生，创业者孤勇前行，他们需要更多的关注、理解、陪伴和帮扶。

最后，拙诗一首结尾，聊表志趣。

致光谷

砥砺三十年，春秋弹指间。
新城生野地，产业肇光联。
未来百众创，国略一身担。
苍苍光谷路，风雨舞翩跹。

送给光谷，送给光谷人，共勉之！

是为序。

光谷创新发展研究院院长、湖北省经济学会副会长

赵果凯

2023 年 12 月

目录 CONTENTS

第一篇 科技创新

第二篇 英才创业

第三篇

产业创城

第一篇

科技创新

党中央高度重视科技创新，实施科教兴国战略和创新驱动发展战略。如果我们每一座城市、每一个高新技术开发区、每一家科技企业、每一位科研工作者都能围绕国家确定的发展方向扎扎实实推进科技创新，那么我们就一定能够实现既定目标。我们这一代人必须承担起这一光荣使命。

——2022 年 6 月 28 日，习近平总书记考察光谷时的重要讲话

1 创新定义“下一站”

2023年2月17日，科技部火炬中心官网发布全国“2022年创新型产业集群”名单，武汉东湖新技术开发区（又称“中国光谷”，简称“东湖高新区”“光谷”）新型电子元器件及设备制造创新型产业集群等全国46家产业集群被确定为创新型产业集群。

3天后，光谷公布2023年大科学装置建设计划，1年内建成运行2个、开

▼“一束光”点亮“一座城”，曾经地图上被“遗忘”的“武汉地图外两厘米的地方”已是全球瞩目的科技新城

工建设 3 个、立项实施 2 个。

这正是光谷发力科技创新的缩影。

“一束光”点亮“一座城”，曾经地图上被“遗忘”的“武汉地图外两厘米的地方”已是全球瞩目的科技新城。站在武汉未来科技城放眼眺望，夜色中的“马蹄莲”（武汉新能源研究院大楼）璀璨夺目，高新大道上的滚滚车流一路向东奔腾不息，像极了武汉东部这片 518km^2 的土地 30 多年来永不停歇的创新步伐。

第一根实用光纤、第一家科技企业孵化器、第一个光通信国际标准、第一款商用存储芯片、第一条主攻折叠显示屏第六代柔性显示面板生产线、第一台超高场动物磁共振成像仪……30 多年征程漫漫，从“闯”到“创”，光谷始终走在科技创新的前沿，创造了数不清的国内“第一”、全球“首创”。

2022 年 6 月 28 日，习近平总书记来到湖北武汉考察，第一站就来到了光谷，这是继 2013 年、2018 年后，习近平总书记第三次到访光谷。

“我们这么大的国家，不能做其他国家的技术附庸。”“科技攻关要摒弃幻

想靠自己。”“突破‘卡脖子’关键核心技术刻不容缓。”……3 次实地“督战”，3 次强调科技自立自强，习近平总书记为光谷和全国的科技创新擘画蓝图、指明方向。

牢记嘱托，感恩奋进。当前，光谷在提升原始创新能力上，仍在不断加码。

战略科技力量矩阵加速构建

作为我国第一批国家高新区、第二个国家自主创新示范区、第三批国家自由贸易试验区、国家光电子信息产业基地、国家生物产业基地和国家存储器产业基地，光谷自诞生之日起，就始终肩负着国家科技自立自强的时代使命。

在新型电子元器件及设备制造创新型产业集群被确定为国家创新型产业集群前不久，癸卯兔年春节后首个工作日，武汉市举行全市科技创新大会，高规格聚焦科技创新，明确将举全市之力深入推进武汉具有全国影响力的科技创新中心建设。会上，《2023 年武汉市科技创新工作要点》正式发布，在其列出的九大任务中，处于首要位置的是“加快推进科创中心建设”，并且同时点名“东湖科学城”以及“武汉新城”。

2021 年 2 月 18 日，湖北省在光谷启动建设湖北东湖科学城，作为创建湖北东湖综合性国家科学中心主体区和武汉国家科技创新中心的核心承载区，东湖科学城的使命是面向全球原始创新策源，加速形成国家战略科技力量。

2023 年 1 月 5 日，武汉市《政府工作报告》明确，高标准启动武汉新城建设，打造武汉都市圈高质量发展和区域协同发展主引擎。其中，武汉新城规划面积超过 50% 在光谷，光谷面积的 70% 将被纳入武汉新城。在武汉新城首批新开工的 30 个重大工程项目中，就包括一批大科学装置。

肩负建设武汉新城和东湖科学城双重使命，以大科学装置、湖北实验室、国家创新中心、新型研发机构为基石的战略科技力量矩阵，加速在光谷列队聚集，为光谷下一个 30 年，积蓄创新动能。

在位于光谷腹地的华中科技大学，总投资 21 亿元的脉冲强磁场实验装置优化提升项目于 2022 年 9 月正式开建。这个全球规模最大、具有重要国际影响力的脉冲强磁场设施，是落户光谷的第三个大科学装置。

优化提升之前的华中科技大学脉冲强磁场实验装置，是我国“十一五”期间规划建设的十二项重大科技基础设施之一，于 2007 年 1 月由国家发展和改革委员会批准华中科技大学建设，这也是湖北省首个建设的国家重大科技基础设施，装置于 2008 年 4 月开工，2014 年 10 月通过国家验收并正式对外开放运行。

“人无我有，人有我强，人强我新。”国家脉冲强磁场科学中心主任李亮说。凭借这样的信念，华中科技大学脉冲强磁场实验装置先后创造了 64T 脉冲平顶磁场等多项脉冲磁场参数的世界纪录，累计为北京大学、清华大学、中国科学院物理研究所，以及哈佛大学、剑桥大学、德国德累斯顿强磁场实验室等逾百家国内外科研单位开展实验 1000 多项，取得了包括发现对数周期量子振荡、最高临界电流密度二维超导体等系列重要成果，先后获 2018 年湖北省科学技术进步奖特等奖、2019 年国家科学技术进步奖一等奖，真正实现了我国脉冲强磁场实验装置从跟跑、并跑再到领跑的跨越式发展。

脉冲强磁场实验装置优化提升项目则是“十四五”国家规划建设的重大科技基础设施。项目将在一期已有基础上，围绕磁场参数提升、测量手段丰富和研究领域拓展三方面，建设性能参数领先、功能完善的多时空超强脉冲强磁场实验设施，为物质科学、生命科学及强电磁工程科学领域的多学科交叉研究提供公共开放的极端实验条件，支撑前沿基础科学研究领域持续产出重大原始创新成果。

值得一提的是，华中科技大学脉冲强磁场实验装置是我国第一次由一所大学承建国家重大科技基础设施，华中科技大学也是教育部直属高校中率先拥有两个大科学装置并通过验收的，另一个大科学装置为精密重力测量国家重大科技基础设施。

位于喻家山山脚下的精密重力测量国家重大科技基础设施——精密重力测量大楼及山洞实验室是国际一流、综合指标国际领先的精密重力测量研究设施。

华中科技大学物理学院引力中心在精密重力测量研究领域有着 30 多年的科研积累，在首席科学家罗俊院士的带领下，精密重力测量项目取得了一系列有国

▲ 位于光谷腹地的国家脉冲强磁场科学中心，创造了 64T 脉冲平顶磁场等多项脉冲磁场参数世界纪录

际影响力的成果。

万有引力常数 G 测量达到国际最高精度，解决了重力测量中高精度引力溯源难题，极大地提升了我国在基础物理学领域的话语权，研究成果在《自然》（*Nature*）长文在线发表并入选 2018 年度中国科学十大进展，被编入人民教育出版社 2019 版高中物理教科书。

2020 年 12 月成功交付我国首台具有自主知识产权的微伽级小型化量子绝对重力仪，打破了高精度绝对重力仪受国外技术垄断的局面，更好地保障了国家核心数据的安全。

联合中山大学天琴中心共同推进空间引力波探测“天琴计划”的实施，与中山大学、航天东方红卫星有限公司联合研制的“天琴一号”卫星于 2019 年 12 月成功发射，2020 年 5 月圆满完成空间引力波探测六大技术在轨验证，各项指标均优于任务目标，为国内同类技术最高水平。

大科学装置是衡量一个国家科技实力和综合国力的重要标志。研究表明，1950 年以前，诺贝尔物理学奖成果只有 1 项来自大科学装置；1970 年以后，约四成来自大科学装置；1990 年以后，这一比例提升至 48%。

“大科学装置可以帮助不同学科领域攀登一座座世界科技高峰。”中国工程院院士、华中科技大学校长尤政在接受媒体采访时曾多次谈及大科学装置，在他看来，重大科学基础设施，一定会支撑重大科学发现、产生重大技术成果，同时也会吸引全球顶尖人才。

五指成拳，力出一孔。2022 年底发布的光谷创新发展报告显示：五大湖北实验室实现实体化运行，五大国家重大科技基础设施加快推进，五大国家创新中心落地建设，中国三峡武汉科技创新基地、武汉产业创新发展研究院、武汉人工智能研究院、北京大学武汉人工智能研究院、武汉量子技术研究院、武汉国家级人类遗传资源库等相继组建成立……光谷战略科技力量矩阵加速构建。

重大原始创新成果相继涌现

以国家战略需求为导向，近年来，光谷不断强化原创性引领性科技攻关，实现“从 0 到 1”的原始创新密集突破。

“从基础研究到产业化应用，我们团队整整走了 10 年。十年磨一剑，就是要解决芯片从设计到制造的卡脖子问题。”光学临近效应修正（OPC）是电子设计自动化（EDA）工业软件的一种，没有这种软件，即使有光刻机，也造不出芯片。华中科技大学教授刘世元创立的宇微光学软件有限公司（简称“宇微光学”）从光谷起步，成功研发全国产、自主可控的计算光刻 OPC 软件，填补了国内空白。

刘世元是华中科技大学集成电路测量装备研究中心主任，湖北光谷实验室集成电路测量检测装备技术创新中心主任，同时也是武汉光电国家研究中心、数字制造装备与技术国家重点实验室学术带头人。他早年师从华中理工大学（今华中科技大学）前校长、著名机械学家杨叔子院士，于 1998 年获工学博士学位，曾参与国家重大专项——100nm 分辨率光刻机的研制。

作为芯片制造中最为关键的一种工艺，光刻是通过光刻成像系统，将设计好的图形转移到硅片上。随着芯片尺寸不断缩小，硅片上的曝光图形会产生畸变。

90nm 甚至 180nm 以下的芯片在光刻制造前，都必须采用 OPC 软件进行优化。某种程度上说，没有 OPC，所有集成电路制造厂商将失去将芯片设计转化为芯片产品的能力。

和光刻机一样，目前，全国 OPC 软件市场完全由少数几家海外巨头占领。硬件买不来，软件也讨不来。作为技术带头人，刘世元带领团队坚持一行行敲最底层的代码、一个个算最基础的公式，终于打造出完全自主可控的 OPC 软件算法。2023 年 1 月，这一成果入选“2022 中国光学领域十大社会影响力事件（Light10）”年度榜单。

和宇微光学同年组建，武汉国创科光电装备有限公司（简称“国创科”）由 TCL 科技集团股份有限公司（简称“TCL 集团”）与华中科技大学、国家数字化设计与制造创新中心等单位共同组建。2022 年 11 月，该公司自主研发的国内首台 G4.5 新型显示喷印装备，进入武汉华星光电技术有限公司（即 TCL 华星光电技术有限公司武汉工厂，简称“武汉华星光电”）中试生产线，将以全新的“打印”技术来生产显示面板。

▲ 刘世元创立的宇微光学从光谷起步，成功研发自主可控的计算光刻 OPC 软件，填补国内空白

显示面板是物联网实现的重要支撑，也是国家重要的战略规划方向和支柱产业之一。光谷是武汉新型显示产业的主要承载地。自 2008 年武汉首家新型显示企业——武汉天马微电子有限公司（简称“武汉天马”）落户光谷开始，光谷已布局建设了 6 条显示面板生产线，集聚了武汉华星光电、武汉天马、精测电子（武汉精测电子集团股份有限公司，简称“精测电子”）等 50 余家优质企业，成为全国最大的中小尺寸显示面板研发生产基地。

目前国内制造面板主流采用的是蒸镀工艺，是在密闭设备内，将固体发光材料透过高精金属掩模板蒸发到基板上，材料利用率较低，且不适合生产大屏。国创科自主研发的压电喷印技术类似喷墨打印，可定点喷印发光材料，材料利用率高达 90%，造屏成本大幅下降，且设备在常温常压下工作，生产屏幕的尺寸不受限制。“未来可以像印报纸一样制造显示屏，为国家新型显示产业‘开道’。”国创科总经理、华中科技大学研究员陈建魁说。

这一新型显示行业的光刻机，目前全球仅少数几个国家掌握。华中科技大学机械学院院长尹周平认为，这标志着我国新型显示喷印装备实现了从研发到产业化的重大突破。

从“一束光”到“一座城”，作为全国十家重点建设的“世界一流高科技园区”之一，光谷诞生 30 多年来，始终把科技创新摆在发展首位，以科技创新为核心，成为引领城市高质量发展的典范：2018 年，光谷综合实力跃居全国 169 个国家级高新区第四；2019 年，光谷知识创造和技术创新能力提升至全国 169 个国家级高新区第一。

在位于光谷大道的一间智能工厂内，全球最先进的光纤拉丝生产线上，全球最大尺寸光纤预制棒以 3500m/min 的高速，连续拉制 2 ~ 3 天，可生产出长达 1 万多 km 的光纤，这也是目前全球业内最高水平。

2022 年 9 月，中央电视台《焦点访谈》栏目以 9 分 49 秒的专题深度解析长飞光纤光缆股份有限公司（简称“长飞公司”）自主研发生产，突破核心技术，实现从跟跑到领跑，成长为“隐形冠军”的故事。这些场景出现在全国观众的面前。

光纤预制棒、光纤、光缆产销量连续30年全国第一；2016年起，市场份额连续7年全球第一。正是依托像长飞公司这样的领军企业的自主创新和发展，中国目前已成为全球最大的光纤光缆产业集聚地，光纤光缆产销规模占全球市场的份额超过50%。

然而，时间回到10多年前，中国光纤光缆产业不要说全球第一，连自给自足都难以实现。

2012年，长飞公司对标当时美国和日本两种完全陌生的制备工艺技术进行攻关，在无数次失败中不断进步和突破。2017年，长飞公司成功开发出了具有完全自主知识产权的工艺和设备平台，达到全球的行业最高水平。至此，长飞公司成为全球唯一掌握三大主流预制棒制备技术并实现产业化的企业，真正成为全球行业的领跑者。

全球最大尺寸光纤预制棒、国内首个400GB硅光模块、国内最大功率10万W光纤激光器、国内首套三维五轴激光切割机、国内首台新型显示喷印装备、全球首颗北斗高精度人工智能控制芯片、水稻转基因重组生产人血白蛋白……将关键核心技术牢牢掌握在自己手里，让一项项全球领先、全国首创的重大科技成果，从光谷涌现。

“在全球通向知识经济时代的进程中，别称‘光谷’的武汉东湖高新区以内河贸易港的起点，走出了独特的科技自立自强之路。”2022年9月，《南方周末》城市（区域）研究中心在发布的调研报告中这样写道。

同月，世界知识产权组织发布的2022版全球创新指数显示，中国拥有21个顶级城市科技集群，首次与美国并列第一。以中国光谷为核心的武汉城市科技集群连续5年上升，居全球第十六位、全国第六位。

有根的光谷企业

154个城市眼中的光谷是什么样的？2023年新春伊始，中国传媒大学课题调研组发布全国百城人心中的光谷形象。“局外人”投票，“创新”登榜首。

一路向东，一路追“新”，于2014年建成的“马蹄莲”是中国光谷最著名的地标。在这座设计难度很大的武汉新能源研究院大楼内，集聚了50多家新能源领域创新创业公司、上百位博士。走在“马蹄莲”里，与你擦身而过的很可能就是一位博士。

“我们戏称自己是‘马蹄莲之光’，这也是公司微信群的名字。”在海外学习工作多年后，新加坡南洋理工大学微电子博士孙雷蒙回到光谷，创办华引芯（武汉）科技有限公司（简称“华引芯”），一家专注于高端光源芯片与光器件研发、封测且拥有多项核心专利技术的创新型高新技术企业，“如果你观察过我们的芯片，就会发现有的比头发丝直径还小，需要用显微镜才能看到。”

从创办华引芯开始，孙雷蒙就对标国际一线光源厂商，从芯片端、封测端到模组端的全产业链整体布局，“和国际一线厂商并立，这是我们坚定的目标”。2022年，成立5年的华引芯晋级国家级专精特新“小巨人”企业，上榜“中国潜在‘独角兽’企业”，多个核心光器件系列产品成功打破国外垄断，实现了高端半导体光源及芯片的自主化、国产化。

万里长江横渡，极目楚天舒。与华引芯一层之隔的武汉极目智能技术有限公司（简称“极目智能”）是业界领先的智能驾驶方案提供商，向国内外数十家主流乘、商用主机厂批量提供智能驾驶方案，也是最早实现将智能驾驶产品出口日、韩等海外市场的国产智能驾驶供应商。

2018年，极目智能自主研发的智能驾驶方案率先通过韩国相关技术法规测试，产品顺利出口韩国，并赢得现代汽车集团的投资；2020年，极目智能与日本某国际头部汽车一级供应商达成供货合作，联合开发自动紧急刹车方案，目前已量产落地。至此，极目智能也成为唯一一家通过日韩两国技术法规、实现量产的国产厂商。

“我们一定要坚定地去拥抱世界。”华中科技大学光学博士、极目智能创始人兼首席执行官程建伟多次强调，极目智能将始终坚持核心技术研发，持续提高技术创新水平，助力智能驾驶国产方案在全球市场上的强势崛起。

以“马蹄莲”等为代表，光谷成了一座不夜城。武汉未来科技城建设管理办公室负责人在接受《长江日报》记者采访时说：“这里的晚上，是其他一些国家的白天，灯火通明中是他们与全球同步创新的身影。”

“与世界同步创新，是光谷与生俱来的使命。”在湖北省人民政府咨询委员、武汉大学教授李光看来，光谷的使命具有双重性——既“顶天”，在科技创新上不断突破“无人区”，代表中国科技参与世界竞争；又“立地”，将科学技术真正转化为生产力，服务经济建设和社会发展。

“光谷的企业是有根的企业。”东湖高新区管委会曾经的一位负责人说。

这个根，是坚守主业之根，更是核心技术之根。保持战略定力，坚持“长期主义”，持续地做难而正确的事，与世界同步创新，成了光谷科技企业的高质量成长密码。

被媒体誉为“光谷扫地僧”的冯裕才，是中国数据库领域的泰斗级人物，近八十岁高龄仍活跃在业务一线。他 56 岁创办武汉达梦数据库股份有限公司（简称“达梦数据”），78 岁带领达梦数据冲刺“国产数据库第一股”，刷新光谷上市企业家年龄之最。

自 2019 年开始，达梦数据的软件已在中国国产数据库管理软件排名中连续多年位列第一，且产品市场占有率居于前列。2020 年，达梦数据以 2.8% 的市场份额在国内外厂商中排名第六，为国产数据库之首。从 1980 年写下第一条代码，40 多年弹指一挥间。冯裕才说：“核心源代码 100% 全自主研发，不依赖开源数据库。”

首套国产化数控激光切割机、首个半导体激光器芯片、首台高性能光纤激光器……聚焦主业，朝着一个城墙口冲锋。取得 60 多项国内行业第一，曾经的“中国激光第一股”华工科技产业股份有限公司（简称“华工科技”），为中国激光赢得全球行业话语权。

华工科技脱胎于华中科技大学，它走出“围墙”办企业，通过机制创新、管理创新、技术创新，实现了从校办企业到高科技上市公司、国家级创新型企业的蜕变。

在激光行业深耕 30 多年，华工科技董事长马新强说，作为国家重点高新技

▲ 位于光谷的极目智能，是国内最早实现将智能驾驶产品出口日、韩等海外市场的国产智能驾驶供应商

术企业，华工科技将始终坚持与国家、产业发展需求同频共振，积极开展行业关键核心技术攻关，掌握一批关键核心技术，占据全球行业第一梯队，参与构建全联接、全感知、全智能世界。

从“中国激光第一股”到“国产数据库第一股”，科技创新企业接连上市，助推光谷世界级产业集群加速成型。在美国国际光学工程协会公布的全球光电子信息产业集群中，光谷是中国唯一上榜集群。这里的集成电路、新型显示器件、下一代信息网络和生物医药四大产业集群，入选国家级战略性新兴产业集群。

以产业集群为依托，光谷“新生”企业拔节生长。截至 2022 年底，光谷已有约 18 万家市场主体、12 万家企业，“树根经济”的热带雨林式生态悄然成形。其中，国家级专精特新“小巨人”95 家，国家高新技术企业 5300 余家。

“光谷是一个科技创新聚集的地方，人才储备充分，政策支持力度大。”2016 年 1 月，毕业于荷兰代尔夫特理工大学、曾在世界级半导体公司恩智浦欧洲总部担任全球产品总监的刘德珩回到家乡武汉，创办武汉市聚芯微电子有限责任公司

（简称“聚芯微电子”），这是一家专注于高性能模拟与混合信号芯片设计的创新型高科技公司，2022 年 8 月入选国家级专精特新“小巨人”企业。

从聚芯微电子办公室的窗口望出去，夜色中的光谷“马蹄莲”璀璨夺目——在无数个孜孜不倦的日子里，这是刘德珩最熟悉的风景。“我在这里看到了人才的聚集，看到了海归的回流，也看到若干和我们一样还算年轻，有着奋斗精神、掌握产业规律的创业者在这里生根。”刘德珩说。

创新是光谷的基因密码

一片曾经的荒野之地，如何能成长为一座创新涌动的科创之城？一切还要从 40 年前说起。

20 世纪 80 年代初，美国著名未来学家阿尔文・托夫勒的代表作《第三次浪潮》出版，引起全球热议，书中关于“信息化社会”的描述，令彼时刚刚改革开放的中国浮想联翩，也让东湖边的武汉人心潮澎湃。

“武汉东湖是一个知识分子高度密集的地区，有着近 20 所高等院校，几十个研究所和一些新型工厂……如果把这些智力充分开发出来，必将对武汉、湖北乃至周围地区的经济产生巨大影响。”1984 年 3 月 28 日的新华社《国内动态清样》，刊登了一篇主题为“湖北科协建议把武汉市东湖区建成科技特区”的报道。

这篇报道透露，当年 2 月，湖北省科协向省政府递交请示报告，提出把东湖地区建成科技特区，并成立东湖智力开发联合公司，作为该特区的经济实体，使东湖区成为微型电脑、光纤通信、激光、遗传工程、复合材料等新兴技术研究与产品开发中心。

高校已经行动起来。该篇报道刊发前 1 周，喻家山脚下的华中工学院（今华中科技大学）向湖北省委、省政府提交了《关于建议建设武汉东湖科技特区的报告》。

“我们相信，随着武汉东湖科技特区的建立，我院的科研潜力将进一步得到发挥，取得更好的效果。”报告中呼吁，建立武汉东湖科技特区是一件新鲜事物，也是科技体制和经济体制上的重大改革，“除了在省政府的领导下，把设想进一步具体化和制定具体的实施措施外，还需要武汉东湖地区的大专院校、科研单位和有关工厂发挥主动积极的精神，搞好联合”。

同年 10 月，武汉市人民政府科技领导小组就《东湖技术密集经济小区筹建方案（征求意见稿）》公开征求意见。该方案明确提出了 6 个重点发展方向，位列第一的就是组织科研攻关。

2 个月后，东湖技术密集经济小区规划办公室（简称“小区办”）获批成立，最初的工作人员只有 5 名。

没人？面向全社会公开招聘！小区办的初次亮相石破天惊。800 多人应聘，录取 23 人。报名者中，竟然还来了中船重工集团第七二二研究所副总工程师侯汉屏。

没钱？靠着以政府名义担保向银行贷款、争取外汇的方式，武汉邮电科学研究院（简称“武汉邮科院”）的光纤和华中工学院的激光，这两个小区办选出的首批高新技术项目被扶持了起来。当时，华中工学院的激光是一个军用项目，但有广泛的民用前景；而武汉邮科院在实验室拉出的光纤，还是半机械、半手工生产。

两年后，小区办又“首吃螃蟹”，创立了中国首家高科技企业孵化器——武汉东湖新技术创业中心，挂牌的当天，就来了 6 家企业。6 间房，659m^2，弥漫全国的孵化器热潮，从这里喷涌而出。

“骑着自行车来，开着轿车离开”的科技创富神话，开始上演。毕业于华中工学院激光专业的孙文从这里起步，创办了我国第一家激光企业——武汉楚天光电子公司［武汉楚天激光（集团）股份有限公司前身］；曾供职于武汉市国营七一〇厂的王丽丽，创办武汉凡谷电子技术研究所（武汉凡谷电子技术股份有限公司前身，简称“凡谷电子”），2007 年，凡谷电子在深圳证券交易所（简称“深交所”）上市，孟庆南、王丽丽夫妇一度问鼎湖北财富榜。

之后的征程更是快马加鞭。

1988 年 12 月，在租借的卓刀泉一栋小红楼内，东湖高新区管理办公室挂牌办公。

1991 年 5 月，东湖高新区获批国家级新技术开发区，成为继北京中关村后建立的全国第二个新技术开发区。

1993 年 9 月，东湖高新区管理办公室更名为东湖高新区管理委员会（简称“管委会”）。

1994 年 7 月，《武汉东湖新技术开发区条例》出台，鼓励国内外企业、教学科研单位以及其他经济组织和个人，在东湖高新区投资或兴办高新技术企业、科研机构，从事高新技术及其产品的研究、开发、生产、经营和咨询等活动。这一条例，在当时全国高新区中是第一个。

1995 年 6 月，管委会迁至珞喻路 546 号办公，此后的 10 余年里，借助“托管”这一开全国先河的突破性制度安排，光谷几经东进南扩，成为全国规划面积最大的高新区。

“摸着石头过河”，光谷先行先试，大胆探索，不断激发科技创新活力。2012 年，光谷在全国率先出台“黄金十条”，打破科技成果转化束缚，突破“能不能”的问题，“三权”改革引领风气之先；5 年后，光谷再次革自己的命，发布创新创业“黄金十条 2.0 版”，在全国首创“科技悬赏奖”；2018 年，光谷出台“上市十条”，企业上市可获千万元奖励，同年出台的光谷“科技投入七条”，对国家级创新中心研发最高支持 1 亿元；2021 年，光谷合伙人基金发布，这也是政府引导基金首次将人才因素与返投直接挂钩。

以思想破冰引领发展突围，破除各种“有形之墙”与“无形之墙”，成为光谷发展重要催化剂。30 多年的时间转瞬即逝，曾经缺人、缺钱又缺地的小区办，已华丽蜕变成我国创新活力最强的高新区之一。

小区办最初的五人之一、作为光谷历史全程见证者的李复鸣，曾经感慨万千：“没有解放思想，没有敢闯敢试，就没有光谷现在的局面。”

2022 年，光谷完成地区生产总值达 2643.81 亿元，同比增长 6%，在全市占比突破 14%。固定资产投资总量、工业总产值和增加值增速、招商引资实际到位资金等主要经济指标领跑全市。

▲ 1986 年创立中国首家高科技企业孵化器——武汉东湖新技术创业中心，“骑着自行车来，开着轿车离开”的科技创富神话开始上演

作为我国第一批国家高新区，光谷发挥科教资源优势，演绎出一条独特的自力更生、创新驱动发展的道路。湖北省人民政府咨询委员、湖北省社会科学院研究员秦尊文说，正因没有天生的政治资源和金融资源，光谷的成长道路更具可复制性。

“创新是东湖高新区的基因密码，是东湖高新区 30 多年建设发展的制胜法宝。”据 2023 年东湖高新区党工委（扩大）会传出的消息，面向未来，光谷将勇担科技自立自强新使命，着力打造“独树一帜”新优势，高标准启动武汉新城建设，持续建设“科学之城、追光之城、向往之城”，奋力谱写“世界光谷”新篇章。

2 激光产品定国标

一枚以激光上市公司命名的火箭成功发射。

2023 年 6 月，命名为“快舟 · 锐科激光号”的“快舟一号甲”固体运载火箭在酒泉卫星发射中心点火升空，以“一箭一星”的方式，将我国首颗平板式新体制通信试验卫星“龙江三号”成功送入预定轨道。

“快舟 · 锐科激光号”固体运载火箭的冠名方是国产光纤激光器制造的领军企业，从光谷起步的武汉锐科光纤激光技术股份有限公司（简称“锐科激光”）。

从 2007 年成立至今，从无到有，从弱到强，从国产替代的先行者到国际标准的制定者，锐科激光用 10 多年的时间打造了一条全国产化的光纤激光器制造产业链，解决了多项“卡脖子”技术，激光器市场占有率居国内第一、全球第二。如今，全国产化的激光制造技术应用到了航空航天领域。

这是“武汉造”火箭第一次用上“武汉造”激光器，零部件焊接效率提升了 3 倍。两大品牌强强联手，成为中国科技实力的绝佳证明。

为激光装备安上国产“心脏”

从普通的工业切割，到航空航天、轨道机车等高端装备的精密焊接，国内激光装备之所以能够不断突破，是因为它的“心脏”——激光器，越来越强劲。而这背后，是锐科激光及其创始人闫大鹏长达 10 多年的攻坚克难。

时间回到 2007 年，怀抱着“做中国自己的高品质光纤激光器”的梦想，51

岁的海归博士闫大鹏回国创业，与华工科技联手成立锐科激光——国内第一家专门从事光纤激光器及核心器件研发并实现规模化生产的企业，开启了中国工业光纤激光器的国产化、产业化进程。

将公司取名“锐科激光”，意在“锐意进取、科技创新”。闫大鹏有信心，通过科技创新突破封锁，将关键核心技术掌握在自己手中，实现光纤激光器国产化替代。在他看来，自己足够幸运，一回国就赶上了国家大力发展高新技术产业的好时机，国家不仅对光纤激光器产业发展高度重视，还将之列入国家科技支撑计划项目。

锐科激光党委委员、副总经理李杰 2007 年大学一毕业就来到了公司，与锐科激光一起奋斗成长。他清楚地记得，当时公司员工很少，大家白天一起做实验，晚上就睡在公司，“目标很明确，就是要研制出中国人自己的光纤激光器”。在他看来，创新是锐科激光的生命力，只有不断地往前跑，才不会被赶超或淘汰。

通过华工科技牵线搭桥，刚刚成立的锐科激光先后拿到了“10W 脉冲光纤激光器及其成套系统”以及“高功率光纤激光器关键技术研究及 25W 脉冲光纤激光器产业化”等国家重大项目。

有核心技术，有重大项目，但严峻的挑战依然摆在面前。国内市场大，但都是海外产品，如何与海外产品同台竞争？核心器件如半导体激光泵浦源、核心材料如激光光纤等全部依赖进口，价格昂贵，有些还被禁运。同时，国内光纤激光器产业化的人才，尤其是产业链领军人才少之又少。

2008 年，经历过无数个工作到深夜的日子后，闫大鹏带领锐科激光先后自主研发出国内首台 10W 脉冲全光纤激光器、首台 25W 脉冲全光纤激光器。但囿于国内没有形成完整的光纤激光器产业链，研发出来的脉冲光纤激光器涉及的多种零配件依然依赖进口，其产品成本高昂，缺乏竞争力。

闫大鹏清醒地意识到，如果核心零部件依赖进口，产品的成本就降不下来，如果国外厂商停止供货，有可能一个小小的零部件的缺失，就会逼停整条光纤激光器生产线。锐科激光要想将光纤激光器做大做强，就必须联合行业形成“抱团效应”，建立一条中国人自己的光纤激光器产业链，不被“卡脖子”。

▲ 运作中的激光设备

为此，闫大鹏花费数月的时间，从武汉到广州，从广州再到深圳，一家家找零部件的生产厂商，又手把手地教这些工厂制作元器件，努力促成光纤激光器的各个器件都定点生产。至此，闫大鹏为国内培养了一批生产光纤激光器原材料的供应商，打造了一条百分百属于自己的光纤激光器产业链，一举实现了激光器核心材料和器件的自主研发、自主生产。

2010 年，一台来自国际光纤激光巨头 IPG 光电公司的 20W 光纤激光器以超过 15 万元的价格售出。之后，锐科激光将同类产品的价格定在 1.2 万元，在性能上不相上下，直接拉低了进口产品的价格，让国内用户用得起。

同年年底，锐科激光的“10W、25W 脉冲光纤激光器及其成套系统”，以第一名的成绩荣获湖北省科学技术进步奖一等奖。两年后，锐科激光再次凭借“高功率连续单模光纤激光器关键技术及其产业化”这一成果，荣获湖北省科学技术进步奖一等奖，同样排名第一。

众所周知，光纤激光器功率越高，在工作时就会更加高效和节能，但技术难度也就越大。虽然接连攻克 10 ~ 50W 的脉冲光纤激光器，同时实现了 100 ~ 1000W 功率的连续光纤激光器的生产，公司也顺利地实现了盈利。但在

1000W 以上的高功率光纤激光器技术上，锐科激光遇到了瓶颈。

就在这时，闫大鹏注意到一条新闻：中国科学院西安光学精密机械研究所自主研发的全光纤激光器输出功率超过 1000W，光－光转换效率达到 62%，这是当时国内在全光纤激光器研究方面达到的最高水平。他立刻通过朋友找到了参与这个项目的李成博士，邀请他到锐科激光参观。

曾任全球顶尖工业激光器制造商 GSI 集团激光事业部高级激光科学家的李成，当时兼任中国科学院西安光学精密机械研究所研究员。虽然已在英国定居多年，生活富足安稳，但他正经历着与曾经的闫大鹏相同的“困境”——当看到国内院所在他研究的高功率激光器上走错了方向，李成发自内心地着急。和闫大鹏碰面后，李成很快下定决心，回国加入锐科激光。

两年后，另一位“技术大牛”卢昆忠进入闫大鹏的视线。

卢昆忠曾在一家美国公司做通信用半导体激光器研究，后来回国到某国企工作，但由于某些原因，他的工作进行得并不顺利。而此时的锐科激光，正迫切需要专家来降低光纤激光器中半导体泵浦源的成本。

出于对闫大鹏的信任，卢昆忠决定加入锐科激光。短短两年，泵浦源在锐科光纤激光器的成本占比就从 60% 降到了 30% 左右。

怀揣着激光报国梦，闫大鹏、李成和卢昆忠这“海归三剑客”，成就了中国激光工业史上的又一段佳话。以才聚才，更多国内外高端人才云集锐科激光。闫大鹏感慨：“这就是人才效应，你是人才，还要能把人才引进来才行。”

科技创新，一靠投入，二靠人才。拥有“海归三剑客”和大量高端人才的锐科激光进入快速发展期，国内第一台 4000W、6000W 和 10kW 的连续光纤激光器产品相继面市。

2013 年，无论是对锐科激光还是中国激光产业，都是值得写入历史的一年。这一年，中国第一台 10kW 连续光纤激光器在锐科激光诞生，中国成为继美国之后全球第二个掌握这一尖端技术的国家。这也意味着，中国光纤激光器自主研发能力达到了世界先进水平，打破了国外企业在光纤激光器领域的垄断。

这一年 7 月，习近平总书记来到武汉考察，在光谷展示中心这样强调：“我们是一个大国，在科技创新上要有自己的东西。一定要坚定不移走中国特色自主创新道路，培养和吸引人才，推动科技和经济紧密结合，真正把创新驱动发展战略落到实处。”作为现场企业代表中的一员，闫大鹏深有感触。此后，他牢记嘱托，带领团队一次次打破技术壁垒，不断加速攻关突围。

公司成立之初，锐科激光仅仅是在华工科技的一处办公楼里，占据了半层的位置。时至今日，锐科激光在光谷建立了自己的园区，盖起了崭新的总部大楼。在大楼一层的大厅里展示了其自主研发的大大小小的光纤激光器——从 500W 一直到 100kW，令人眼花缭乱。

在锐科激光创办的那一年，我国光纤激光器完全依赖进口，此后逐步实现国产化并出口国外。截至 2022 年底，我国国产光纤激光器的出货量已占据国内市场的 65%以上。

“海归创业和科技报国的光谷榜样，填补了万瓦光纤激光器的中国空白。”2018 年，闫大鹏入选“光谷 30 年创新 30 人”，此时距离他 51 岁举家回国创办锐科激光已过去 11 年。

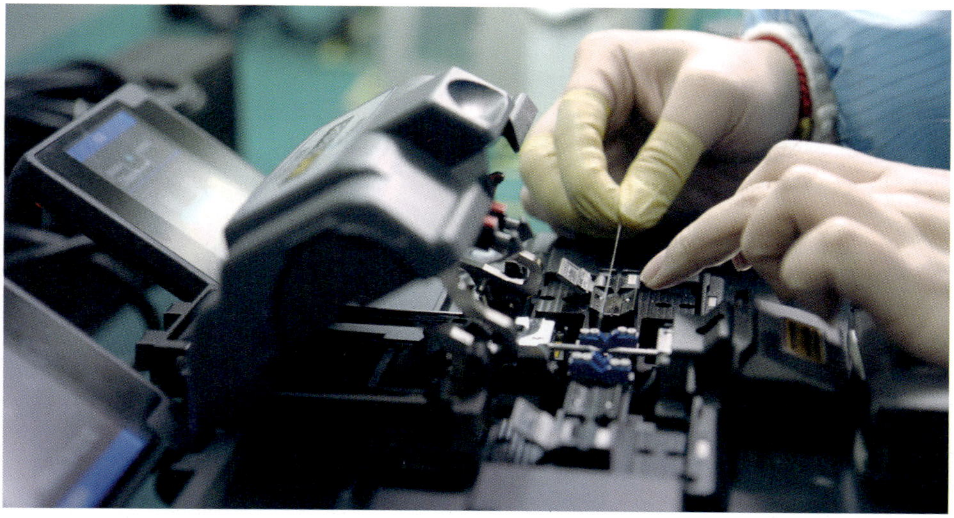

▲ 锐科激光科研人员正在研制产品

做中国自己的高品质光纤激光器

闫大鹏喜欢钓鱼。真正闲下来的时候，他喜欢约上几个朋友一起去钓鱼。锐科激光周边的鱼塘、水库，他都基本跑遍了。

和多数人不同，他并非是通过钓鱼来释放创业的压力或者寻求内心的宁静，“我最享受鱼儿上钩的那一刹那，有挑战才有成就”。

如果说研制成功中国首台万瓦连续光纤激光器，是闫大鹏一生中最享受的“一刹那”，那么，锐科激光上市无疑是又一个“一刹那”。

2018 年，在深交所，62 岁的闫大鹏和伙伴们敲响了上市钟声。作为中国光纤激光器行业最具规模、最具实力的国家级高新技术企业，刚满 11 岁的锐科激光正式登陆深交所创业板，成为国内首家主营激光器的上市企业。

随着上市钟声的敲响，锐科激光上演了科技创富的神话。从当年 6 月挂牌上市到年底，锐科激光接连收获 10 多个一字涨停板，收盘价最高曾达到 216.80 元，较 38.11 元的发行价增长了 4 倍多。这一年的胡润百富榜，进榜门槛为 20 亿元，共有 1893 位企业家入榜，闫大鹏和妻子刘笑澜以 20 亿元身家首次登上该榜。

国盛证券发表评论称，关注锐科激光，实际上是从 3 个维度对公司的认知。

一是公司自身的重要性，关注其在本国激光产业当中的地位，以及对于“大国重器”的战略意义。

二是公司的成长性，从行业角度，随着激光器技术水平的革新、更高功率的激光器次第推出，新的行业应用也应运而生；从公司角度，和 IPG 光电公司的竞争从中低功率向高功率升级，市场份额的竞争也在加剧。

三是公司的“护城河”和竞争壁垒，除了强大的研发实力之外，激光器的研发是一个循序渐进的过程，存在强者愈强的行业逻辑，后来者很难实现全面超越。

锐科激光上市之后，功成名就的闫大鹏依然干劲十足，每天都要花上几小时，投入到产品研发和生产中，一天不到实验室和生产线就觉得浑身难受。在他看来，锐科激光虽然是全球有影响力的光纤激光器企业，但和欧美一些巨头企业相比依然

▲ 锐科激光结束了我国不能自主研发高功率光纤激光器的历史

有较大差距。即使是在国内市场，锐科激光依然有很大的提升空间。而持续研发新品和扩大产能，则是锐科激光持续向上的关键动力。

2019 年加入锐科激光的古杨博士是锐科激光光学器件技术研究部主任，也是企业新一代的技术把关人物。“我加入公司以后，核心光器件产能基本上以月为单位实现几何式倍数增长，并且持续了半年，再以季度为单位呈几何式倍数持续增长了 1 年。”他回忆，锐科激光光纤激光器的核心光器件在短短一年半的时间里，实现了从全进口向全自产的转变，极大地降低了光纤激光器的成本和依赖进口的风险。

2021 年，掌握关键核心技术的锐科激光迎来了又一个历史时刻。锐科激光与南华大学联合研制的国内首台 100kW 超高功率工业光纤激光器，解决了输出端帽与高功率激光输出头高度不匹配等多项技术瓶颈，打破了国外技术垄断的局面，大大提升了我国大型装备制造水平。这是中国当前最大功率的工业光纤激光器，也是全球第二大功率的工业激光器。

因为从来没有做过这么大功率的光纤激光器，也没有可参照学习的对象，100kW 产品研发之初，团队就面临着输出光缆、功率合束器、控制系统、功率测试系统几大关键核心技术难以突破的问题。如何破题？平均年龄不到 30 岁的 20 人研发团队，重新进入锐科激光成立之初的状态，白天做实验，晚上睡在办公室，五六种方案，十几次反复计算仿真，从研发到交付仅用了6个多月，填补了国内该项高端设备的空白，再一次证明锐科激光的光纤技术、光纤器械技术在全球具有领先水平。

入职锐科激光数年，古杨对企业责任与使命有了更深切体会。“我们不仅要自己发展，还要带动全行业全产业链的发展，帮助国内工业光纤激光器越做越好。”他认为，“不躺在原来的功劳簿上吃老本”是成就锐科激光在技术上时刻“保鲜”的重要理念。

2021年4月，黄鹤楼上光影耀动，两江四岸流光溢彩，“聚世界光，为天下谷，让武汉更硬核，中国光谷科技创新成果光影展”正式上演。作为光谷高质量发展成就之一，这款100kW超高功率工业光纤激光器在光影展上惊艳亮相。

1年后，迎来公司成立15周年的锐科激光，线上发布了“旗帜”系列激光器产品，剑指依然被进口产品垄断的高端市场。五大“旗帜”系列高端新品主要分为三大类别，分别是面向汽车制造、船舶制造、航空航天领域的高性能连续激光器，面向近年来热门3D（三维）打印应用领域的激光器产品，以及面向新能源领域的带光闸ABP光纤激光器、单模300W主振荡器功率放大器（MOPA）技术脉冲光纤激光器和高能量1000W脉冲激光器。

“旗帜”系列的诞生，标志着锐科激光在高端激光器品牌战略上迈出了关键一步。公司总经理陈星星在发布会上表示：“旗帜”具有“传承、蓄力、号召”的寓意。锐科激光作为激光光源制造者，从创立之初就致力于将激光技术的积累、激光的魅力传承下去，打破更多技术壁垒和技术垄断，开发更多新技术、新产品，为中国高端制造创造更多可能。

2022年4月，《2022中国激光产业发展报告》通过在线直播形式发布，根据该报告，在激光设备全球供应链上，武汉已牢牢占据有利地位。事实之一就是，扎根武汉光谷的光纤激光器巨头锐科激光，与市场占有率第一的海外巨头差距已不足1%，这将深刻改变全球激光产业竞争格局。

时至今日，从“0”起步的锐科激光在光纤激光功率合成、大模场激光光纤、半导体激光泵浦源等领域已打破多项技术瓶颈，大大提升了我国大型装备制造水平。

▲ 锐科激光 2022 年发布的高端系列新品光纤激光器——“旗帜”系列

“大到 300mm 的厚钢材，毫秒间光起刀落，就像切豆腐一般；小如火柴头，激光也能在上面打标。”锐科激光副总工程师高辉博士说。

伴随着“旗帜”系列高端激光器的诞生，锐科激光全国产化的激光制造技术已经应用到了航空航天领域，包括激光切割、焊接、清洗，以及大型结构件的激光 3D 打印等。“航天产品对精度和重量要求极高，用激光焊接代替传统铆接，可节省大量铆钉，有效实现航天器减重，提高发射可靠性和稳定性，降低制造成本。”闫大鹏说。

也是在这一年，由锐科激光牵头的“湖北省光纤激光器产业技术创新联合体”启动，以此搭建光纤激光器产、学、研、用的开发平台，促成联合体各单位在光纤激光器的关键技术、系统集成开发、工程应用等领域的深度合作。这让闫大鹏坚信，中国的激光器产业，一定会越走越远、越走越稳：“希望 5 年以后，我们的一些原材料、元器件，独创的东西，也能卖到国外去。”

“做中国自己的高品质光纤激光器，赶超世界先进水平！”这是闫大鹏创业之初的梦想，如今，这个梦想一步步照进现实。

做国际标准的制定者

不只是做国产替代的先行者，更要做国际标准的制定者。2020 年 12 月，国际电气与电子工程师协会（IEEE）发来函件，锐科激光联合武汉华工激光工程有限责任公司（简称“华工激光”）等单位制定的《工业用光纤激光器参数要求和测试方法》作为国际标准获得通过。这是我国激光产品类的首个国际标准。

“在工业光电子产品运用领域，中国已经具备国际影响力。”浙江工业大学激光先进制造研究院院长姚建华在接受记者采访时表示，国际科研合作无法把中国排除在外，国际标准的制定需要中国参与进来。

激光被称为“最快的刀”“最准的尺”“最亮的光”，自 1961 年我国第一台红宝石激光器研制成功，历经 60 多年的发展，我国的激光技术及产业体量如今已居世界前列，在光纤激光器领域，以锐科激光为代表，国内激光企业接连打破多项技术壁垒，建立了一条全国产化的产业链。

伴随着光纤激光产品从无到有、从弱到强，中国光纤激光器产业正式形成规模，从 2014 年的 28.6 亿元快速增长到 2021 年的 124.8 亿元，23.4% 的复合年均增长率高于全球市场增速。然而，国内厂商按照国外厂商的产品系列进行研发和生产的问题依然存在，给光纤激光器的推广应用带来了极大的不便，严重阻碍了中国光纤激光器产业的发展壮大。

2016 年，由锐科激光牵头，联合华工激光、山东华光光电股份有限公司、奔腾激光（浙江）股份有限公司（简称“奔腾激光”）等国内领先激光企业起草了我国第一部光纤激光器行业标准，并正式发布实施。考虑到国际上还无此类标准，为赶超光纤激光器国际先进水平乃至引领国际光纤激光器的技术潮流，在武汉·中国光谷激光加工产业技术创新战略联盟平台的组织和策划下，《工业用光纤激光器参数要求和测试方法》历经 4 年的修订，获得 IEEE 认可，最终成为国际社会认可的主流标准。

作为首个激光产品国际标准，该标准定义了工业光纤激光器的术语，并根据时域特性的差异，指定了脉冲光纤激光器和连续波长光纤激光器产品中应包括的必要参数，并给出了相应的测试方法。标准的发布实施，帮助制造商可靠地使用工业光纤激光器，减轻由不同光纤激光器提供商的不同参数所引起的不必要的混乱和技术障碍，并促进激光加工设备集成商和最终用户的使用。

“我国首次为激光产品定国际标准，体现了国产光纤激光器的高制造水平。”闫大鹏强调，锐科激光将继续参与制定更多相关的测试方法与技术规范，进一步完善激光行业的发展。一方面，这不仅能提升锐科激光在国内甚至是全球的影响力；另一方面，还能通过行业标准的制定，带动整个产业链的发展与升级。

首个激光产品国际标准的通过，只是一个开始。相隔 1 年，IEEE 再次发来函件，由湖北省标准化与质量研究院联合锐科激光、华工激光、奔腾激光等激光龙头企业牵头制定的国际标准《高功率工业激光系统激光传输安全技术规范》获得通过，填补了我国激光企业在国际安全标准领域的空白，为中国激光企业进一步赢得了国际话语权。

从 2018 年立项，到 2022 年正式发布，五年磨一剑。作为高功率工业激光器首个传输安全规范，《高功率工业激光系统激光传输安全技术规范》对大功率工业激光传输系统的光辐射防护、结构防护、电气防护和标签标识等进行了规范，以防激光传输过程中产生各类伤害，对指导高功率工业激光器的研发、生产和使用具有积极作用。

为激光产品定国际标准，体现出国产激光器的高制造水平，也意味着以锐科激光、华工激光为代表的光谷激光品牌站上了国际舞台，是光谷激光产业由大变强的缩影。

因光而兴、聚光成谷，作为中国激光产业的发源地，光谷从激光和光通信起步，实现了从“一束光”到“一座创新城”的发展跨越，已成为中国最大的激光设备制造基地之一，激光企业密度全国领先，激光产业国内市场占有率连续 11 年超过 50%，不断引领着技术、标准和产品的突破。

光谷激光产品也源源不断走向海外。截至 2022 年底，锐科激光直接应用客户超过 1500 家，出口 40 多个国家和地区。“中国的光纤激光器在跟跑多年后，终于能与世界并跑。”闫大鹏说。

3 顶级实验室集群

1976 年，在烽火通信的前身武汉邮科院的一间实验室，青年赵梓森率领团队拉出了我国第一根实用化光纤。从“一束光”到“一座城”，从一位“持炬者”到一群“追光者”，这似乎昭示着，“追光者”的基因里，流着武汉传统科教优势的血液。

光谷自诞生之日起，就始终肩负着国家科技自立自强的时代使命，而高水平实验室是实现高水平科技自立自强的关键支撑和重要保障。

在我国首批组建的六个国家研究中心之一的武汉光电国家研究中心，谢庆国教授研发了全球首台适用于人体临床的全数字正电子发射断层成像（PET）机器；在湖北省首个国家级制造业创新中心国家信息光电子创新中心，青年人才肖希带队刷新了单模多芯光纤传输容量的世界纪录；在全国唯一的国家数字化设计与制造创新中心内，在陈建魁教授等产学研力量的攻关下，国内首台 G4.5 新型显示喷印装备诞生……

以东湖科学城为核心区域，光谷正加快构建以“五大湖北实验室、五大科学装置、五大国家创新中心、一批新型研发机构”为基石的创新平台矩阵，一批“追光者”活跃其上。

“再艰难，我们也要走出一条路来”

“有时候，我们整个国家在美欧的强磁场实验室 1 年都做不上 1 次实验。”

国家脉冲强磁场科学中心主任李亮说，强磁场与极低温、超高压一样，是进行现代科学实验最重要的极端条件之一。而在这样一种极端条件下，材料可以反映出一些常态下观测不到的物理效应、现象，这有助于科研人员实现新的前沿研究突破，发现新的物理原理和材料。近百年来，在强磁场条件下，各国学者取得了大批原创性重大成果，并推动了相关新兴高技术产业的发展。

我国由于长期缺乏这类装置，想在强磁场环境下做实验，只能借用国外的实验室。这意味着，得干等着别人做完才能开始自己的实验，而这往往导致科研人员丧失先机。

建设属于中国自己的强磁场实验室，显得迫在眉睫。

早在 2001 年，华中科技大学的潘垣院士就敏锐地意识到建设世界水平脉冲强磁场装置的极度重要性。

这同样也是促使李亮回国的巨大动因。

李亮本科毕业后选择了去中国科学院等离子体物理研究所读研究生。出国深造时，师从比利时鲁汶大学有“脉冲强磁场之父”美誉的弗里茨·亨纳齐教授。从鲁汶大学毕业后，李亮选择了美国国家强磁场实验室。做了 3 年基础研究之后，李亮又对脉冲强磁场的应用研究产生了兴趣，赴美国通用电气公司全球研究中心任高级

▲ 国家脉冲强磁场科学中心主任李亮

工程师，从事强磁场、整体充磁技术、磁共振成像和高温超导电机等方面的研究。

2007 年 1 月，华中科技大学要建设脉冲强磁场装置。这是教育部直属高校承建的第一个国家重大科技基础设施项目，建设目标是使其成为世界四大脉冲强磁场科学中心之一。但当时国内缺乏这方面的人才。既从事过脉冲强磁场科学研究，又从事过脉冲强磁场应用研究的李亮，是最合适的人选。

于是，时任华中科技大学校长的李培根院士，3 次赴美邀请李亮回国牵头这一历史性重大科技基础设施项目的建设。

“祖国可以给我提供更高的事业发展平台。”从更长远的角度来讲，李亮希望在中国建设一个能将脉冲强磁场科学、脉冲强磁场技术和脉冲强磁场应用结合起来的开放式公共科研平台。2007 年 4 月，李亮放弃国外的高薪待遇和优越的生活条件，回国主持脉冲强磁场国家重大科技基础设施建设，实现了中国脉冲强磁场设施从无到有、从跟跑到领跑的跨越。

“2008 年 4 月 25 日，这个日子我可能比自己的生日记得还清楚。这一天，脉冲强磁场实验装置破土动工了。”李亮团队成员、磁体团队负责人彭涛教授眼神中放出了光。

当时强磁场中心大楼尚未破土，办公条件非常艰苦，七八个老师、学生挤在两间简陋的实验室里，尤其是未安装空调之前，在武汉漫长溽热的盛夏里，支撑他们的只有一纸项目规划和心中的梦想。李亮也非常激动：“从刚开始写材料到后续忙验收，整个团队 7 年无休。当时创立时，整个中心只有四五个人，而且都是刚刚毕业的博士生。在科研的道路上，当年年仅二十几岁的他们还只能算是毛头小伙子。但就是这样一群毛头小伙子，怀揣着要做世界第一强磁场装置的信念，用行动创造了令人惊叹的成绩。”

创业阶段“一穷二白”，每一张电路设计图、每一个零件都是团队自己绘制和安装调试的。磁体是设施中的核心部件。磁体团队负责人彭涛和团队成员毅然选择自己绕制磁体。

武汉的夏天酷暑难耐，大家穿着防护服、戴着防毒面具，在高噪声、高粉尘的工作环境里一干就是 12 小时以上，一天下来，整个人就像从水里捞出来似的。

2010 年，脉冲强磁场实验装置如期竣工，这是首个由教育部直属高校承建并按时通过验收、对外开放的国家重大科技基础设施项目。

2011 年 11 月，李亮率领他的科研团队研制的国内首个双线圈脉冲磁体成功实现了 83T 的磁场强度——这不仅刷新了我国脉冲磁场强度的纪录，也使我国非破坏性磁场强度水平一下子跃居亚洲第一、世界第三。而这一年，美国国家强磁场实验室率先突破 90T 的非破坏性脉冲强磁场强度。李亮决心向更高的目标冲刺，将装置最高磁场强度的建设目标从 80T 提高到了 90T。

2013 年 8 月 6 日，他们再次成功。自行研制的脉冲磁体成功实现了 90.6T 的峰值磁场，再次刷新我国脉冲磁场的最高强度纪录，使我国成为继美国、德国后世界上第三个突破 90T 大关的国家。

李亮说："我们实验室的一个很重要的信念，也就是老一辈的科学家给我们提出来的一个指导思想，就是人无我有、人有我强、人强我新。"

现在，华中科技大学强磁场中心是国内唯一的大型脉冲强磁场科研基础条件平台，并已成为世界四大脉冲强磁场科学中心之一。李亮教授团队完成的"脉冲强磁场国家重大科技基础设施"获国家科学技术进步奖一等奖。同时，一群"追光者"挺身而出，团队由最初的几人，发展壮大成 80 人的队伍。

武汉正在加速建设重大科技基础设施，包括脉冲强磁场实验装置优化提升项目在内，如今在光谷，进入国家序列的大科学装置已有 5 个，数量居全国前列。

生物医学成像设施大科学装置同样是多代"追光者"共同奋斗的结果。装置首席科学家叶朝辉院士回忆自己的科研时说，在承担 300 ~ 500MHz 磁共振波谱仪的研制课题时，"做得非常艰苦""别人已经发展得很快、很先进了，我们不仅要把别人的东西学会，消化、吸收再创新，更要走出一条自主创新的路来，确实是一项非常艰巨的任务""最大的担心还是我们重新做出来的仪器不能满足国家的要求、不能圆满完成任务"。

但他坚定地说："再艰难，我们也要去尝试，要走出一条路来。如果放弃，

▲ 国家脉冲强磁场科学中心，科研人员在电源大厅工作

我们永远没有机会。只要我们坚持走下去，哪怕比它们的产品性能低，但是我们拥有这个技术后，它们对中国的市场就会重新评估。”

该项目常务副指挥长及中国科学院精密测量科学与技术创新研究院（简称“中国科学院精测院”）院长周欣 10 多年来坚持坐“冷板凳”，带领团队突破多项关键核心技术。

2009 年，周欣回国工作。一个人就是一支团队。他的“实验室”占了 6 块地板砖，实验方案设计、实验设备安装调试，甚至一个螺丝钉的固定，他都亲力亲为，工作到凌晨是常态。

他坚定地说：“一旦突破了瓶颈，科学研究是肯定会出成果的。”

最终，他带领团队研制出了世界首台（套）获得医疗器械注册证的人体肺部气体磁共振成像装备，实现了我国肺部气体磁共振技术从无到有的突破，有效解决了肺部结构和功能的无损、定量、可视化检测背后的科学难题，打破了国外的技术封锁，核心技术指标国际领先。

如今，武汉光电国家研究中心唐江、高亮等科学家团队，在这一领域不断接力。

唐江教授团队研制的量子点短波红外成像芯片目前进展顺利。红外成像芯片是光传感技术的基础之一，被广泛应用于机器视觉、物质鉴别、生物成像等新兴领域。

年轻的“追光者”成天泡在实验室里，不间断地进行芯片工艺调试，探索适于自动化制备的最佳工艺窗口，他们说：“实验中我们碰到的失败数也数不清，就是在失败的基础上一点点摸索，一点点前进。”

据了解，大科学装置已成为衡量一个国家科技实力和综合国力的重要标志。依托大科学装置，科学家将挺进科技“无人区”，完成“从 0 到 1”的原始创新。在光谷，大学科装置里的“追光者”正力争实现率先突破和国际引领，成为国家在光电子领域的战略科技力量。

二十年磨一剑，从实验室到市场

华中科技大学谢庆国教授领衔的数字 PET 团队开发的新一代全数字 PET/CT，已获得国家药品监督管理局医疗器械注册认证，正式获准进入市场。

从实验室走入市场，谢庆国坚持了 22 年，从一个意气风发的毕业生，成为满园桃李的中年科学家。故事得从一个铁皮屋改建成的实验室说起。

2001 年，在条件极为简陋的情况下，谢庆国带领他的“学生兵”，踏上了数字 PET 研究的漫漫征程。

PET 是继 X 线、计算机断层扫描（CT）、磁共振成像（MRI）之后，当今世界最先进的医学影像技术之一。它主要的特点是生化反应敏感，可对人体内部细胞的代谢情况进行成像。由于任何疾病的先兆都是生化的，所以 PET 在重大疾病，尤其是心脏、脑、神经系统疾病及肿瘤的早期诊断和疗效评估上具有不可替代的优势。

“全数字 PET 之于传统 PET，好比数码相机之于胶片相机。”谢庆国介绍，和传统 PET 相比，全数字 PET 可以发现更小的肿瘤和病灶，还能接驳人工智能、机器学习等计算机学科。

早在从事这项研究之初，谢庆国就清晰明白，数字 PET 是一个全新的事物，在他的办公室门上有个显著标志，写着“Don't Panic”（别慌）。

▲ 数字 PET 发明人、数字 PET 实验室创始人谢庆国

谢庆国介绍，这句话是经典科幻小说《银河系漫游指南》里的名句。它印在指南手册的封面上，提醒星际旅行者在进入未知时空的时候不要恐慌，“我想用它表达：科研之路是通向未知的道路，启程的时候要有一往无前的勇气”。

同时，谢庆国明白，新事物都有一个从小众认知到大众认可的漫长过程。国产高端医疗器械从技术领先到产品领先到市场领先，不是一蹴而就的，需要大量扎扎实实的应用。这就要求研发所在地必须有应用医工交叉研究的能力。哪里有这样得天独厚的优势呢？谢庆国曾在中国台北、美国芝加哥等城市从事科研，但最终，他选择将 PET 事业放在光谷，他认为，华中科技大学同时拥有一流的工科和一流的医科，这样的条件放眼全球也属难得。同时，从情感连接上看，他是个“老华科人”，本科和博士均就读于华中科技大学，强烈的母校情结起了很大的作用。

2010 年，团队研发出世界上第一台动物全数字 PET，分辨率达到亚毫米级。2013 年 10 月，该项研究成果获湖北省技术发明奖一等奖。2014 年，谢庆国决定开发人体临床全数字 PET。一个“草根”团队，想要挺进门槛高、投入大的高端医疗器械产业领域，从啃下原理创新的“硬骨头”，到造出看得见、摸得着的大型设备，困难可想而知。

当前，谢庆国率队研发出的全数字 PET/CT，能在 20 秒内完成单个床位的扫描成像，全身扫描仅需 80 秒，单床位成像速度为全球第一。

不仅要做出产品，还得保证产品“出世”后不落后，谢庆国深思熟虑——国际竞争对手凭借其体量优势开始全力追击，若不能抢在他们前面站稳脚跟，就会错失中国 PET 以技术打破垄断、一步赶超国际竞争对手的机会。

一支白手起家的团队，要与实力雄厚的国际巨头争雄，数字 PET 面临的是一项宏大而艰苦的事业。而谢庆国坚信，在这场战争里决定胜负的关键，在于人。以“未来科学家和未来企业家”为人才培养目标，谢庆国带出了一群平均年龄不到 30 岁的队伍。谢庆国说，只有通过实战锻炼，练出的才是能做成事情的人才。

“目前的 PET 影像只能做到清晰呈现，但不能提供精确的定量数据信息；如果能在定量方面有突破，将给疾病诊疗、病理研究带来革命性的变化。”谢庆国说，一切都还只是开始。

国家数字化设计与制造创新中心柔性电子制造研究所里，陈建魁教授正在带队研发。

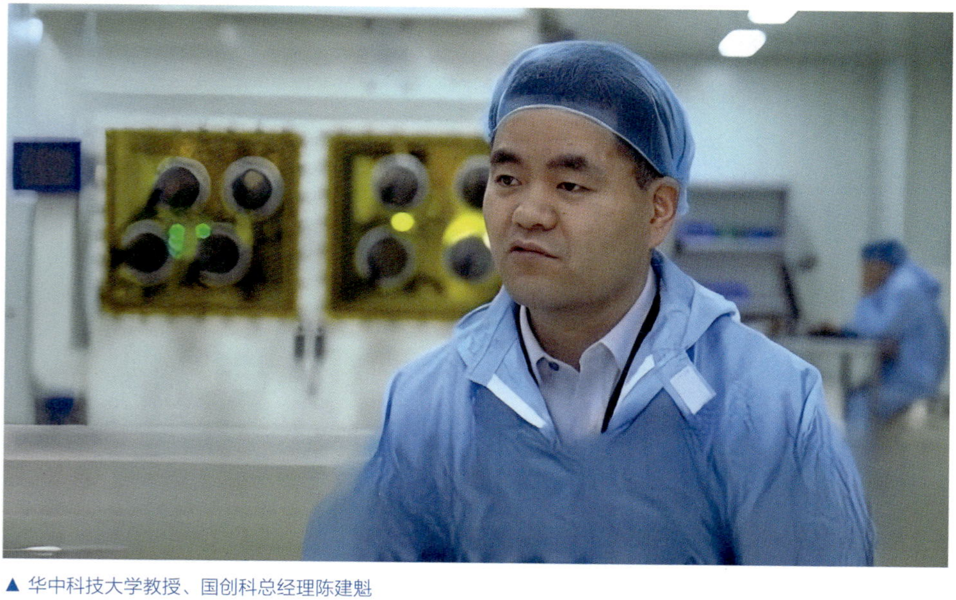

▲ 华中科技大学教授、国创科总经理陈建魁

陈建魁和他的团队 10 多年来一直在研究新型显示喷印技术的新发展。不过，科学研究是一回事，将其转化为商业产品则是另一回事，可以说更具挑战性。

陈建魁同时还是国创科的总经理，公司现已研发出国内首台 G4. 5 喷印设备，并已进入中试阶段，这标志着我国新型显示喷印装备从研发到产业化，实现了重大突破，未来还有望推动解决新型显示产业关键设备的“卡脖子”难点。

在陈建魁看来，在实验室里拼命追逐技术前沿的“追光者”，一定要与深耕产业的“追光者”汇合。

“企业创新的来源一定是‘产业需求’。”陈建魁说，确定创新目标是产业真正的需求。在搞科研的同时，从高校引入创新的“种子”，国创科就是一家典型的“政产学研用”融合企业，技术来源于华中科技大学科学家团队 10 余年的科研成果积累与突破，与产业龙头企业深度结合，并获得了政府部门的关注和社会资本的支持，从而有机会推出自主创新的高端装备产品。

国家创新中心的一群“80 后”

含硅 1.0% ~ 4.5% 的硅钢，被称为钢铁中的工艺品。硅钢广泛用于变压器、发电机、电动机和家用电器等，是电力、机电、军工行业的核心材料，其生产水平直接反映一个国家的钢铁制造业水平。

1974 年，武汉钢铁（集团）公司（简称“武钢”）从日本新日铁制铁公司引进硅钢生产线——“一米七”轧机时，肖希还未出生。但当年 10 万建设大军云集武钢、参加“一米七”钢铁“大会战”的故事，还在流传，也在小小少年心中种下种子。

日后，中国信息科技通信集团有限公司（简称“中国信科”）光纤通信技术和网络国家重点实验室副主任、国家信息光电子创新中心总经理肖希博士在回头看这段故事时回忆，当初选择硅基光电子芯片这一前沿方向，受到了武钢当年引进硅钢技术的影响。

武钢硅钢产品“0”的突破，彻底改变了国家相关行业长期受国外垄断企业“卡脖子”的命运。

从硅钢到硅光，“钢二代”肖希仍在不断向上突围。2018 年，国家信息光电子创新中心揭牌，成为全国第四家、湖北省首家国家制造业创新中心，肖希出任总经理，带领团队加速开展硅光芯片技术攻关。

彼时，中国在硅光芯片这一前沿领域还是“门外汉”。5 年来，肖希率队先后突破关键核心技术，相继实现多款高速光收发芯片的国内首产或首次出样，推动我国在这一领域从“几无所有”到“多点突破”。其中，100GB/200GB/400GB 系列硅光相干收发芯片和模块已规模化商用；400GB 数通硅光芯片和模块通过了国内数据中心和超算客户的系统评测。

肖希欣喜地分享了最新进展：“今年（2023 年）5 月，我们实现了总传输容量 4.1PB/s、净传输容量 3.61PB/s 的单模 19 芯光纤传输系统实验，该工作刷新了单模多芯光纤传输容量的世界纪录，也是目前国内光纤传输系统实验容量的最高水平。”

肖希也从一名科研人员逐步成长为技术创新策源的“领航员”和产学研转化的“摆渡人”，但他说，自己不满足于技术的引领，还要积极融通光电子产业链和创新链，带动更多创新成果走向产业应用，为我国光电子信息产业率先实现突破贡献一臂之力。

另一位 80 后“追光者”李政言以“追光”“捕光”来描述科研工作，他说：“研究期间困难重重，就像这里的数百个光学透镜，我们需要不断调整每个光学透镜之间的距离、角度，历经成千上万次实验，才能保证成像效果最优。”

李政言先后获北京大学物理学院学士学位、美国得克萨斯大学奥斯汀分校物理系博士学位，并在加拿大渥太华大学和国家研究委员会做博士后研究。

“走，回中国去！”在国外科研环境相对较好的情况下，李政言最终选择了回国。光谷的发展以及华中科技大学光电学科的雄厚实力都使李政言最终下定了决心。2017 年 9 月，他进入华中科技大学工作。他说：“光谷在我研究的激光器方面有很多的技术。此外，华科（华中科技大学）光电学科多年的深厚积累，与我的研究方向非常匹配。这都是国内其他高校所无法提供的。”

李政言的研究领域是高功率、超快激光与物质的相互作用，这项研究在激光加工领域有关键应用。很快他就找到了用武之地。

2021 年 2 月，在湖北省科技创新大会上，首批 7 个湖北实验室集中揭牌，5 个落户光谷。其中湖北光谷实验室依托华中科技大学，以武汉光电国家研究中心为核心的多个国家级研究平台为支撑，联合中国科学院精测院、中国信科等八家优势科研机构和企业共同建设，瞄准未来智能时代的高端芯片、光电融合、异质异构集成、智能感知、激光微纳加工等前沿科学与技术问题，解决“卡脖子”的关键核心技术。

李政言加盟了湖北光谷实验室，从事超快光场摄像机的研究，这意味着什么呢？需要记录光速飞行的超快激光脉冲在各类物质“赛道”上奔跑的过程，要实现观测飞秒（1 飞秒 $=10^{-15}$ 秒）时间尺度内发生的事件，所需的帧率在万亿帧 /s 量级。

一路走来，他回忆这个过程“早期充满了挣扎，需要反复试错、不断积累经验”，参与的团队成员直言这仿佛“在五金店里翻找一些零件组装成一部汽车”，前人从未做过，众人只能从不得其法，到自己找到方法论。

最终，李政言率队研发的超快光场摄像机，可以记录下激光脉冲的宽度、波形、振幅、光场强度的分布等所有相关信息，就像是给激光拍了一部“电影”，速度为目前世界之最。这振奋了全球光学领域的专家学者，因为这如同为激光精密加工设备安装了一双“眼睛”，对激光脉冲进行“检验”，以提高激光器的品质。

目前，李政言教授团队以较低的成本、较小的装置，将 300 飞秒的激光脉冲压缩到了 70 飞秒，更适合精密加工，目前已成功在工业上应用。

新型研发机构扎堆光谷

“过去，对关键技术和装备，我们习惯于买。买比造快。但长期这样，等到买不到的时候，就无计可施了。”中国科学院院士，武汉大学教授、武汉量子技术研究院院长徐红星说，量子科技尤其是量子通信的关键技术是买不来、要不来的，最终还是要靠自己。要解决关键技术“卡脖子”问题，就要加快创新平台建设，充分利用市场机制，不断激发科技人员和市场主体的积极性。

徐红星院士说，人类科技发展到今天，创新链条越来越长。眼前的、表面的一点创新，很快就会过时。而那些真正核心的、原创的技术，需要长期的、大规模的投入和攻关，不仅需要“板凳一坐十年冷”的科学家精神，而且还需要形成持续的力量。

徐红星院士说：“原来的科研模式是按照项目来的，项目结束了，人就散了。如果有了市场化机制，成立了公司，就不一样了。”

于是，新型研发机构应运而生。武汉量子技术研究院是唯一经武汉市政府审批成立的新型量子科技领域新型研发机构，依托于武汉大学、中国科学院精测院、华中科技大学共同组建，落户武汉新城，主要开展量子科学基础理论研究与关键核心技术攻关，推动量子工程示范应用和科技成果转化。成立 1 年多来，其在产品开发方面，已走在了全国前列。

徐红星院士介绍，量子技术可以与经典信息安全技术广泛融合，服务于政务、金融、能源、医疗、交通等行业。例如在智能驾驶、自动驾驶和无人驾驶中，如果没有信息的绝对安全，就会有致命危险；如果被黑客控制，车上人员的生命就

▲ 中国科学院院士、武汉大学教授、武汉量子技术研究院院长徐红星

交到别人手里。所以迫切需要量子保密通信在导航系统实现应用，这是一种刚需。

在这一新型研究机构内，中国科学院武汉物理与数学研究所詹明生、许鹏团队介绍，通常一个原子的直径在 0.05nm 和 0.5nm 之间，对于这样一种只有头发丝直径的几千分之一、几万分之一的物体，甚至连世界上最精密的光学显微镜都无法直接观测。而 10 年来，他们一直在做一件事情——“抓住”单原子，进行量子操控。

詹明生研究团队则创造性地发明了一种反馈控制方法，实现了对单个原子的寻址及完备操控。这在国际上首次实现了异核原子间的量子受控非门和量子纠缠。詹明生说，其团队的研究工作只是在这一领域迈出了一小步，就如同 200 多年前的“蒸汽火车”，离“高铁”的诞生还有很远的距离。

光谷正通过建设一批高水平新型研发机构，重点推进湖北实验室、武汉产业创新发展研究院、华中科技大学未来技术创新研究院等集结更多“追光者”，推动更多在汉高校院所、院士专家实现科技成果就地、就近转化。

武汉产业创新发展研究院就是这样一所“四不像”机构。

武汉产业创新发展研究院（简称“武创院”）已组建并挂牌成立专业研究所 11 家、企业联合创新中心 14 家，投资转化科技成果近 60 项，引进领军科学家核心团队和创新创业团队 13 个。

武创院的掌舵人是一位美丽优雅的专业人士——李锡玲。李锡玲曾任广东省生物岛实验室党委书记、健实科创（广州）生物医药发展有限公司董事长、国家科研机构知识产权管理标准化发展研究基地主任、中国科学院知识产权研究与培训中心副主任。

在生物岛实验室任职期间，李锡玲参与了实验室从启动建设到稳定运行的全过程。上任武创院后，她目标清晰：“我们希望联合更多的创新主体、创新要素，一起协同推动武汉乃至湖北的创新发展。”

李锡玲说，要在光谷“吸引、集聚、培养高端人才，包括企业、产业创新发展急需的人才，这是武创院工作的重中之重”。

在她的带领下，武创院曾在 1 周之内创下纪录：先后与武汉大学刘胜教授团

▲ 武创院大楼

队、中国科学院院士陈十一团队、中国科学院院士丁汉团队，分别成立芯片制造协同设计研究所、智能工业软件研究所、医疗机器人产业研究所，已启动运行武创院光子集成技术产业研究所。

“武汉需要留下更多引领性、标志性的人物。”李锡玲说，创新不是“独角戏”，而是“大合唱”，武创院将以更大的诚意、更创新的机制、更优质的服务集聚更多科学大家，助力武汉成为具有全国影响力的科创中心。

在她看来，顺势而为，才能做成事、成大事。春江水暖鸭先知。当前，许多创新主体从长三角、京津冀、大湾区来到武汉布局，这是一种大的发展态势，中部地区迎来了经济崛起最好的时间窗口。

“不仅仅是像过去那样跟跑，从现在开始，我们要‘开道超车’，在全国做出中部地区应有的贡献。”李锡玲说。

一出手即不凡。同样秉持这一观点的，还有新型机构武汉人工智能研究院院长王金桥。王金桥本身也是国内知名计算机视觉与视频分析专家、中国科学院自动化研究所模式识别国家重点实验室研究员。他介绍，在中国科学院自动化研究所研发的跨膜态通用人工智能平台“紫东太初”诞生之初，科研团队就提出要像养育婴儿一样，为它营造全模态的学习环境，如今，这个全球首个图、文、音三模态大模型已不断迭代，开创性地实现了三模态数据间的“统一表示”与“相互生成”。

王金桥说，最初，“紫东太初”落地光谷，肩负着服务数字经济的重任。在光谷设立研究院是中国科学院自动化研究所重大方向创新研发范式的初步尝试。为在光谷打造自主可控开放平台和产业汇聚示范基地，王金桥作为项目负责人也随之“落户”，频频和企业对接，寻找合作点位。

随着光谷战略科技力量矩阵加速构建，一群来自实验室的“追光者”迅速集结，为光谷高水平自立自强、高质量建设“世界光谷”勇当开路先锋。

▲ 武汉人工智能研究院院长王金桥

4 中国北斗耀苍穹

80岁的刘经南院士总是忘不了，10年前在光谷展示中心，向习近平总书记介绍北斗导航的高精度应用时的场景，“那是我第一次近距离和总书记交流”。

原本初定4分钟的内容，刘经南院士讲了10多分钟。总书记听完频频点头，对于科技自主创新，他还打了一个比喻——要用自己的碗，来装自己种出的粮食。

他事后反复琢磨总书记的这个比喻：“这就是告诉我们，作为一个大国，一定要有引领性、原创性的科技，我们一定要有自己的本事和撒手锏。”

深邃夜空，斗转星移。而今，这位曾先后服务三代北斗系统的“布星者”欣喜看到：我国自主建设、独立运行的北斗全球卫星导航系统，已成国之重器。搭载有“光谷造”北斗芯片的共享单车，穿梭于武汉、深圳、北京、厦门等城市的街头巷尾，可实现厘米级定位。

粮食在自己的地里收获了。

从跟跑、并跑到领跑

2020年6月23日9时43分，西昌卫星发射中心发射场“轰”的一声巨响，一枚“长征三号乙”运载火箭一飞冲天，将我国自主研制的第五十五颗北斗导航卫星，也是“北斗三号”最后一颗全球组网卫星送上太空。至此，我国“北斗三号”全球卫星导航系统星座部署提前半年全面完成，将为全球北斗用户提供定位、测速、授时和短报文通信等服务。

▲ 刘经南院士

从立项论证到启动实施、从双星定位到区域组网，再到覆盖全球，30 多年探索实践，一代代北斗人接续奋斗，建成了我国迄今为止规模最大、覆盖范围最广、服务性能最高、与百姓生活关联最紧密的卫星导航系统，这也是我国第一个面向全球提供公共服务的重大空间基础设施。

“这一历史里程碑是至关重要的一步，提高了全球卫星导航系统（GNSS）为世界人民提供精准地理定位服务的可用性。”联合国外空司司长西蒙内塔·迪皮蓬女士专门发来视频，祝贺北斗系统完成全球组网部署，“自 1994 年起，北斗系统在 26 年间一直持续发展。只有长期、持久地致力于空间事业，才可能实现这样的成果。”

“这是北斗系统中最后一颗收官之星，也是一颗地球静止轨道卫星，在距离地面约 36000km 的赤道上空，与地球一起转动，24 小时转 1 圈。”从“北斗一号”启动、“北斗二号”亚太组网，再到“北斗三号”全球定位，先后服务 3 代北斗系统建设、为中国实现“北斗梦”奔走半生的刘经南院士通过网络直播目睹了这次发射，他感慨一段漫长旅程终于划上句号，也自豪北斗导航由此站上世界舞台。

时间回到 1994 年，北斗卫星导航系统启动建设。“国内高精度用户的市场需求越来越多，中国必须要有自主的卫星导航系统，不再受制于人。”已经在卫星大地测量与全球定位系统（GPS）技术及应用领域攻坚多年的刘经南，带领团队参与科研攻关，一举攻克北斗卫星系统多个关键问题。

2003 年，由 3 颗卫星构成的“北斗一号”系统建成，并开始为国内提供定位、导航与授时服务。中国成为继美国、俄罗斯之后，世界上第三个拥有卫星导航系统的国家，实现了“从 0 到 1”的突破。

刘经南院士回忆，当时我国北斗技术刚刚起步，对于“全球跑”的动态卫星了解不足。加上在海外没有卫星跟踪站，无法实时跟踪卫星信号，只能发射静止轨道卫星，但即便如此，“那也是中国人自己的系统”。

2005 年，刘经南院士和团队系统地研究并发展了全球卫星导航系统精密定轨、定位理论和方法，研制出我国首个具有自主知识产权的卫星导航数据精密处理软件系统，在国际上首次实现四大卫星导航系统［中国的北斗卫星导航系统（北斗）、美国的全球定位系统（GPS）、俄罗斯的全球导航系统（GLONASS）、欧盟的伽利略卫星导航系统（Galileo）］联合精密定轨。

2007 年 4 月 14 日 4 时 11 分，第一颗不再以“试验”冠名的北斗导航卫星“北斗 M1”顺利升空，标志着我国拥有自主知识产权的全球卫星导航系统——北斗卫星导航系统正式开始组建。刘经南院士作为专家组成员，参与了该系统的立项论证、方案论证，并亲自承担了一些科研项目。

太空茫茫，无边无际，但它并不是一片任人类肆意驰骋的草原。事实上，在北斗导航卫星发射之前，大多数卫星导航频率已经被航天强国占据，仅剩的频率根据国际电信联盟规则，先到先得，过期作废。4 月 17 日 20 时，距离申报频率失效仅剩 4 小时，10 多台地面接收机相继接收到从 2 万 km 外的太空传回来的信号，而且非常清晰！中国北斗成功占据最后一段卫星导航频率使用主动权！

那一刻，包括刘经南院士在内，常年沉默的“中国北斗人”放声地哭、大声地笑。

中国人，终究把星空资源紧紧握在了自己手中。

2012 年，我国北斗卫星导航系统正式为亚太地区提供服务，如何实现北斗系统高精度服务能力是亟待解决的问题。刘经南院士带领团队，提出建设国家地基增强系统的创新方案,并在湖北省建立了全国首个省级区域的北斗地基增强示范系统。

北斗卫星导航系统工程总设计师孙家栋院士曾对湖北省初步建立的地基增强试验网进行考察。结果显示，当北斗系统还只有 8 颗星时，就能证明利用地基增强北斗相对静态定位可以达到毫米级精度水平，实时动态可以达到亚米级精度水平，用单频可以达到米级精度水平。孙院士兴奋地说："看来北斗地基增强系统的确能够提供北斗系统高精度服务，也应该成为北斗导航系统的一部分。"

导航精度从 100m 到动态厘米级定位，刘经南院士说，在世界导航领域，"我们虽起步晚，但已实现了从跟跑、并跑到领跑的跨越"。

2018 年 11 月，"长征三号乙"运载火箭在西昌卫星发射中心以"一箭双星"发射方式，将我国第四十二、四十三颗北斗导航卫星送入太空，这两颗卫星属于中圆地球轨道卫星，是"北斗三号"系统第十八、十九颗组网卫星。至此，"北斗三号"基本系统星座部署圆满完成，中国北斗迈出从区域走向全球的关键一步。

作为全球唯一由 3 种轨道卫星构成的导航系统，"北斗三号"卫星导航系统还可按照国际标准增加全球搜救、全球位置报告和星基增强等拓展服务。

在讨论"北斗三号"卫星导航系统过程中，科学家们对是否搭载搜救功能曾有争论。因为国际上的搜救卫星，通常是脱离于导航卫星的另外一套独立通信系统，即使是 GPS 也没有搜救功能。刘经南院士则与其他几位院士坚持，"北斗三号"一定要有搜救系统，一定要让短报文功能实现全球覆盖。而这一功能也完全填补了其他卫星导航系统的空白。

"全球四大卫星导航系统里，中国北斗最好。"在刘经南院士看来，相比其他全球定位系统，中国北斗至少可以数出 5 个"唯一"：具有功能多、精度高、技术尖等优势，是全球唯一的通、导、遥及搜救一体化的卫星导航系统；全球唯一标准位置服务精度优于 5m 的卫星导航系统；全球唯一能提供两类区域星基增强服务的卫星导航系统；全球唯一全星座开通了星间通信和测距功能的卫星导航系统；以及全球唯一可同时提供全球短报文和中国周边大容量高并发短报文通信的卫星导航系统。

“北斗 +”照进现实

东湖之滨，珞珈山上，在武汉大学卫星导航定位研究中心里，科研团队已把北斗的定位精度做到了 1mm 级别。这是卫星定位技术的极限精度，被国际组织公认为世界第一。

这里也是开普勒卫星科技（武汉）有限公司（简称“开普勒”）的起点。2016 年成立至今，这家以天文学家“开普勒”命名的企业，已成为湖北省唯一一家瞄准全球布局的北斗高精度定位导航服务运营商，用 7 年时间在全国各地建立了 1600 余座地基增强站。

在开普勒位于斗转科技园的展示厅，一张布满绿色小点的中国地图引人注目，上面的每一个小点，都是开普勒在全国各地建设的一座北斗地基增强站，通过这张由无数个小点串联的庞大网络，开普勒构建了覆盖全国的高精度定位服务能力。

定位精度的提升意味着什么？作为北斗专项专家组成员，开普勒董事长、武汉大学卫星导航定位技术研究中心副主任赵齐乐有无数答案。

比如电力巡检，有了高精度导航定位系统，就可以提前搭建数据模型，精准控制无人机巡检，避免安全事故；比如农业生产，基于高精度导航定位系统的无人机，可以精准喷药、施肥，就像网格员一样，精准管理所辖田地。

“北斗未来的应用价值，完全不可估量。”对于这条新赛道，赵齐乐信心十足。

依托武汉大学卫星导航定位研究中心的技术支撑，开普勒正布局北斗下一代低轨星群增强服务，力争成为国内首家实现全球北斗高精度位置服务的运营商。

同在斗转科技园，专注“北斗 + 遥感”领域的鸣飞伟业技术有限公司（简称“鸣飞伟业”），也在通过不断创新，研发全国产化、自主可控的遥感信息智能快速处理算法引擎，链接无限多的应用场景。

目前，由鸣飞伟业自主研发的地铁列车智慧主动障碍物监测系统，以高速、实时、精确的自主可控算法引擎为核心，综合运用北斗高精度惯导、激光雷达测距、热成像、声波探测等高精尖技术，解决了传统地铁安全驾驶技术中存在的探测手段单一、探测范围狭窄、探测实时性不高及过度依赖后方运算中心等技术难题，真正让高速运行的列车“看得更远”“看得更清”“看得更稳”。

继入选国家级专精特新“小巨人”企业后，鸣飞伟业于 2022 年获得中国卫星导航定位创新应用奖金奖。

“对北斗的未来我就用两句话来概括：未来市场无限大，应用领域无限广。”作为我国卫星导航定位领域的开拓者，刘经南院士一直坚信，北斗是一种赋能技术，通过与其他技术的融合，北斗为这些技术赋予时空新功能，使这些技术升维增效，随着时代发展，其未来应用有极大的想象空间。

2017 年，刘经南院士团队推出了“北斗即时判”警保联动智慧系统，这也是全球首个北斗高精度警保联动智能系统，它能在无人受伤的交通事故发生后，让司机远程报案、交警在线定责、保险公司远程审核等几乎同步进行。当年 9 月，在武汉市第二批科技成果转化签约大会上，该项目获得 10 亿元投资，成为“院士经济”的典型代表。

2019 年，国家智能网联汽车（武汉）测试示范区在武汉经济技术开发区正式揭牌。该示范区是中国首个真正基于大规模商用 5G 的车联网区域，采用了刘经南院士团队提供自主核心技术和算法的“5G+ 北斗”高精度定位系统，能提供全天候、全天时、高精度的定位、导航和授时服务，可实现毫秒级时延和厘米级定位。

2022 年 9 月，中国北斗应用大会暨中国卫星导航与位置服务第十一届年会在河南郑州举行。会上，中国卫星导航定位协会公布了 2022 年卫星导航定位终身成就奖，刘经南获奖。刚从郑州赶回武汉，他就马不停蹄地参加了中国电动汽车百人会举办的中国新能源汽车发展高层论坛。

在智能化领域发展得如火如荼的汽车工业，离不开高精地图和卫星导航定位。

刘经南院士时常感慨，国家从约 30 年前开始启动北斗卫星导航系统的研发，投入大量人力、物力、财力，“这项技术如果不能服务经济社会发展，不能给老百姓带来获得感，我会非常痛心、非常遗憾”。

不负所望。时至今日，“北斗 + 农业”“北斗 + 交通”“北斗 + 渔业”“北斗 + 气象”“北斗 + 救援”……有关“北斗 +”的美好愿景一步步照进现实，中国北斗所带来的高精度位置服务，正在深度融入各行各业。

数据显示，2021 年，中国卫星导航与位置服务产业总体产值达到约 4700 亿元人民币，年均复合增长率超过 20%。截至 2022 年 6 月，北斗终端数量在交通运输营运车辆的应用量超过 800 万台，在农、林、牧、渔业达 130 余万台，在公安系统达 180 余万台。通信授时、气象监测、应急减灾、城市管理等领域正在加速推进北斗规模化应用。

“从夜观‘北斗’到建用‘北斗’，从仰望星空到经纬时空，中国北斗未来可期、大有可为。”2022 年 11 月，国务院新闻办公室发布的《新时代的中国北斗》白皮书这样写道。当下，全球有 230 多个国家和地区超过 15 亿用户使用北斗加速定位和北斗高精度服务，“中国的北斗”已真正成为“世界的北斗”。

“光谷天团”接力追“星”

近年来，在刘经南院士等一批顶级科学家的带动下，北斗产业已成为湖北省独具优势、极富潜力的重要战略性新兴产业。2021 年，湖北北斗领域相关企业达 730 余家，北斗及关联产业产值接近 500 亿元，地球空间信息领域院士数量居全国之首。其中，大部分北斗和相关产业企业，都集聚在光谷。

在位于光谷腹地的武汉未来科技城，“北斗大厦”正如其名——剑指北斗。一批“北斗 +”创新和“+ 北斗”应用的企业入驻其中，已形成包括北斗芯片设计、地理信息数据获取、数据加工与运营服务、北斗终端及运营服务在内的完整产业链。

一栋楼里可以找到整条北斗产业链，这在全国都是绝无仅有的。武汉梦芯科技有限公司（简称“梦芯科技”）副总经理方婷感慨，有时遇到紧急要处理的问题，甚至关系公司决策的事，上楼、下楼跑动一下或许就能找到答案。

“北斗是国之重器，如果不建北斗，依赖的是 GPS，那就是建立在别人造的导航定位系统上的高楼大厦，人家一推你就倒了。”2014 年，瞄准高端导航定位芯片，卫星导航技术领域专家韩绍伟博士在光谷创办梦芯科技，取意“北斗梦、中国芯”，旨在通过北斗芯片对 GPS 芯片的替代方向研究，让北斗走进千家万户。

当时，国内卫星导航芯片产品还停留在 55nm 或更低的工艺水平，无论在性能、功耗、集成度还是成本上，都与国际同类产品存在差距。

经过 1 年的研发攻坚，在韩绍伟博士的带领下，这支以“80 后”为主力的年轻团队，研发出中国首颗 40nm 量产的北斗导航定位芯片“启梦 MXT2702”，相当于在红豆大小的硅体上集成百万字节的存储单元，实现每秒近千万次的运算。该成果填补了湖北北斗产业芯片的空白，斩获中国卫星导航定位科技进步奖一等奖。

时隔两年，梦芯科技再度发布新一代北斗导航定位芯片“启梦 MXT2708A”，这是全球首颗北斗高精度 AI 控制芯片，仍采用 40nm 工艺设计研发，但兼容所有已部署的全球导航系统，还首创性地实现了一颗芯片同时接收并处理 GPS、GLONASS、北斗三种卫星信号，高精度算法能实现厘米级定位。

时至今日，梦芯科技研制的北斗芯片已在智慧校园、共享单车、电力检修等多个消费类领域得到广泛应用。其与滴滴单车合作高精度电子围栏项目，已批量应用达百万级，荣膺中国卫星导航定位创新应用奖金奖。

作为行业引路者，梦芯科技也是国内第一家将高精度北斗定位芯片应用到地质灾害监测领域的企业。2022 年 5 月，梦芯科技的设备成功监测到贵州一处山体发生厘米级位移，并及时发出预警信息，成功避免可能造成的人员伤亡和财产损失。

和梦芯科技同为国家级专精特新“小巨人”企业，武汉依迅北斗时空技术股份有限公司（简称“依迅北斗”）2003 年在光谷起航，核心成员来自武汉大学、华

▲ 梦芯科技自主研发的北斗高精度定位芯片

中科技大学、武汉理工大学等多所本地高校。如今，依迅北斗不仅牢牢掌握了多模多态组合导航算法与空天地海通导遥一体化定位自主核心技术，还将核心技术应用于乡村振兴、精准农业等方向，实现耕、种、管、收、储全环节“无人化”作业。

“身为一名‘北斗人’，我的毕生梦想就是希望中国的北斗能尽快走向世界，服务全球。”依迅北斗董事长付诚说。

同在“北斗大厦”的武汉北斗产业创新中心有限公司（简称“北斗创新中心”），正致力于为大型工业构筑物装上“千里眼”和“顺风耳”。

过去，电力铁塔、通信铁塔、风电铁塔、堤坝、工地塔吊等大型工业构筑物的运行状态监测主要以人工巡检和监测为主，不仅效率低，而且在恶劣自然环境和外界条件下，还存在极大的安全隐患。借助北斗创新中心自主开发的一款终端设备，不仅能对全天候实时动态沉降、倾斜等状态实施监测，还具备全生命周期管理、安全风险预警等功能。

▲ 2003 年在光谷起航的依迅北斗，自主研发的“北斗 + 农业”技术目前已普遍应用于乡村振兴、精准农业等领域

在“北斗大厦”所在的武汉导航院产业园，数栋错落有致的办公楼以北斗七星的形状分布。武汉导航院由武汉市政府和武汉大学共同发起成立，以领先的北斗高精度定位技术为核心竞争力，志在成为北斗高精度定位服务的主流供应商，泛在高精度定位和亚米级导航应用的领跑者，刘经南院士任首席科学家。

凭借团队在学术界的地位和实力，武汉导航院被中国卫星导航系统管理办公室赋予了主导制定北斗国际标准的重任，该院作为北斗接收机国际通用数据标准研发和制定的牵头单位，承担国际标准制修订工作，先后出台了 10 余项北斗系统国际标准，使北斗真正成为世界的北斗。

“代表中国在国际组织里定标准，从这个方面来讲，我们的技术实力可以为上下游的企业提供技术支撑，这是我们的优势。”武汉导航院总经理秦镜说。

“北斗天团”接力追“星”，正加速让中国北斗星耀全球。2022 年 6 月，湖北省第十二次党代会将北斗列为打造全国数字经济发展高地中的重点产业，明确提出要聚焦北斗产业领域的核心基础零部件、核心技术等组织攻关突破，攻克一批“卡脖子”技术，推动关键技术产业化。

数月后，湖北省又出台《湖北省突破性发展北斗产业三年行动方案（2023—2025 年）》，提出到 2025 年，着力把湖北打造成全球北斗高端人才集聚地、全国北斗原始创新策源地、全国北斗规模化应用先行地和全国北斗产业发展高地。

时间再次回到 2020 年 6 月，“北斗三号”系统完成全球组网前夕，刘经南院士站上湖北科技奖励大会的领奖台，获颁湖北省科学技术突出贡献奖。他在发表获奖感言时说：“在与祖国科技事业共同成长的经历中，我深刻认识到，作为一个大国，涉及国家安全等关键领域，一定要能自主可控，一定要有引领性、原创性的科学技术，才能步入强国之列。”

▼ “北斗 +”高空长航时无人机执行应急演练任务

5 稻米造血的神话

人工造血？而且是用水稻？2023 年初，水稻上“种”出人血白蛋白的光谷企业禾元生物科技股份有限公司（简称“禾元生物”）申报首次公开募股（IPO），有媒体惊呼：科创板迎来“脑洞最大 IPO”。

成立于 2006 年的禾元生物是一家专门从事植物源重组蛋白表达技术研究与产品开发的国家高新技术企业，其核心产品植物源重组人血白蛋白（OsrHSA），是从水稻中提取重组人血白蛋白，截至当时已进入三期临床。

作为临床急救的一种特殊药品，人血白蛋白主要用于失血创伤和烧伤、烫伤等引起的休克以及肾病引起的水肿或腹水等危重病症的治疗，有“生命制品”“救命药”之称。长期以来，我国人血白蛋白用量都非常大，根据弗若斯特沙利文数据，2021 年，中国市场上人血白蛋白的批签发数量约为 645.2t，超六成来自进口。

这一次，禾元生物冲击科创板，让重组人血白蛋白再次进入大众视线。如果禾元生物的技术路线成功，这也就意味着人血白蛋白可以不从人体血浆中提取，而是从植物中提取。

这是一条从来没有人走过的路，而禾元生物创始人杨代常已经坚持了 17 年。

与水稻的不解之缘

在更早之前，杨代常就和水稻结下了不解之缘。

杨代常祖籍湖北仙桃，这是江汉平原上的一座城市，以出产香米闻名。

▲ 禾元生物创始人杨代常教授

1971 年，还在读初中的杨代常因为家境贫寒，辍学到农业技术推广站工作，因为人勤快、脑子也活，很快就胜任了农业技术员的工作，后来因成功试种稻田套种田菁，被荆州地区农业系统评为劳动模范。

4 年后，在一次湖北省举行的三系杂交水稻培训班上，杨代常遇到了他科研上的领路人——著名遗传学家和水稻生物学家，有着“农田院士”之称的武汉大学教授朱英国。

当时，湖北成立水稻三系协作组，研究水稻雄性不育与杂交水稻，朱英国担任组长，是湖北省在杂交水稻育种研究上的领军人物。每年春夏之交，朱英国都会和同事们奔赴仙桃排湖原种场育种。正是在这个过程中，他发现当时不到 20 岁的杨代常钻研技术很执着，有自己当初的那股拼劲，是个难得的好苗子。之后，他时常看望和鼓励杨代常，并送来科普书籍，关心帮助农业技术推广。

1985 年，武汉大学招收首届插班生，朱英国在第一时间将这一消息告诉了杨代常。杨代常果然不负所望，以优异的成绩被武汉大学生物系遗传专业录取，并顺利地成为朱英国门下的第一个硕士生、第一个博士生。师徒二人还合著了《光周期敏感核不育水稻研究与利用》一书。

此后，为了更好地从事水稻相关研究，在导师的鼓励下，已经成为武汉大学生命科学院副教授的杨代常先后到德国访问学习，在菲律宾国际水稻研究所完成了博士论文，到新加坡国立大学从事博士后研究，并于 1999 年成为美国加利福尼亚州一家生物技术公司的首席科学家和实验室主任。

虽然国外的生活优渥，但杨代常总觉得心里不踏实，没有归属感，“名字一签，那专利就不再属于你和你的祖国，而是另外一个国家”。每次回国探亲，朱英国都会劝说他回来发展，为祖国服务。

2005 年，一次回国探亲的飞机上，杨代常偶遇武汉大学中南医院感染性疾病专家桂希恩教授。桂希恩教授谈到无偿献血的重要性，医学上提取人血白蛋白主要依靠人们献的血。

“我当时就想，能不能试着从植物源提取人血白蛋白？”回国的念头一日比一日强烈，同年，杨代常卖掉美国的房产、汽车，回到母校武汉大学任生命科学学院遗传学系教授，全力主持植物生物技术的引进与基础研究工作。

“作为一个科学家，要瞄准国家的重大需求，要敢于做原始创新。”在美国的生物技术公司工作多年，杨代常有着美国式的创新思维模式：只有市场有需求，技术上有路径，这个创新才有成功的可能。

着手研究前，杨代常对国内人血白蛋白市场做了细致的调查：每年需求量约为 420t，但血浆短缺限制了人血白蛋白的产能，一半以上都依赖进口，许多医院“一药难求”。此外，“寻找非人血来源的重组人血白蛋白，还可规避病毒传染风险，避免血源性疾病”。

“这就是重大需求。”杨代常足够自信，在植物生物技术领域，尽管整体上国内外技术水平相差 10 年，但国内在植物源重组人血白蛋白这个方向上的研究进展却是国际领先的。

2006 年，当杨代常从他最熟悉的稻米中成功提取出人血白蛋白时，他再一

▲ 禾元生物实验室中培育的水稻标本

次站到“十字路口”：是把科技成果锁到抽屉里，还是创办企业使之产业化？此时，52 岁的杨代常已功成名就，如果选择国内外的合作者转让技术和专利，他可以继续待在校园教书，舒舒服服地干到退休。然而，杨代常选择了一条无比艰难的创业路：成立禾元生物，申请美国、日本等多项专利，实现技术产业化，“不让成果止步于实验室”。

“一片树林里分出两条路——而我选择了人迹更少的一条，从此决定了我一生的道路。”1 个世纪前，美国诗人罗伯特 · 弗罗斯特写下他最著名的诗篇《未选择的路》，结尾的句子正是杨代常的写照。

质疑声中攻克世界级难题

2011 年 10 月 31 日，禾元生物成立的第五个年头，杨代常和团队在植物源替代血浆来源的人血白蛋白的研发上取得突破性进展，并跨入规模化生产阶段，相关论文在线发表于《美国科学院院报》上，引发广泛关注。

这篇题为《利用转基因水稻规模化生产重组人血白蛋白》的论文表明，由转基因水稻种子生产的重组人血白蛋白在生理生化性质、物理结构、生物学功能、免疫原性上与血浆来源的人血白蛋白一致，并建立了大规模生产重组人血白蛋白的生产工艺，获得了高纯度和高产量重组人血白蛋白产品；利用大量数据证明了转基因水稻种子可取代现有基于发酵的表达技术来生产重组蛋白质的经济有效的方法。

“这篇文章解决了在科学上振奋人心、在经济上都非常重要的议题，即用转基因植物生产血浆产品或其他蛋白产品的技术平台，可代替其他基于发酵的表达技术，其重要性不言而喻。”《美国科学院院报》审稿人评价说，“这篇文章近乎完美地证实了植物生产的医药蛋白和批准临床使用的血浆来源医药蛋白是完全相同的，并提供了翔实的数据证明植物系统规模化的容易程度和成本优势。”

论文发表当天，欧美多家媒体同时在线报道了这一科研成果，认为该成果是至今为止在植物中表达重组蛋白的最高产量，同时认为利用水稻胚乳细胞生产出的人血白蛋白令人信服，比人血浆来源更充足、更安全，成本更低廉，十分振奋人心。

水稻里如何“种”出人血白蛋白？杨代常在接受媒体采访时曾解释其原理，就是将人血白蛋白的基因通过遗传工程的技术，使其插入水稻某个染色体位置，形成一个新的水稻品种。在这种水稻的生长过程中，这个外源基因就利用水稻细胞的“原料和机器”生产这种蛋白质。在水稻成熟的过程中，人血白蛋白不断地在大米的胚乳里合成、积累。将稻米脱壳、粉碎，提取白蛋白，多次过滤纯化，冻干……人血白蛋白产品就被提取出来了。

“水稻是我国的主食，已有几千年的食用历史，其生物学背景清楚，利用水稻表达重组蛋白质，具有更好的安全性。”用自己研究多年的水稻作为表达平台并不只是因为熟悉，杨代常进一步解释，理论上，植物细胞均可作为“蛋白生产车间”用于生产，但在遗传转化技术、生物安全性等方面，水稻优势明显。

原因有 4 个方面：其一，我国率先完成了水稻基因组的测序，其生物学背景相当清楚；其二，水稻的转基因技术已经成熟，可以在较短时间内获得大量的转基因植株，从而可以克服转基因的位置效应；其三，作为静脉注射剂，安全性是人血白蛋白最关键的条件，而水稻是自花授粉，生物安全性很好；其四，水稻繁殖系数高，可以实现规模化。

尽管杨代常从开展“稻米造血”研究的第一天开始，就遭遇了来自专家学者的质疑声，更有不少业界同行称这项工作是“天方夜谭”，但重组人血白蛋白并不是一个新鲜的课题。

事实上，从 1982 年第一个重组蛋白药物——重组人胰岛素上市开始，来自全球的科学家就尝试在细菌、酵母、动物细胞和植物等宿主中采用生物技术生产重组人血白蛋白。然而，研究不尽如人意，细菌、酵母、动物细胞均不适于表达重组人血白蛋白。2007 年，日本田边三菱制药研发的重组人血白蛋白成功获批上市，后因为其临床试验数据涉嫌造假，上市两年后就遭遇撤市。

世界范围内，通过植物提取人血白蛋白，也有 20 多年的历史，但有两大问题始终没有获得有效突破：一是植物合成人血白蛋白含量太低；二是达到临床使用标准的重组人血白蛋白生产成本太高。

“科学就是要将不可能变为可能。”杨代常创新性地选择以水稻胚乳作为“蛋白生产车间”，利用储藏蛋白在种子成熟过程中不断合成与累积的原理，采用胚乳特异性启动子表达、蛋白质定向储藏和目的基因密码子优化等技术，使重组蛋白的表达量在水稻种子中积累到较高水平，是国际上认为可商业化的最低表达水平的 20 倍，是其他植物生物反应器的最高表达量。

“我们的技术证实了利用植物细胞生产重组人血白蛋白具有生物等同性，解决了规模化和安全性等没有解决的问题。”他自信地说。

2012 年 2 月，杨代常随身携带着一瓶禾元生物自主研发的人血白蛋白，飞赴德国慕尼黑参加细胞培养世界大会，这是中国从稻米里提取的人血白蛋白首次亮相世界舞台，纯度达到 99.9%。

“我们的提取率全球最高，每千克大米可以提取 2.75g 人血白蛋白纯品。”

临行前，杨代常在接受湖北记者采访时介绍，以每亩（1 亩 ≈ 666.7m^2）出产 550kg 水稻计算，1 亩水稻产出的人血白蛋白，相当于 150 ~ 200 人的献血量，“随着这一技术逐步进入临床应用，水稻提取人血白蛋白将逐步替代血浆。”

2014 年 1 月，在 2013 年度国家科学技术奖励大会的领奖台上，杨代常主持完成的“水稻胚乳细胞生物反应器及其应用”项目，荣获国家技术发明奖二等奖。

2017 年 4 月，杨代常主持完成的“医药级植物源重组人血白蛋白”项目，获得湖北省科学技术发明奖一等奖。

从饱受质疑到获得科学技术发明奖，杨代常将禾元生物的成绩归因为“3 个‘no’”，即 no holiday、no weekend、no day and night（没有节假日、没有周末、没日没夜）。

创业的 10 多年来，杨代常几乎没有休过假，无论是周末还是节假日，他都会在早上 7 点半之前到学校或者公司，晚上 10 点半才会回家，风雨无阻、雷打不动。

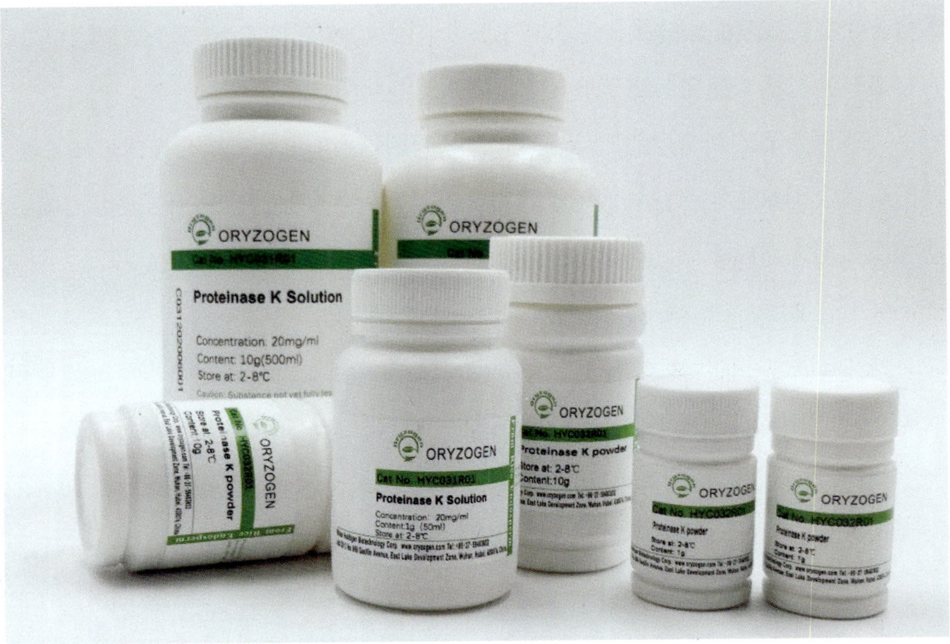

▲ 禾元生物自主研发的水稻重组人血白蛋白产品

他坦言会觉得辛苦，但却不觉得累，“那种为自己国家做事的感觉，很不一样”。

夏天到来时，他会带着团队成员去稻田里实地做科研，天气太热，农民都窝在家里，他们却在田里一待就是几小时，衣服都结上了盐霜。对杨代常而言，这也是一种休息，“休息就是相对于实验室工作外的另一种生活方式”。

如今，年近古稀的杨代常依然坚持在科研第一线。对他而言，无论做什么都比不过在实验室中发现与创造的喜悦：“无论再烦的事，我坐在凳子上的那一刻心就沉了下来。”

快步走向产业化

夜色下的黄鹤楼，光影变幻，美轮美奂。

2021 年 4 月 30 日晚，“聚世界光，为天下谷，让武汉更硬核，中国光谷科技创新成果光影展”在黄鹤楼和两江四岸上演，15 款光谷高科技产品亮相。

看到禾元生物自主研发生产的植物源重组人血白蛋白以光影的形式出现在黄鹤楼上，在光影展现场的杨代常心潮澎湃。经过 10 余年的不懈努力，被嘲为“天方夜谭”的“稻米造血”终于从实验室进入工业化生产。

光影展上演的两个月前，禾元生物“植物源重组人血白蛋白核心技术攻关工程”项目在武汉国家生物产业基地启动建设。这是禾元生物独立自主开发的全球首条植物源重组人血白蛋白注射液生产线，也是光谷千亿生物产业在“十四五”期间首个开工的项目。

作为国家“863”计划、“新药创制重大科技专项和战略性新兴产业集群试点等支持的重大科技专项攻关工程项目”，该项目一期投资 5.5 亿元，拟建成一个集行政研发中心、中试生产、重组人血白蛋白国际药品生产质量管理规范（cGMP）生产线于一体的全智能化工厂项目，年产重组人血白蛋白达 100 万支。

杨代常介绍，这是实现禾元生物核心产品——植物源重组人血白蛋白产业化目标的一个关键项目。这一项目启动建设，“标志着植物源重组人血白蛋白迈向了产业化的快车道，建成后将成为武汉地区乃至全国的生物智能制造的标杆工程”。

时间回到10年前，在杨代常领衔完成的论文发表在《美国科学院院报》上引来广泛关注后，许多媒体记者都抛来同样的疑问：“这个成果距离最终临床使用还有多久？”他的答案是：如果顺利的话，预计进入临床研究需要2年或更长的时间来完成，获得批号可能需要5年或更长的时间。

虽然在研发的道路上，科学家杨代常走得很顺利，但植物源重组人血白蛋白的产业化之路，企业家杨代常却走得异常艰难。他常常自嘲：“在大学老师中，我可能是做产业做得最好的；但在产业人才中，我却是做得最差的。”

科技成果转化困难在中国的科技发展中，已经是一个老生常谈的话题。科学家埋首科研，不懂产品转化；最需要技术支持的中小企业，又最缺乏技术创新和转化的条件，诸多科研成果束之高阁，科技研发对经济和社会的支撑作用没有得到充分发挥。

而生物医药领域的科研成果转化更为不易。事实上，生物医药行业一直有“3个10”的说法：10年研发周期、投资10个亿、仅有10%的成功率。做创新药，投入大、周期长，没熬住的，资金链一旦断掉，企业就有可能夭折。走出武汉大学的实验室，面对技术研发和公司运营带来的资金压力，杨代常经常焦急地奔走于业内专家、同行与主管部门之间，邀请业内专家对项目进行考察，“30%的时间都用于找钱”。

稻米吃了千年，何时听说能造出人血？还没等详细介绍，一些投资人就开始摇头，而长达十几年的技术转化周期，更是让他们望而却步，“有的投资人一听到需要3～5年的投资期限，掉头就走”。

最艰难时，杨代常处处碰壁，根本筹不到钱。第一笔天使投资来自他的武汉大学校友，一位从事水利工程行业的企业家。他和杨代常深谈后，提出给予500万元的风险投资，1周就到账了。

后来，长春高新技术开发区也向他伸出了橄榄枝，提出极为优厚的条件，意欲引进。得知消息后，湖北省委主要领导当即指示“想方设法请他留下来”。随后，在省、市、区政府的全力支持下，禾元生物获得了 1700 多万元的融资，得以建设中试车间。

此后，为了浇灌这株“禾苗”茁壮成长，省、市、区政府为禾元生物量身定制了各种政策支持，这些都为禾元生物和植物源重组人血白蛋白产业化争取到了更多资金。

2017 年，“植物源重组人血白蛋白注射液”获国家食品药品监督管理总局药物临床试验批件，进入人体临床试验阶段。这是湖北省首个获批临床的生物一类创新药，也是全球第一个通过水稻生产的一类创新药。“10 年研发总算没有付之东流，太艰难了。”杨代常感慨万千。

2019 年，“植物源重组人血白蛋白注射液”获美国食品药品监督管理局（FDA）批准进入临床研究。这是我国首个在美获批进入临床研究的血液制品。

一片片稻田间长出的“黄金救命药”，正在快步走向产业化。

“杨教授做的事情非常有意义，真正推动了‘稻米造血’技术的产业化。”2020 年，在华中农业大学完成博士后研究的王妮丽，选择加入禾元生物，进行植物源重组人血白蛋白核心技术的攻关。

她介绍说，目前禾元生物对“稻米造血”技术的研究主要分为两部分，即上游的特种水稻培育改良技术，以及下游的人血白蛋白提取、纯化工艺技术。她和团队主要负责水稻的培育和研究，不断提升稻米中蕴藏的人血白蛋白的含量，“目前这项技术在国内是最先进的，也是唯一实现产业化的，所有的技术都走在最前面”。

在正式冲击上市之前，禾元生物于 2022 年 3 月宣布完成 5.56 亿元的首次公开募股前（Pre-IPO）轮融资。该轮融资主要用于禾元生物现有新药管线的研发与临床研究开展，以及年产 15t 植物源重组人血白蛋白注射液智能化生产线的建设。

“我们非常看好禾元生物的技术平台，对其长期发展充满信心。”在领投的贝达药业股份有限公司（简称“贝达药业”）董事长兼首席执行官丁列明博士看来，禾元生物的植物源重组人血白蛋白注射液是目前全球唯一一个应用植物表达体系将重组人血白蛋白做到药用注射级的产品，可以填补重组人血白蛋白产业的空白，“期待该产品早日进入市场，缓解国内人血白蛋白市场供给不足且严重依赖进口的局面，普惠广大民众”。

截至2023年初，禾元生物基于水稻胚乳细胞生物反应器表达体系，有7个在研产品，其中有3个药品已经进入临床试验阶段，4个药品处于临床前研发阶段。其中，进展最快的植物源重组人血白蛋白注射液已完成针对肝硬化低白蛋白血症适应证的二期临床试验，并于2023年一季度启动三期临床试验，未来有望在2025年获批上市。

除此之外，禾元生物还基于水稻胚乳细胞生物反应器表达体系开发了重组人乳铁蛋白溶菌酶口服液、植物源重组人α-1抗胰蛋白酶等药品。药用辅料方面，公司植物源重组人血白蛋白已完成国家药品监督管理局和美国食品药品监督管理局登记，可用作药物载体、疫苗保护剂、细胞冻存保护剂和医疗器械包埋剂等。

目前，在全球范围内，尚未有重组人血白蛋白上市药品在售。17年漫漫科研长跑，杨代常和禾元生物踏出的每一步，都在开创历史，也意味着前路充满了未知。

无论禾元生物植物源重组人血白蛋白产品能否成功上市，我们都期待着人血白蛋白不再短缺的那一天。

6 “小巨人”博“大创新”

20 世纪 80 年代，德国管理学家赫尔曼 · 西蒙发现一个有意思的现象：德国的经济总量不过美国的 1/4，出口额却雄踞世界第一，其中最大的功臣并不是西门子、博世、奔驰这一类超级巨头，而是一群潜藏在产业链上下游的中小型制造型企业，它们大多数默默无闻，却在某一细分领域处于绝对领先地位。

正是它们，擦亮了“德国制造”这一金字招牌。赫尔曼 · 西蒙提出“隐形冠军”这一概念，使得大众开始将目光从大企业身上，转向更多拥有核心竞争力的中小企业。

在中国，“隐形冠军”更多地被定义为专精特新“小巨人”企业，它们专注于细分市场，创新能力强、市场占有率高、掌握关键核心技术，是突破“卡脖子”技术的尖兵和延链、补链、强链的关键，近年来越来越受到国家和市场的关注。

作为由一群超高科创纯度企业积聚而成的科创之城，“光电子信息产业独树一帜”的光谷，是整个武汉市乃至全湖北省聚集专精特新“小巨人”企业最多的区域。

截至 2022 年 9 月，光谷已形成 17 家国家级重点“小巨人”企业（占全省的 22%，占全市的 65%）、95 家国家级专精特新“小巨人”企业（占全省的 20%，占全市的 46%）、318 家省级专精特新中小企业、438 家市级专精特新培育企业的培育格局，各梯度专精特新中小企业数量均居全市第一。

作为最具创新活力的群体，这群“小巨人”迸发出强大的创新能量。

补短板，锻长板，填空白

2022 年 2 月，湖北省首次进行高新技术企业百强评选，武汉飞思灵微电子技术有限公司（简称“飞思灵”）入选，居第十五位。此前不久发布的“2021 年光谷瞪羚企业高技术十强”，这家集成电路设计企业位居榜首，成为最大黑马。

“我们的工作，有一点类似幕后工作者。”飞思灵总经理杨志勇打了个比方，“假设你拆开一个通信设备，会看到一块一块的芯片，很小，但是不可或缺。”

2015 年 12 月，烽火通信科技股份有限公司（简称“烽火通信”）与武汉邮科院共同出资成立了飞思灵，专注于光通信系统设备及光模块器件所需芯片研发、设计，并于 2021 年底推出我国首款 400GB 相干商用硅光收发芯片，这也是当时国际上集成度最高的商用硅光集成芯片之一。杨志勇说：“人才、传承、协同构成了飞思灵的核心竞争力。”

作为一家国家级专精特新“小巨人”企业，飞思灵拥有堪称“豪华”的人才阵容——目前在汉的 200 多名员工中，研发人员占员工总数的 90%，硕士、博士比例高达 92%。

“传承”一直伴随着飞思灵的发展。飞思灵的前身是研发出了国内首颗通信芯片的武汉邮科院第九研究室，随着邮科院转制，又变成了烽火通信微电子部。后来为顺应行业发展的需要，微电子部正式注册成了如今的飞思灵。长达 30 多年的芯片研究，使其积累了足够丰富的行业经验。截至 2022 年初，飞思灵拥有 150 余项专利授权和数百项技术创新。

“协同”是飞思灵自行探索出的道路。“芯片研发投资大、风险高，如何更快、更好地研发？飞思灵在芯片开发和系统设备之间进行紧密的协同合作，以此来更准确地定义需求，这也是目前其他同类型公司尚不具备的。”

“更高速率、更大容量、更长距离。”这是杨志勇多次强调的技术发展目标，未来 5 年，飞思灵将引领行业前沿技术的演变，努力实现将芯片产品从现在的 100GB 提升到 1TB 乃至 10TB。“1TB 是 100GB 的 10 倍。”他简单打了个比方，如果说现在的产品是一条 4 车道的信息高速公路，那么升级之后就可能变成 8 车道，甚至 16 车道，也就意味着在产品每一个时间段上能传递的信息会更多。

2022 年 5 月，由东风汽车集团有限公司（简称“东风汽车”）牵头，飞思灵等八家创新链上下游单位共同参与的湖北省车规级芯片产业技术创新联合体在武汉启动运行，目标是实现车规级芯片完全自主定义、设计、制造、封测与控制器开发应用。

从一开始，创新联合体就选择了一条最为艰难的路，其首个攻坚目标——车规级微控制单元芯片（MCU），就是典型的“卡脖子”产品。这是车规级芯片中技术含量最高的一类，一枚芯片就能实现对车辆的所有控制功能，目前国内的自给率不到 5%。“相比消费类电子产品使用的芯片，汽车芯片对稳定性和安全性要求更高。现在我们也是想做一个转身，为解决车规级芯片‘卡脖子’贡献自己的一些力量。”杨志勇说。

关键核心技术是要不来、买不来、讨不来的。和飞思灵同年获得国家级专精特新“小巨人”称号，2018 年成立的武汉云岭光电有限公司（简称“云岭光电”）不买、不靠，瞄准 25GB/s 及以上的中高端光芯片展开攻坚，目标是打破产业链瓶颈，实现国产化。

我国光芯片产业一直都在低端徘徊。资料显示，2.5GB/s 及以下速率光芯片国产化率超过 80%，10GB/s 国产化率不足 30%，而 25GB/s 及以上速率光芯片却处于产业被“卡脖子”的状态。“如果不自己干，说不准哪天光芯片就要断供。”从华中科技大学光电学院毕业的云岭光电总经理龙浩说。

从材料到芯片，全过程的技术攻关，意味着云岭光电在许多领域都要从“0”开始，其中的难度可想而知。公司副总经理刘立刚介绍，晶圆制造所有的工艺过程全都在微观的环境里完成，每片晶圆有几十层甚至上百层的材料，一层一层地生长所涉及的参数非常多，排列组合的数量也非常多，“这是一个不断试错的过程，然后找到其内部联系”。

先后投入数亿元的研发资金和设备，经历上千次试错，云岭光电逐步实现从激光器芯片设计、外延设计及材料生长、晶圆制造、芯片测试和验证的全流程研发和生产。2021 年，云岭光电研发生产拥有自主知识产权的全国产化 25GB/s 光芯片，通过国内国际通信巨头严苛的可靠性测试，并进入商用量产阶段。

相比在国外购买外延片或晶圆，材料交付周期就得数个月的时间，云岭光电自主研发光芯片核心材料和晶圆，一两周就可以完成，大大缩短产品迭代周期，且成本、供应链、质量更可控，“不用买‘种子’，还能自己种‘庄稼’，优势正在凸显”。

以年轻的飞思灵和更加年轻的云岭光电为代表，光谷“小巨人”蓬勃生长。其中，作为光谷科创纯度最高、最为耀眼的产业集群，在“独树一帜”的光电子信息产业链上，更有 60 家国家级专精特新“小巨人”企业锚定国产替代、行业领先的目标，奋力前行——

不满足于“激光全息”一战成名，武汉华工图像技术开发有限公司（简称“华工图像”）再次“破局”，在模内注塑新材料领域，填补了国内空白，激

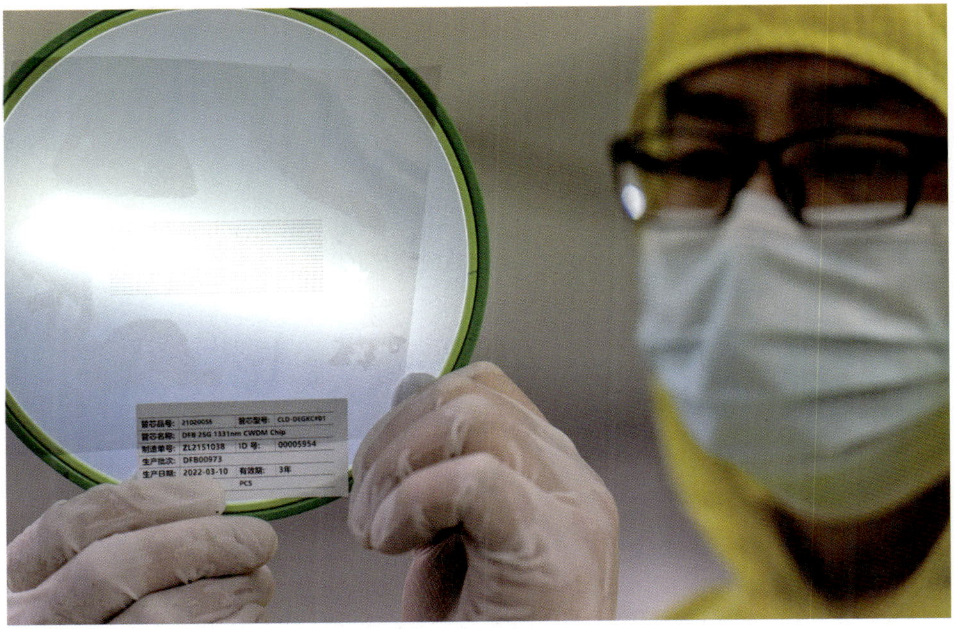

▲ 在武汉云岭光电有限公司的芯片无尘车间内，技术人员身着防尘服，正在生产芯片晶圆

光全息技术应用从传统防伪包装领域向家电、3C（communication——通信，computer——计算机，consumerelectronic——消费电子）、汽车装饰领域扩展。

立志开发具有自主权的高端光电测试设备，武汉普赛斯电子股份有限公司（简称“普赛斯”）爬过需要攻克的一个个山头，在光通信有源器件测试、中高端半导体测试应用领域率先实现国产化，打破测试装备领域被国外产品占领的局面。

…………

补短板、锻长板、填空白，这些身怀绝技的“小巨人”，助推光谷光电子信息产业不断延伸创新链、完善产业链，从实现了“独树一帜”到“国际引领”的飞跃。

因为专注，所以强大

在光谷专精特新企业群像中，“长期主义”是最为突出的标签。

2021年5月，工信部发布第一批第一年建议支持的国家级专精特新“小巨人”企业公示名单，武汉绿色网络信息服务有限责任公司（简称“绿色网络”）以湖北省综合排名第一的身份位列其中。“技术太强的不做，技术太简单的不做，市场太大的不做，市场太小的不做。”该公司董事长叶志钢总结“成长密码”时说，要选准“四不”赛道，不计成本投入研发，迅速成为赛道的领跑者。

时间回到2003年，绿色网络在武汉的一间民宅里创立。当时，在中国科学院武汉物理与数学研究所工作多年的叶志钢看到中国互联网的发展前景，计划打造一款基于运营商的、帮助家庭用户过滤不良网络内容的系统。公司也因此命名。

虽然在技术上做到了绝对领先，但绿色网络却迟迟没有打开市场。叶志钢多年后回忆：“这是一个前景无限广阔的市场，但是太早进入了这一领域，有领先技术，没有商业变现，现在看来还是一个失败的技术。”

首战失利，叶志钢开始寻找新的方向。他坚信自己的判断：中国的互联网市场一定会呈指数级上升，对网络安全的需求也将出现爆发式增长。之后，他将目光转向网络流量的检测和控制业务，当时这还是一块没有企业涉足的领域：“市场不大，但是也不小，技术上有专业性，但公司团队在技术上有沉淀，在这个市场完全可以做到第一。”

找准赛道的绿色网络不犹豫、不摇摆，刻苦攻关“砸技术”。2021 年 2 月，由叶志钢领衔的成果——“基于深度包检测（DPI）的网络信息安全开发应用”项目，荣获湖北省科技进步奖三等奖。当时，绿色网络已成为中国电信集团有限公司 DPI 业务第一大供应商、中国联通集团 5G 的 DPI 业务第一大供应商，其在中国移动集团也有相当大的份额。在国内 31 个省（自治区、直辖市）和澳门特别行政区，绿色网络的产品部署于 200 多个城市的 500 多个机房，覆盖链路超过 500TB。

叶志钢很清楚，技术优势才是绿色网络的核心竞争力，“如果你没有自己专长的东西，就无法吸引合作者”。他在接受媒体采访时将攻坚克难的过程比喻为“水管阀门”：“这个水管你没有图纸，不知道水管是什么走向，地面上可能有许多个阀门，如果想要把水管的水放到最大值，其实是有无数种排列组合。”困难也因之诞生，“你不知道往哪个方向转，不知道怎么转，这个探索试错的过程，实际是由无数个小 know-how（专门的技能、知识或经验）组成的”。

“人最怕来回折返跑，最后原地不动。”在叶志钢看来，因为专注，所以强大。绿色网络最终能在细分领域获得成功，关键在于专注一点，形成足够大的压强，投入时间，然后做出自己的特色。

“将一件事专注地做到极致，你或许就能实现超越。”对 30 岁辞职创业的理工男吴轩而言，从 2005 年创办武汉逸飞激光股份有限公司（简称“逸飞激光”）至今，十几年的时间只为专注做好一件事情，就是激光和电池的结合。

将企业做大，大抵有两种路径：一是不断多元化拓展，二是持续放大一个点。逸飞激光选择了后者。2007 年，逸飞激光推出中国首台拥有完全自主知识产权的脉冲式激光器，以此为起点，每 3 年进阶 1 次，从单机到整线，从一个小工艺到智能化的全套解决方案，把一个点无限放大。公司单笔订单规模从数十万元级别提升到百万元，再到千万元，直至过亿元。

做加法的同时，逸飞激光也在做减法。为把一个方向做专、做精，逸飞激光

▲ 绿色网络在中国国际信息通信展会上

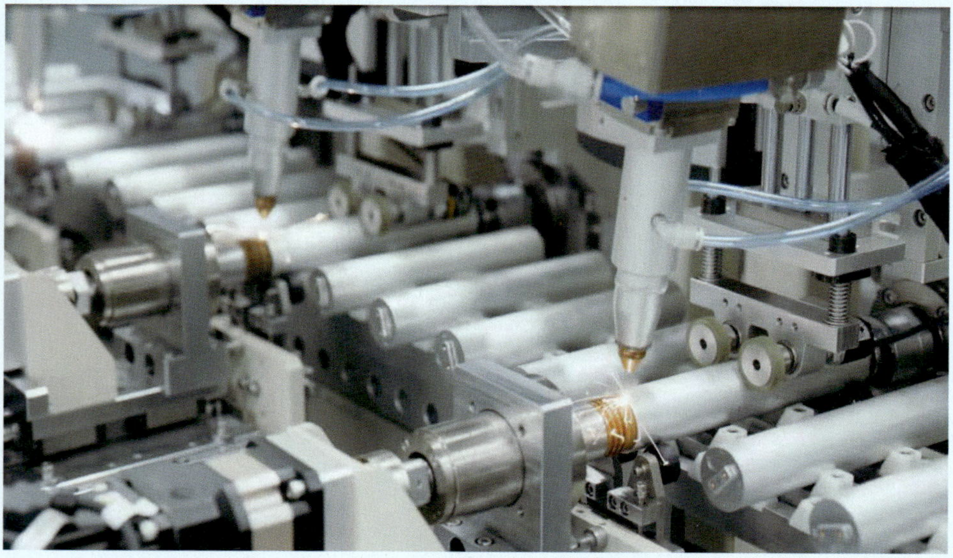

▲ 逸飞激光焊接产品。十几年的时间，公司专注做好一件事情，就是激光和电池的结合

大量减少早期研发的3C手机精密点焊、灯丝焊接、传感器器件焊接等方向的订单，而将更多的研发和生产能力聚焦到锂电池上，并在业内率先突破圆柱全极耳电池制造工艺技术难题，开发出圆柱全极耳电芯装配系列设备，并实现产业化。

2023年7月，逸飞激光的合作商基本涵盖了国内锂电池行业的巨头企业。同年，逸飞激光成功登陆科创板。“在擅长的领域做到极致，做大做强是水到渠成的事情。”吴轩说。

此前，安永会计师事务所发布的《专精特新上市公司创新与发展报告（2022年）》显示，在容易的事情与正确的事情之间，坚持“长期主义”的企业会在大多数时候选择做正确的事情。具体到专精特新“小巨人”企业的情境，“专”与“专业化”密切相关，背后都高度依赖一些需要耗费时间和精力去沉淀的技能和专长。

梳理光谷的95家国家级专精特新“小巨人”企业，可以发现，绝大部分“小巨人”都深耕细分领域10年以上，它们以专注铸专长，用创新打磨企业核心竞争力，是各行各业不折不扣的“隐形冠军”。

成立超过20年的武汉兰丁智能医学股份有限公司（简称“兰丁医学”），开创了利用“人工智能＋大数据云平台”技术进行癌症筛查的先河。目前已拥有五大独立实验室，覆盖全国31个省（自治区、直辖市），与2000多家医疗机构建立合作关系。

同样成立超过20年的吉奥时空信息技术股份有限公司（简称“武大吉奥”），曾6次获得国家科学技术进步奖，攻克了时空大数据高效处理和智能服务关键技术，支撑了探月工程三期、全球测图等重大工程项目。

与兰丁医学、武大吉奥同年获批国家级专精特新“小巨人”企业，武汉长盈通光电技术股份有限公司（简称“长盈通”）于2022年12月正式在科创板上市，成为中国“光纤环第一股”。

“光纤环涉及5个关键环节，我们一个一个攻关，打通上下游产业链，实现技术闭环，实现自主可控。”长盈通公司董事长兼总裁皮亚斌说，“深耕光纤细分领域10多年，实现产业链一体化研发和生产能力，这是我们的核心竞争力。”

以长盈通为代表，这些保持定力、积累优势的“小巨人”企业，迅速得到资本市场的认可和青睐，成为上市主力军。资料显示，仅在 2022 年，光谷就有武汉联特科技股份有限公司、武汉恒立工程钻具股份有限公司、长盈通、武汉华康世纪医疗股份有限公司（简称“华康医疗”）等四家专精特新企业上市，而武汉当年上市企业总数为 7 家。

挺进全球主赛道

武汉未来科技城内，128m 高的“马蹄莲”形状的武汉新能源研究院大楼，是光谷的产业地标，多家国家级专精特新“小巨人”企业在此集聚。

深夜，大楼内的极目智能的办公区仍然灯火通明。“为更好地了解客户的需求和当地市场，我们经常到不同地区考察调研，在网上远程协作时，经常工作到深夜。”主管研发的副总经理王述良说，作为国内少有的拥有自主感知、融合、规控全栈技

▼ 位于武汉未来科技城的“马蹄莲”形状的武汉新能源研究院大楼

术能力的国产智能驾驶方案供应商，企业已成功打开海外市场。

继 2018 年产品出口韩国，2020 年进入日本市场后，2021 年底，迎来 10 周岁生日的极目智能再度完成 2 亿元 C1 轮融资，这笔融资的一个应用方向是：开拓海外市场，推动国际化布局。之后的 1 年多时间里，极目智能同步进入欧洲多国，以及印度、新加坡等地市场，和德国某头部一级汽车供应商的合作顺利推进。

与国际一级供应商同台竞技的信心和底气，来源于极目智能在研发上的胜人一筹。成立至今，极目智能每年在数据采集、算法攻关上的投入高达数百万元，“算法越强，覆盖的场景越丰富，这双眼睛就越厉害”。

2022 年 8 月，一辆搭载极目智能单视觉 L2 方案的车辆，成功挑战有“魔鬼弯道”之称的厦蓉高速石盘站至成都站路段，在车辆加塞、连续上下坡、S 弯道、隧道等场景及路况下表现稳定。当时，只有特斯拉和极目智能可以用 80km/h 的车速通过这一测试。

“从原来的前后感知上升为周边感知，这是一个全新的突破。”王述良说，基于全栈自研的感知、规控技术，极目智能仅用一个摄像头就实现了标准 L2 级智能驾驶，让摄像头练就“火眼金睛”的同时，还为客户省下 30% 的成本。

同年 9 月，在原有办公室的基础上，极目智能在“马蹄莲”又新租了一层，联合华中科技大学共同建设的机器视觉与智能系统湖北省工程研究中心就设立在这里，研发人员的数量也随之增加。“所有的科技公司最终的生命力都来源于技术方面，有技术的创新才会在整个行业当中异军突起，才会站稳脚跟。”王述良说。

恰如赫尔曼 · 西蒙所说，“隐形冠军”企业有三大支柱：成为最好的动力、专注力、全球化。近年来，越来越多和极目智能一样的光谷“小巨人”企业代表中国科技参与世界竞争，在全球化浪潮中加速奔跑。

与极目智能同在“马蹄莲”，武汉尚赛光电科技有限公司（简称“尚赛光电”）依托于华中科技大学武汉光电国家研究中心，拥有 70 余项发明和实用新型专利。自主研发的有机发光二极管（OLED）材料，成功打破国外垄断，跻身国际巨头显示材料供应链，产值连续翻番。

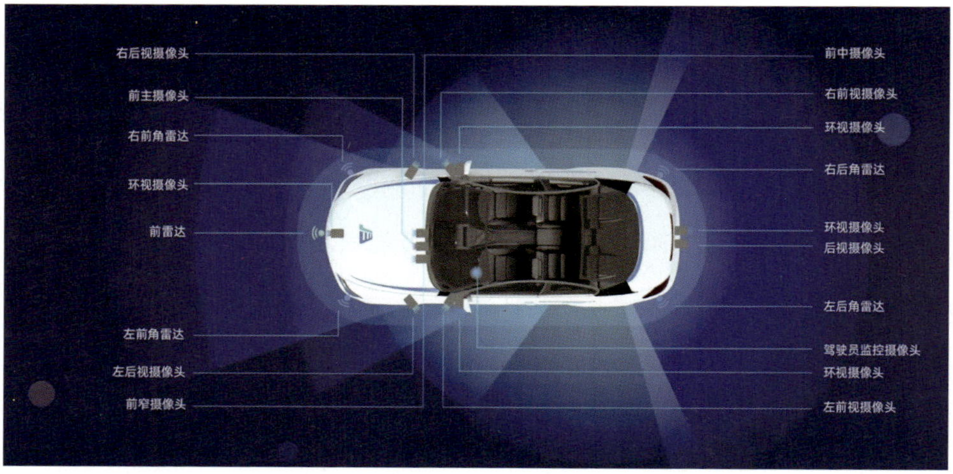

▲ 极目智能 L2+ 功能配置

“在移动能源领域，美格科技的技术、生产线、体量都是全球领先。”2009 年，桂裕鹏博士在武汉未来科技城创立武汉美格科技股份有限公司（简称“美格科技”），瞄准移动能源这个细分赛道，研发出全球首个柔性晶体硅可折叠太阳能电池组件，填补了国内不间断移动能源领域的空白，打破了国外柔性晶硅技术垄断，并成功出口欧美 30 多个国家。

2022 年卡塔尔世界杯期间，由光谷“小巨人”企业——武汉合智数字能源技术有限公司提供充电服务的一批新能源客车，承担了运送球员、球迷和媒体记者的任务。致力于为用户提供“车 - 桩 - 网”一体化解决方案，该公司业务涵盖新能源汽车动力系统及新能源汽车充电设备两大领域，产品已远销全国 200 多个城市及全球 50 余个国家和地区。

几乎同一时刻，在位于南非开普敦市的鹈鹕公园，由另外一家光谷“小巨人”企业——武汉中仪物联技术股份有限公司（简称“中仪物联”）生产的机器人，正一头钻进地下排水管道，开始给管道“体检”“诊断”“治病”。当地媒体开普敦电视台在报道中形容，这一技术对社区破坏小、效率高、成本低，是一项“大胆创新”。

“创业就像马拉松，我们一定会先跟跑，再伺机超越。”正如中仪物联总经理、总工程师郑洪标期望的，公司的管道检测机器人正走入越来越多的国家和地区，曾经的“跟随者”逐渐成为“领跑者”。

扎根于真正掌握并且熟悉的赛道，先跟跑，再并跑、领跑；先领先于武汉，再领先于全国，及至全球，光谷“小巨人”通过不断创新，一步步成长壮大。我们有理由相信，这些立志成为“全球市场领导者”的“小巨人”，将为“世界光谷”的到来打开想象空间。

▲ 2022 年卡塔尔世界杯期间，数百台纯电动客车的车载端自动充电系统，由光谷企业武汉合智数字能源技术有限公司提供

第二篇

英才创业

科技创新，一靠投入，二靠人才。看到这里聚集了不少精英人才，大家都很年轻，充满活力，我感到很高兴。党中央十分关心科技人才成长，各级党委和政府要尽可能创造有利于科技创新的体制机制和工作生活环境，让科技工作者为祖国和人民作贡献。

——2022 年 6 月 28 日，习近平总书记考察光谷时的重要讲话

1 光谷招贤记

从全国第一根实用化光纤、第一个光传输系统，到率先推出我国首个400GB硅光模块、最大功率的100kW光纤激光器……湖北武汉东湖高新区的这一束“光”闪耀神州、连通世界，赢得了“中国光谷”的美誉。

在光谷，胸怀梦想的“追光者”从“0”起步，砥砺奋进。几代“追光者”不断探索光的世界，解决了一个又一个“卡脖子”难题，做大做强光电子信息产业，点亮一座城市的高质量发展之路。

2021年，东湖高新区在全国首推人才注册制、人才动态评价积分制，针对不同层次、类别的人才，通过数据比对、人才画像等手段，分类建立人才综合量化测评模型，以全新方式识别评价选拔人才。

这一年，东湖高新区新增留汉就业创业大学生超11万人，常住人口达到118.38万人，比2020年增加16.77万人，是2010年的3倍，多领域科技创新人才正加速涌入光谷。

一批又一批的创新创业人才来此追光逐梦，找到属于自己的诗和远方，并获得“此心安处是吾乡”的归属感。

科技创新，永远在路上

党的十八大以来的10年间，习近平总书记3次亲临光谷考察，在不同发展阶段为科技创新指明方向。

“追光”数十载，如今的光谷已成为全国最大的光器件研发生产基地、国内最大的激光产业基地，更是全球最大的光纤光缆研制基地、全球最大的中小尺寸面板研发生产基地。

截至 2022 年底，这里已建设省级及以上企业研发平台 355 家，涌现出全球首款 128 层 QLC 3D NAND 闪存（一种存储设备）芯片、国内首款 1.6TB 硅光模块、国内首台新型显示喷墨打印技术与装备、国内首台大型水轮机在位机器人修复系统等重大成果。

坐落于光谷的长飞公司成立于 20 世纪 80 年代，它引进了全球最主流的预制棒制备工艺，让我国光纤产业实现了“从 0 到 1”的突破。

起初，长飞公司所有原材料和设备都依赖进口，这极大限制了企业的发展。

“要实现高质量发展，就得把关键技术掌握在自己手中。”长飞公司执行董事兼总裁庄丹介绍，2001 年，公司成立了研发中心，开始自主研发。

2002 年，从浙江大学材料系毕业的研究生王瑞春，成为长飞公司研发团队的一员。

一切要从“0”开始，一个部件一个部件地去摸索尝试。时光飞逝，随着经验慢慢积累，长飞公司研发团队也越来越成熟。“最艰难的时候，大家也有过犹豫和退缩。不过，最终还是咬牙坚持了下来，在无数次失败中不断进步和突破。”王瑞春回忆说。

2010 年，王瑞春及其团队攻克了光纤预制棒设备的设计研发，实现了光纤光缆整套设备的自主研发和生产，这成为光纤行业一个质的飞跃。

从 2013 年起，王瑞春带领团队用 5 年时间开发了公司战略级项目轴向气相沉积法 / 管外气相沉积法（VAD/OVD）工艺装备平台，实现了 VAD/OVD 核心技术的完全自主可控，打破了先进 VAD/OVD 技术的国际封锁。此外，他还带领团队完成了智能高速大尺寸光纤拉丝装备、光纤筛选机装备，在国内首次实现了高速拉丝设备的完全自主可控，实现全球最高拉丝速度（3500m/min）。

现在，长飞公司已成长为全球领先的光纤预制棒、光纤、光缆及综合解决方案提供商。

跟随长飞公司的成长，王瑞春也成为第二代优秀“追光者”中的一员。“科技创新，永远在路上。”王瑞春感叹，作为科技工作者，唯有不懈奋斗，解决更多“卡脖子”难题，才能不负伟大时代。

“‘卡脖子’的滋味，我们做高科技的人，体会最深。”有一件事，令烽火通信党委书记、董事长曾军记忆犹新。

烽火通信研发出我国首款可以商用的 100GB 相干收发硅光芯片后，在 2018 年面临一个重要抉择。当时，国际同行已采用全新技术路径开发下一代产品。是沿用 100GB 成熟的技术路线，还是打破重来开发下一代产品？

2018 年 4 月 26 日，习近平总书记来到烽火通信，察看芯片等产品后对大家说，核心技术、关键技术、国之重器必须立足于自身。科技攻关要摒弃幻想、靠自己。

“总书记的一席话，点燃了大家心中打造‘中国芯’的熊熊烽火。”曾军说。

义无反顾，打破重来！研发团队常常早上讨论技术方案，上午输出算法版本，下午完成测试，晚上修改，凌晨再测试。

终于，400GB 相干商用硅光收发芯片研发成功，这是目前国际上已报道的集成度最高的商用硅光集成芯片之一，已应用到骨干通信网络中。

“国家需要什么，我们就制造什么。”华工科技党委书记、董事长马新强说，“立足国内定位为‘国产替代’、立足国际则瞄准‘行业领先’，持续担起激光工业基础装备领域‘国家队’的使命，以实际行动向总书记作答。”

这样的故事每天都在光谷上演。在 518km^2 的创新创业热土上，人才干有舞台、创有空间，尽施所能、尽展其才。

从“特色鲜明”到“独树一帜”，光谷在光纤光缆国内市场占有率超过 60%，国际市场占有率超过 25%，连续多年销量稳居世界第一。

眼下，光谷“光芯屏端网”产业规模正加速向万亿级规模冲刺，成为代表国家参与全球光电子信息产业竞争与合作的主力军。

创新潮涌，驱动人才成链

党的二十大报告提出，必须坚持科技是第一生产力、人才是第一资源、创新是第一动力，深入实施科教兴国战略、人才强国战略、创新驱动发展战略，开辟发展新领域新赛道，不断塑造发展新动能新优势。

10 年来，光谷共计引进近 3000 名“3551”高层次人才，其中近 5 年引进的人才数量占“3551”人才总数比例的近 60%；在企本科及以上从业人员占比从 40% 提升至 57%；在企硕博人数增加了近 3 倍。

近 6 年来，光谷累计吸纳留汉大学生 66 万人，留汉人数约占全市 1/3，年均留下 10 万名大学生，每天平均有 307 名大学生来光谷就业创业，持续保持全市第一。

2023 年，武汉睿芯特种光纤有限责任公司（简称“武汉睿芯”）的副主任设计师王道龙已入职公司 3 年多，他牵头研发的多款增益光纤已成为武汉睿芯的拳头产品。“每每听到客户说急需某款光纤，但被国外厂家禁售，我的紧迫感更强了！”最近这一年，王道龙正在牵头研发另一款新型号的增益光纤，助力工业激光领域国产掺镱光纤的换代升级。

29 岁的吴丝晴是中国信息通信研究院工业互联网与物联网研究所武汉运营中心的一名信息与通信技术产业发展研究员。毕业季找工作时，手上拿到了包括国内知名咨询公司在内的多个录用信，但她坚定不移地选择了回光谷发展，“在别人眼中或许有很多选择，但在我看来，光谷是唯一的选项”。

10 年前来这里读书，10 年后来这里就业。吴丝晴用“神奇”来形容光谷的发展:“以前觉得光谷广场是最繁华的地方，没想到现在这里只是光谷的‘起点’。”与她不约而同来到光谷的年轻人还有很多。“很多同学去外地读研后，最终又回到武汉，扎根光谷。”吴丝晴说。

这十年，光谷的成长有目共睹。

武汉芯云道数据科技有限公司创始人杨涛，放弃美国的事业，回到光谷创业。

他带领团队运用生物图像处理算法，致力于“缓解或解决国内高端光学显微镜被‘卡脖子’的技术难题”。

几年前，熊鹏航从巴黎第六大学回国创立武汉灏存科技有限公司（简称“灏存科技”），专门从事人工智能穿戴型手势识别和全身动态捕捉技术的研究与产品开发，现已构建元宇宙行业领先的人机交互底层核心技术平台。由他带领团队研发的虚拟现实射击体验游戏，成了国内游乐园区的网红项目。

“这里科技创新氛围浓厚，政府扶持力度比较大。”熊鹏航表示，光谷是高新技术创业的首选区域，人才多，技术更新快，创业者奋斗也有方向。

一批批海外人才纷纷涌入光谷，在这里实现科研梦与创业理想。

不拘一格，面向全球发布“招贤令”

围绕光电子信息、生物医药、节能环保、高端装备制造、现代服务业等光谷五大千亿产业，以及集成电路和半导体显示、数字经济两大新兴产业，同时着眼于未来产业，光谷过去 10 年不断引进海量高端和基础人才。

“我来自突尼斯，在光谷创业，在这里被当作自己人看待，我也把这里当作自己的家，每天都过得非常舒心。”在东湖高新区硅谷小镇，武汉赛佛建筑设计有限公司外国专家山弗博士动情地说道。

2021 年 12 月 23 日，为增进与来华海外人才的友好感情，搭建交往平台，东湖高新区科技创新和新经济发展局、招才局、公安分局、光谷移民事务服务中心联合主办“2021 光谷外国专家圣诞迎新派对”，吸引了不少在光谷工作的外国友人、海外归国留学人才参加。

作为全国三大智力密集区之一，光谷拥有国家级新侨创新创业基地、国家海外人才离岸创新创业基地（武汉）、湖北省海归双创中心等一批国家级、省级平台，以求贤若渴的姿态引来世界各地的海归创业者和就业者。

“惟创新者进，惟创新者强，惟创新者胜”，这是习近平总书记的金句。2013 年，在欧美同学会成立 100 周年庆祝大会上，习近平总书记指出：“留学

▲ 从法国回到光谷创业的熊鹏航

人员视野开阔，理应走在创新前列。祖国改革开放和社会主义现代化建设的火热进程，为一切有志于创新创造、干一番事业的人们提供了广阔舞台。”这成为中国多地设立海创中心的开端。

2021 年 11 月，中华全国归国华侨联合会（简称“中国侨联”）新侨创新创业基地在位于光谷的未来科技城揭牌。作为中国侨联为新侨人才聚集度高、创新创业成效好、持续发展潜力足的单位打造的优质服务平台，这个基地是中国侨联组织服务创新驱动发展战略、团结凝聚新侨人才的重要载体。

2017 年，武汉市归国华侨联合会未来科技城分会成立，由侨界代表人物闫大鹏、韩绍伟、易开军等高层次人才组成，并先后获批市级、省级新侨创新创业基地。

锐科激光副董事长兼总工程师闫大鹏，还有另一个身份——湖北欧美同学会光谷分会会长、湖北省归国华侨联合会副主席。2006 年 6 月 28 日，也是在那一年的华侨华人创业发展洽谈会（简称“华创会”）上，光纤激光器国际权威专家闫大鹏从美国飞抵武汉参会。求贤若渴的武汉东湖高新区得知后，立刻将这位专家推荐给华工科技。

闫大鹏和华工科技相关负责人初步约谈后，当晚飞到北京，拟于次日返美。在外出差的华工科技董事长马新强闻讯飞回武汉。彼时，闫大鹏正在从武汉飞向北京。马新强未出机场便掉头再飞北京，与闫大鹏彻夜长谈。

“这让我很感动。光谷企业家产业报国的想法说到了我的心坎上。”闫大鹏说，很多人在国外最多是“高级打工仔”，有这个技术，为什么不回来报效祖国？这段现代“萧何追韩信”的故事，拉开了光谷大规模引进海外高端人才的序幕，至今仍被传为佳话。

2007 年，锐科激光成立。“从最开始国外技术封锁、价格垄断等因素导致的国内缺乏完整的产业链，到现在一条百分百国产光纤激光器产业链的诞生。我们打破了国外企业在光纤激光器领域的垄断，改变了全球激光产业的竞争格局。”闫大鹏谈道。

目前，锐科团队在光纤激光功率合成、大模场激光光纤、半导体激光泵浦源等领域取得了 100 多项技术创新和突破：先后研制出我国第一台 25W 脉冲光纤激光

▼ 第十九届华创会现场。光谷近年所带来的创业红利，也在不断吸引海外人才

器产品，第一台 100W、1000W、4000W、6000W、10kW 和 20kW 连续光纤激光器产品并实现批量生产；牵头起草了中国第一部光纤激光器行业标准，建立了大规模高性能大功率光纤激光制造体系，实现了光纤激光产业链的垂直整合。

这仅是数以万计的海外归国人才扎根光谷、与世界同步更新的一个剪影。

筑巢引凤，厚植“无国界”创新土壤

2009 年，光谷启动实施“3551”人才计划。该计划原指未来 3 年内，光谷在光电子信息等五大重点产业领域，引进和培养 50 名左右掌握国际领先技术、引领产业发展的领军人才，1000 名左右在新兴产业领域内从事科技创新、成果转化、科技创业的高层次人才。2012 年后，该计划已成为光谷常态性引才计划。2017 年 6 月，光谷成立招才局，每年安排专项资金，支持招商引资和招才引智。

为了让国际人才留得住、发展得好，光谷先后建设了武汉留学生创业园、硅谷小镇等多个创业载体，坚持 13 年实施“3551”人才计划，出台了“光谷人才 11 条”等一系列支持政策。其中，武汉留学生创业园已形成 7 个园区“众创空间 + 孵化器 + 加速器”全周期孵化链条，孵化面积近 10 万 m^2，在园科技型企业 140 余家。

日常网络生活中，人们越来越熟悉“验证”的操作——拖动按钮到适当位置，完成拼图，验证完成，整个过程不过 1 ~ 2 秒。但在多年前，输入字符或图片验证，平均需要 15 秒甚至更长时间。

这家由入选了第九批“3551”人才计划的 27 岁小伙吴渊创办的“极验”，将验证从字符和图片的 1.0 时代，拖拽到“行为式验证”的 2.0 时代。

每天，这家企业向全球提供超过 16 亿次的安全防护。创立后的 10 年间，已累计为亿万互联网用户节约了大约 340 万天时间，约等于 90 个世纪。

“85 后”博士黄伟是华工激光半导体行业经理，也是公司 2020 年引进的高端人才。由于他符合创新人才条件，东湖高新区提供的 60 万元资金可以由他自由支配。“高新区对我帮助最大的是在研发经费上的支持。”黄伟说，技术研发需要长期积累，前期的投入非常大，而且很多研发并不是马上就会有成果，“高新区政策雪中送炭，对研发人员来说很重要。”

在美国闯荡多年，最终选择回国创业的湖北欧美同学会光谷分会副会长、梦芯科技董事长韩绍伟说，和美国的人才政策相比，中国的政策更加体贴：“特别是在困难的时候会帮你一把，带你上路。”

多年来，东湖高新区坚持人才引领、创新驱动，2008 年，先后获批全国首批“海外高层次人才创新创业基地”“中央企业集中建设人才基地”。

2021 年 7 月，光谷人才注册服务平台上线，在全国率先探索以人才动态“注册制”和“积分制”的方式，结合专家评议、企业及主管部门举荐等，构建多元化人才评价制度。

据东湖高新区招才局相关负责人介绍，各类人才项目不设门槛，不受学历、年龄、职称等准入限制，在人才注册基础上，通过人才积分测评，把分值作为入选人才项目的依据。截至目前，人才注册制入库的人数不断增加，工作效率大为提升。

2022 年，光谷启动建设人才发展先行示范区，为人才尽可能创造有利于科技创新的体制、机制和工作生活环境。

▲ 2022 年，第六届中国光谷“3551”国际创业大赛全球总决赛现场

此外，不断采用新机制、新手段高效集聚创新创业人才：出台《关于进一步优化调整外国人来华工作许可相关事项的通知》等政策，“外国人来华工作许可”不出光谷即可办理，推行“一次办结”服务、A类高端人才互认等便民举措；光谷首家移民事务服务中心投入运营，能够容纳4000人的光谷首个国际社区开工建设；举办高层次人才赏樱交流等一系列活动，搭建中外文化交流平台，促进在光谷工作、创业的外国专家更好地融入光谷……

2022年3月，光谷优化营商环境法治服务中心揭牌，“一站式”免费提供知识产权、股权纠纷、劳动仲裁等法治服务。

国际化营商环境不断优化，吸引越来越多的海内外人才来此创新创业。东湖高新区每年受理外国人来华工作许可申请数百人次，外国专家窗口专业化、高水平的服务得到了省、市外国专家局和办事企业的一致好评。

厚植创业土壤，光谷正引来一批又一批海外人才来到这个“无国界”的“地球村”，带着一份创新创业的热情、一份钻研技术的坚定，一步步将自己梦想的蓝图变为现实。

▼ 2022年起，外籍人士不用出光谷，最快5个工作日就可拿到签证

“追光者”汇聚，逐梦世界光谷

汇聚八方人才，成就“追光”梦想。中国光谷成立之初就多方揽才，为产业发展蓄积澎湃动力。

越来越多的年轻“追光者”来到光谷“追光逐芯”，在青春的赛道上奔跑。

1999年上市的华工科技是国内激光“第一股”。借力全球一流人才，在两代“追光者”的努力下，华工科技创新能力迅速跳跃至激光产业的世界前列，新技术、新工艺、新产品不断涌现，推动着我国汽车、消费电子等相关领域产品不断升级换代。

在人才政策的吸引下，越来越多的第三代“追光者”加入华工科技。单在2022年，华工科技引进的青年技术骨干就超过100人。年轻“追光者”在这里快速成长，成为创新骨干。

华工科技高功率激光装备软件研发部经理蒋威出生于1988年。目前，华工科技高功率激光装备软件研发团队拥有14名团员，90%毕业于“985”“211”高校，平均年龄只有28岁。这个团队开发的一系列编程软件，成功打破国外垄断。

“对比进口软件，我们自主研发的坡口套料软件效率提升了15%，成本降低了90%。”蒋威介绍道。

追光逐梦，中国光谷将眼光定格在未来的光世界。湖北省及武汉市出台多项政策，调配各种资源，支持中国光谷走在世界前沿。

中国光谷将勇担科技自立自强新使命，突出世界级创新型产业集群培育，以光谷科技创新大走廊为核心载体，推动创新链、产业链、资金链、人才链深度融合，加快打造光电子信息、生命健康等世界级产业集群。

湖北省科技厅相关负责人表示，今天的中国光谷，正努力向“世界光谷”迈进，加快打造科学之城、追光之城、向往之城，努力实现科技、产业、人类、城市深度融合，建成世界著名科技新城，成为引领湖北、支撑中部、辐射全国的重要经济增长极。

目前，光谷正加快培育“光芯屏端网”和生命健康等主导产业发展，构建这个科学之城的“四梁八柱”，建设 14 家新型产业研发机构，建立创业“苗圃”、孵化器、加速器一体化培育等方式，提供“育种、拔节、成林”的全周期支撑。

同时，大力建设光谷首个国际社区，通过推动组建人才集团，建设国家人力资源服务产业园，发放光谷数字人才卡，闭环式服务各类人才。

30 年来的创新探索，让光谷走出了一条“人才引领创新、创新驱动发展”之路，积累了弥足珍贵的创新资源，人才驱动发展成效显著。

2019 年，中国“独角兽”榜单中，武汉企业入选 5 家，其中，安翰光电技术（武汉）有限公司（简称“安翰光电”）、武汉奇米网络科技有限公司（简称“卷皮网”）等三家均为“3551”人才企业。“3551”人才企业已成为光谷优秀企业的代名词，也是光谷快速发展的一个缩影。而以“3551”人才为显著标识的光谷创业企业，逐步成长，结出了累累果实。

以 10 年的时间轴来看，历年入选“3551”人才计划者，多以外省人才为主，占比达 50.96%。

此外，“3551”人才计划对一线城市的人才吸引力也在不断提高。籍贯所在地为北京、上海、广东等一线城市的“3551”人才，合计占人才总数的 21.22%。

据了解，在“3551”人才计划设立之初，便立足建设国际人才创新高地，注重引进海内外高层次人才。首批“3551”人才计划引进 11 名海归人才，占同批入选人才的 78.57%。此后连续多年，海归人数占比一直稳定在 80% 以上。其中，人数占比位居前十的国家分别是美国、英国、加拿大、日本、德国、新加坡、法国、澳大利亚、韩国、荷兰，达 1203 人。还有部分人才拥有瑞士、瑞典、比利时、新西兰、俄罗斯等国家的海外经历。

近几年，随着“3551”人才计划的规模和影响力不断扩大，人才引进基数增长加快，但海归人数比率仍在 70% 以上。

在光谷，受高等教育人口比率达 81.6%，硕士以上学历人口占 12.4%，35

岁以下人口占 70%。人才已经产生了一种集聚裂变的“森林效应”，形成了以高端人才为引领、多层次人才共生共荣、互促互进的生态圈。

当前，光谷正用实际行动践行党的二十大精神，以“第一资源”引领东湖科学城建设，全力打造八方英才慕名自来、纷至沓来、近悦远来的向往之城。聚天下英才而用之，充满活力的人才引育生态圈在这片滚烫的热土上不断优化……

2 高校“联姻”录

科技是国家强盛之基，创新是民族进步之魂。

新时代 10 年来，习近平总书记 3 次考察光谷，对科技创新作出重要指示，赋予一系列重大使命。

瞄准前沿领域不断实现突破，原始创新策源能力持续提升，“全球首创”“国内首款”等重大创新成果在这里澎湃涌现。

耀眼的科技成就背后，是人才竞相涌流的创新创造。从华中科技大学、武汉大学、武汉理工大学等全国知名高等学府毕业的学子扎根光谷，一批又一批科技创新的生力军不断向科学技术广度和深度进军，筑造起世界一流的科学城。

“超高纯度”的科创城

“如果要实现大学作为城市机构的全部潜力，就需要在城市发展和高等教育领域的政策和实践之间建立一座更强大的桥梁。”约翰·戈达德与保罗·瓦兰斯合著的《大学与城市》认为，大学对城市或区域的发展进程产生着极其广泛的影响。

人类社会发展史上，一所著名大学成为造就一座城市、带动一个产业发展的关键因子的案例比比皆是。

“70 年来，我们培养了 70 余万学子。他们中约 50% 留在了湖北，其中的 60% 是在武汉。而留汉的毕业生中，又有 50% 在光谷就业创业。”中国工程院院士、华中科技大学校长尤政说，名城孕育名校，名校成就名城。世界一流大学与一流

▲ 人才链、产业链和创新链形成的三轮互动反馈驱动，支撑起光谷科创之城的高质量运行逻辑。图为光谷网球中心

科学城建设，共生、共兴、共强、共发展。

教育部及武汉市统计局数据显示，人口密度不足2300人/km^2的东湖高新区，周边高校云集，这里汇集了84所高校、128.8万名在校大学生、99个科研机构、30个国家重点实验室。

全球最大尺寸光纤预制棒、全国首台最大功率100kW的工业光纤激光器、全国首个400GB相干商用硅光收发芯片……“第一”“首个”持续涌现，光谷不断实现“从0到1”的突破。

“嫦娥”奔月、“北斗”指路、“鲲龙”遨游……新时代10年，中国科技创新勇立潮头，这些令世人瞩目的大国重器，背后都离不开“独树一帜”的光电子信息的鼎力支持。

光谷作为我国三大智力密集区之一，也是全国十家重点建设的“世界一流高科技园区”之一，围绕“光芯屏端网”万亿级光电子信息产业集群，已形成光电子信息、生命健康、节能环保、高端装备制造、高技术服务五大千亿级产业，集成电路和新型显示、数字经济两大新兴领域蓬勃发展的“5+2”产业体系。

这份“硬核”实力的背后，是光谷将高校、科研院所的丰沃科教创新资源转化为高质量发展的强大引擎。

一代代年轻的“新光谷人”，勇担高水平科技自立自强重任，以科技的主动赢得发展的主动，一次次刷新着光谷的科创显色度。

2022 年，《南方周末》城市（区域）研究中心经过实地调研，解密这座“超高纯度”科创之城的运行逻辑，并以《光谷样本》为题总结道：“‘超高纯度’科创之城的运行，其精要在协同。学界、产业界和政府部门间的高效协作，人才链、产业链和创新链上形成的互动反馈机制，共同帮助着东湖高新区有效‘提纯’。‘提纯’提高了创新的效率与质量，缩短了科研成果转化、从‘一个创意’到‘一个产品’的落地周期。”

放弃“金饭碗”下海创业

1971 年，华中科技大学前身——华中工学院响应国家号召，积极开办激光专业。学校将一群中青年教师集中起来，跨学科进行攻关研究，培养专业人才。8 名青年教师从《激光》这本书入手，开始了漫长而艰辛的探索之路。

已经离世的黄德修就是华中科技大学最早的“追光者”之一。

1972 年，他调入学校刚成立的激光科研团队，从事固体激光器研究。早年，黄德修接受采访时说：“我也只是听说过激光，学校三十几个老师基本上都不懂激光。但我们下定决心，国家需要什么，我们就研究什么。”

地处光谷腹地的华中科技大学走出的这群“追光者”，孜孜不倦、锲而不舍、勇攀高峰；在这里，一批科研成果，问鼎国际学术前沿，打破国外封锁，实现了“从 0 到 1”的突破；在这里，一个个不甘平庸的“弄潮儿”放弃稳定的高薪工作，投入创新创业浪潮中，书写出诸多令世人瞩目的传奇与佳话。

被称为“知识经济”代言人的楚天激光董事长孙文正是他们中的一员。

▲ 华中科技大学教授、“中国光谷”首倡者黄德修教授

1980 年，25 岁的孙文从华中工学院激光专业毕业，被分配到武汉一家光学研究所工作。旁人眼中，研究所的工作受人尊敬、待遇又好，他却感到索然无味——他从一些北京大学、清华大学出身的老工程师身上，看到了自己可预见的“人生轨迹”：技术员到助理工程师，再到工程师、高级工程师，按部就班，平平淡淡。

更让他难以接受的是，看到不少激光研究成果获得国际、国内大奖，却“养在深闺无人识”，只能成为样品或展品，技术普及和成果推广应用比国外滞后许多，传统制造业的加工水平也落后了几十年。

“科研成果不能及时转化为生产力，就好像果子卖不出去只能烂在筐里一样。”经过无数个彻夜难眠的思考，1985 年，孙文果断“下海”，与几名志同道合的伙伴一起，创办了武汉楚天光电子公司，也就是现在楚天激光的前身。

谈起创业的艰辛历程，孙文总忘不了“第一笔业务”。那是为四川的一家开发心脏起搏器的企业研制激光焊接机。当时激光焊接机，在国内尚属空白，只能依靠国外进口。这家公司原打算从国外进口价值百余万元的激光焊接机，却没有成功。

“得到这个消息，我立即找到那家企业，对方告诉我，前来洽谈的有十几个单位，但都不敢承接这个任务，因为心脏起搏器焊接要求太高了。”孙文知道，这是机遇也是挑战，不愿服输的他当即向企业立下“军令状”。

从四川一回到武汉，孙文就带着被子一头扎进了 20m^2 的厂房。起初，怎么也焊接不上，后来，焊接上了又发生炸裂，但他并不灰心。在连续吃了 3 个月方便面，做了数百次实验，并付出眼睛被激光灼伤的代价后，第一台“中国造”激光焊接机终于试制成功了，售价 20 多万元，比进口设备便宜了 130 万元，公司由此掘到“第一桶金”，也让中国心脏起搏器依赖进口设备生产的历史一去不复返。从此，孙文的公司名噪国内，订单源源不断地飞来。

和他经历颇有几分相似的，是一位华中科技大学的学弟——武汉高德红外股份有限公司（简称“高德红外”）董事长黄立。

“在光谷，大家都怀揣着创业梦想，都有一份创业精神，都在思考自己能够为国家、为这座城市、为自己的人生做些什么。”截至 2023 年，距离黄立拿着 30 万元的全部积蓄辞职创办高德红外已 25 个年头。

从华中科技大学电信系毕业后，他顺利进入湖北省电力实验研究所，12 年间，完成了 27 项科研成果和奖项，成为极为年轻的中层干部。

“我们‘理工男’没有别的本事，就是搞好专业，当一个工匠或者科学家，如果当不了科学家，就当工程师，把企业做成高科技企业。”1999 年，他带着这份情怀起航，高德红外成了致力于当时在国内尚属空白的红外热成像技术及产品开发、设计和生产的企业。

凭借着不断研发新技术、新产品，一路稳扎稳打。市场持续扩大的第十年，黄立决定背水一战——带领科研团队为国造“芯”。他回忆，“当时开会的时候，我说要不惜一切代价，没有做不到，只有想不到”。

高德红外建成 3 条自主可控且具备批产能力的红外焦平面探测器生产线，并于 2017 年研发出高性能制冷单色百万像素红外探测器芯片，将我国在红外核心器件领域的技术实力向前推进了一大步，填补了我国在相关领域的空白。

从“闯客”到“创客”

一辆在山路上行驶的卡车里，司机突然打起了瞌睡……车内的警报及时响起，司机立即调整方向盘，一场可能发生的车祸被消弭于无形。由极目智能自主研发的智能驾驶系统，已在国内外乘用车、卡车、客车等领域广泛使用。

截至 2022 年 9 月，极目智能的产品已批量应用于国内外 30 余家主机厂旗下近百款车型，包括多家乘用车主机厂、80% 的头部客车主机厂和 60% 的头部卡车主机厂，商用车主动安全国产方案市场份额排名前三，已供货数十万台。“10 年前的中国汽车市场，没有多少人知道高级驾驶辅助系统（ADAS）的概念，市场更无从谈起。”极目智能董事长、总经理程建伟说。

一次偶然的机会，他发现汽车厂家正在利用摄像头做一些车辆安全的尝试，这为他打开了不一样的视角。“既然在自己专业内，又能通过科技的力量降低交通事故发生率，为何不创业做一家受人尊敬的技术公司？”2011 年，正在攻读华中科技大学物理电子学博士学位的程建伟和同学在学校一个服务器机房里开启了创业生涯，那一年，他还不到 30 岁。

凭借着专业积累和一股初生牛犊不怕虎的闯劲，程建伟很快实现了从“闯客”到“创客”的华丽转身。“我们用了不到 3 年时间，实现了客车市场第一；不到 5 年时间，实现了商用车客户占有率第一，客户包括一汽解放、三一重工、陕汽重卡等；在乘用车领域正在快速突破，国外市场出口日本，国内市场包括长城汽车在内都是我们的客户，我们已经有了与国际巨头较量的底气！”程建伟介绍道。

2023 年 4 月，武汉小安科技有限公司（简称“小安科技”）入选最新一批湖北拟冲刺上市的企业名单。其已拥有 112 项核心自主知识产权，申请了 95 项各类专利，其中发明专利 27 例；获得国家级专精特新“小巨人”企业、中国科技创新示范单位、智慧城市典型解决方案推荐企业等荣誉……

这家估值数十亿元企业的掌门人，是一对来自华中科技大学的学霸夫妻——董事长兼总经理钱建安、副总经理张瑛，他们从研究生时代便开始了属于自己的故事。

2004 年，同在华中科技大学电信系读研的二人，加入了学校里基于导师制的人才孵化站（简称“Dian 团队”），由此开始了属于他们的故事。

为解决电动车偷盗的问题，钱建安和团队成员便着手打造硬件、写程序，将带有导航系统的设备嵌入电动车，用软件记录电动车的使用状态、地理位置等信息，加入发生异常情况时可自动向车主报警等功能。

2015 年，小安科技注册成立。小安科技 3 位联合创始人钱建安、江涛、刘宇飞，都有一个共同的名字——Dian 团队老队员。在团队导师刘玉的帮助下，小安科技在华中科技大学启明学院 7 楼安家，并与学院合作成立了校企联合实验室，开始对电动车防盗系统的进一步研发。不久后，Dian 团队的多位队员也陆续加入小安科技。

从共享电单车运营、同城配送租车换电、两轮出行监管到电单车智能化，钱建安等人带领小安科技精准把握市场动向，打造物联网生态下的智慧两轮出行新范式。如今的小安科技拥有软件、硬件、产品、制造、商务和营销等十大中心，

▼ 2022 年，小安科技部分骨干队员合影（左三为钱建安，左四为张瑛）

▲ 创立于光谷的小安科技目前已在全球积累了 400 多家合作企业，并于 2023 年 3 月完成 C 轮融资

是国内首屈一指的两轮出行智能化解决方案供应商。2023 年 3 月，小安科技宣布完成 C 轮融资。

学成归国仍是“少年”

“创业的机会稍纵即逝，你永远不知道下一个机会何时来临。”“80 后”海归博士陈抗抗创办武汉安扬激光技术股份有限公司（简称“安扬激光”）的经历，至今激励着一批批学子学成归国后扎根光谷创业。

2010 年，28 岁的陈抗抗从英国知名学府南安普敦大学回到了武汉，和几个朋友一起创立公司，从事皮秒光纤激光超快光源产品研发与生产。两年后，他才又回到南安普敦大学，完成博士论文答辩，拿到博士学位。

南安普敦大学的光纤研究享誉全球，这所学校的创业精神，也是国内很多高校难以想象的。在南安普敦大学，很多人从事科研工作的目的很明确——并非纯粹为了研究，而是要做有实际用途的东西。超快光纤激光领域的国际知名公司，如 SPI 激光公司（简称“SPI”）、Fianium 激光公司，其创业者皆出自南安普敦大学。也正是在南安普敦大学的这段经历，让创业的种子在陈抗抗心中萌芽。

“我们会经常接触到一些企业的项目，比如 SPI 的纳秒、脉冲、MOPA 的激光产品，最早我都有参与其中的一些工作。”这些经历，使得陈抗抗很早就接触到超快光纤激光器的产品与市场情况。在已经对自己的技术及市场充满足够自信的基础上，还是“穷学生”的他回到了武汉，和几个同学一起筹资 1100 余万元，成立了安扬激光。“有点中国合伙人的感觉。”陈抗抗回忆称。

经过 10 多年的发展，安扬激光成了国内唯一一家突破高功率超快光纤激光器工程化技术门槛的企业，并成功推出皮秒、飞秒脉冲光纤激光器和超连续谱激光器等系列产品，产品主要性能及指标均达到或超过国外同等产品水平，填补了国内同类产品的空白。

历尽千帆，归来仍少年。以陈抗抗为代表的一批海外留学生，在国内外多所高校积攒下科研资历后，纷纷转身回到光谷这片创业热土。

当前，利用 EDA 软件辅助芯片设计、仿真和验证，已成为产业发展的主流路径。作为“芯片之母”，虽然 EDA 软件的市场容量不过百亿美元，却掌握着全球芯片设计的命脉，其国产化需求空前迫切。

▼“80 后”陈抗抗在光谷创立的安扬激光，目前已成为国内唯一一家突破高功率超快光纤激光器工程化技术门槛的企业

“芯片设计，是在发丝直径万分之一的面积上建‘信息高速’。对设计师而言，少了 EDA，就像施工时没有挖掘机、推土机。”湖北九同方微电子有限公司（简称“九同方”）执行董事李红说，随着智能终端对功效、性能的要求越来越高，芯片制程快速迭代，高性能 EDA 软件的重要性愈发凸显。

这家使芯片设计加速工具高水平国产化的企业，正是曾在美国学习和工作了 18 年的万波创立的。

从华中科技大学毕业后，万波前往美国华盛顿大学攻读博士，并进入了全球最大的 EDA 公司——硅谷楷登电子。在这里，他一直从事 EDA 领域核心研发工作：“这是芯片产业链中的上游环节，是辅助设计工具，用于芯片的设计，提供芯片的仿真和验证。”

“在美国工作的每一天，都会看到一家家美国公司到中国开展业务，也听到太多留学归国人员创业成功的故事。”2012 年，万波决心回国创业。回到国内后，他将团队落在了母校华中科技大学附近，“我们希望把中国的 EDA 软件做起来！”后来，他还请来了高中同学——曾在金蝶软件（中国）有限公司担任高管的李红一起创业。

“科研大咖”的“跨界”

“20 世纪 90 年代初，国家鼓励科研成果转化，我带领团队将科研成果拿出来组建 3 个公司，实现遥感、导航和地理信息系统（GIS）软件的国产化。”武大吉奥、武汉武大方略数码科技有限公司和立得空间信息技术股份有限公司（简称“立得空间”）这三家公司，均由中国科学院院士、中国工程院院士、武汉大学测绘遥感信息工程国家重点实验室学术委员会名誉主任李德仁一手创办。

由他主持完成的“GPS 用于空中三角测量的试验研究”使野外工作量减少了 90%，节约费用 70%，并大幅缩短了成图期，获 1999 年国家科学技术进步奖二等奖；他领导研制的具有中国版权的 GIS 软件“吉奥之星”，继 MapGIS 之后，进一步打破了国外 GIS 软件“一统天下”的局面，获 2001 年国家科学技术进步奖二等奖；他主持研制的中国首套“移动道路测量系统”向全世界推广，获 2007 年国家科学技术进步奖二等奖……

始终站在国际学术发展前沿，关注国家利益、经济安全和人民生活，这是李德仁搞科研的最大特点。而从科研大咖到创业者，对于李德仁来说实属跨界。

1985 年，他留学回国后，发现国内 GIS 软件落后，易受制于人。于是，李德仁带领团队另辟蹊径，历经上十年，结合最先进的计算机成果来解决 GIS 的问题，同时结合遥感技术，把影像和图形整合到一个平台上，更加符合“数字地球”的要求。“当时科技部拿出 5000 万元支持 5 项科技成果转化，前提是你必须成立公司。”1999 年，武大吉奥成立，“吉奥之星”的上市，不仅为我国国家空间信息安全和大型空间信息的管理提供了可靠的技术保障，同时迫使国外软件大幅降价 80% 以上，国产软件开始在中国 GIS 市场占据主导地位。

“企业有技术、市场、资本和管理四大要素，技术是我的强项，也有一定的管理能力，但开拓市场和引进资本不是我的强项。”李德仁曾坦率地表示，高校对推动科技产业化起到了极为积极的作用，在国家迫切需要产业化的时候，教授应积极推动成果转化，现在强调自主创新，教授就要回来，抓住技术创新的第一棒。

不仅亲自“下海”创业，李德仁还带领学生接力勇闯科研前沿。

“嫦娥”探月、青藏铁路实景三维测绘……在国家重大活动或项目中，都有立得空间的技术和产品的身影。2020 年度国家科学技术奖励大会上，立得空间“天空地遥感数据高精度智能处理关键技术及应用”项目荣获国家科学技术进步奖一等奖，李德仁作为公司首席科学家在现场领奖，这是立得空间第三次荣获国家科学技术进步奖。

“我们当老师，做科学家，学好真本事，看好学科发展的方向和国家的重大需求，一定要把握好自己的使命，站位要高。看学科的发展，要看得准；看国家的需求，既要看得高又要看得准。”李德仁说。

翻开光谷一批龙头企业创始团队的名单，一个个在各自专业领域里极为响亮的名字跃然眼前。科学家们携“硬科技”成了双创翻涌浪潮里的一朵朵耀眼的浪花，不仅带队研发出全球顶级成果，更助推大量原创成果产业化落地。

走进普赛斯的办公楼，即刻映入眼帘的，是机械臂将光芯片逐个抓取，放到测试机上，在 1 微秒内就可以完成光芯片接入测试电源和功率测试。

光芯片，是通信系统中的基础组成部件。例如手机的面部识别功能，就是靠光芯片实现的。手机要在 1 秒内完成解锁，需要内置光芯片快速达到额定功率，且不能温度过高。因此，光芯片正式“上岗”前，要经过多重测试，合格后才能组装成产品。

在十几年前，这种检测只能依赖国外设备。完成这一突破的是一直从事光通信技术领域研究的武汉理工大学教授黄秋元。

2010 年，深圳某公司通过科研论文找到他，委托他开发光模块测试的产品。同年，普赛斯在武汉成立，黄秋元也成了国内光通信检测领域首批“下海”者之一。

凭借多年的科研沉淀，公司成立第二年，黄秋元就带领团队研发出了初代产品。此后，持续的研发创新锻造出越来越多的产品优势。

如今，普赛斯在光通信有源器件测试、中高端半导体测试应用领域率先实现国产化，填补了国内空白，在国内率先打破测试装备领域被国外产品占领的局面。

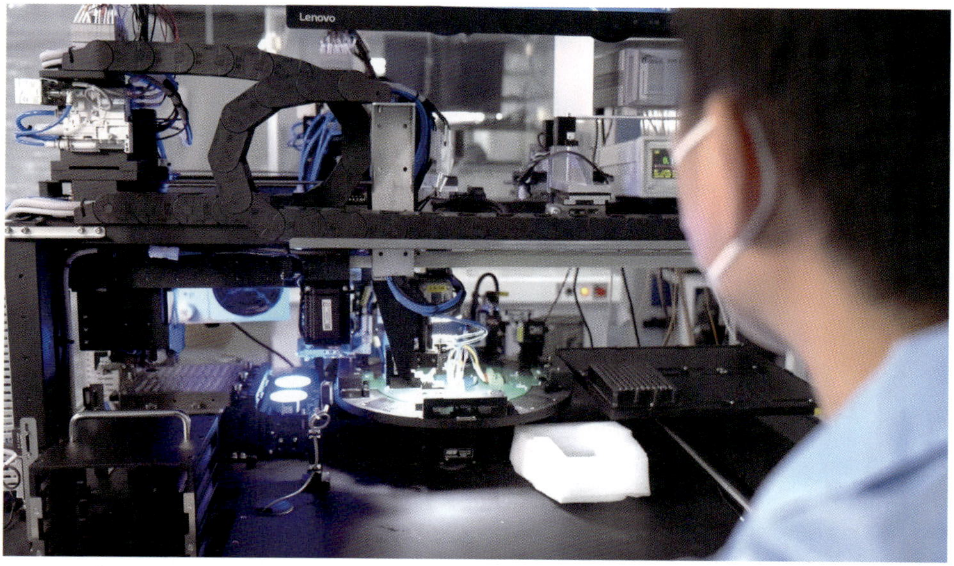

▲ 普赛斯电子的研发车间。2010 年，公司由武汉理工大学黄秋元教授在光谷创立

2021 年，普赛斯被工信部认定为专精特新重点“小巨人”企业。

科技报国是这些科学家型企业家的初心。10 年间，从光谷放眼全国，科学家创业正走向“黄金时代”。

作为一座“科学之城”，平均每天有 300 多名大学毕业生在光谷扎根，每年有千余家科技企业新认定为高新技术企业……创新、创业、创造、创富，成为光谷最鲜明的标识和最活跃的动能。

“世界一流大学是创新的发源地，也是创新人才培养的重要基地，一流的科学城是创新生态的构建地。一流大学与一流科学城，肩负着国家的使命和时代的责任。”在尤政院士看来，世界一流大学与一流科学城的双向奔赴，共同锻造了光谷创新的底色。

一家企业带动一个产业，一个产业集聚一批人才。在这片与世界同步创新的热土上，孵化出一个个闪亮的创业梦想，成就了众多企业走向全国、走向世界。

3 光谷海归群

2009 年 2 月，武汉东湖高新区正式推出招才引才的“3551”人才计划。

同年 9 月，首批 14 位海内外高层次人才与武汉东湖高新区签约，共计获得 3600 万元的资助。其中，年龄最大的 54 岁，年纪最轻的 31 岁。他们所掌握的技术，涵盖了光谷的光电子、生物技术、新能源和消费电子四大支柱产业。

此举，标志着武汉市 3 年斥资 4.5 亿元，在光谷打造首个“人才特区”的计划正式启动。

《21 世纪经济报道》称：“武汉光谷 4.5 亿元抄底海外人才。”

时至今日，这个原本打算运行 3 年的短期计划，已经走过了十几年光阴，成为光谷、武汉乃至中国最具知名度的引才品牌之一。

这十几年间，一批又一批光谷人因按下“3551”这个密码而进入了一扇神奇之门。他们和光谷一起，见证奇迹诞生。

顶级科学家回流

2009 年的光谷，后来被称为“光谷中轴”的高新大道已经建好了，湖北省奥林匹克体育中心迎来首秀，光谷金融港一期封顶，光谷步行街二期也开始动工兴建。荒烟蔓草的二妃山下，30km^2 的中国光谷武汉国家生物产业基地（简称“光谷生物城”）开工建设。

从这年春天开始，在距离二妃山千里之遥的北京首都国际机场，每一个出入的旅客都不无惊奇地发现，光谷生物城的巨型户外广告牌已经成为机场外一道靓丽的风景。

同一时刻，距离二妃山数十千米之外的万里长江第一桥以北，在号称“中南第一广告位”的龟山电视塔上，人们的目光也不由自主地被光谷生物城的巨型广告所吸引。

正是在这一年，留美近 20 年的肖国华带着胶囊胃镜的专利，回国寻找创业机会。由于没有成型产品，四处推销碰壁后，肖国华最终带着新发明来到武汉，找到东湖高新区，抱着试试的心态申报了“3551”人才计划，报告得到了评审专家的认可，很快拿到了“3551”人才计划最高资助金额 500 万元的无偿支持。

这位电子工程及电子光学博士同时也是“3551”人才计划首批引进的十四位领军人才之一，这批“3551”人才中，有 12 位为海归。

从硅谷到光谷，安翰光电落地光谷生物城，这也是世界上第一家成功研制“主动精确控制消化道胶囊内镜机器人系统”并实现商业化的公司。肖国华后来在接受媒体采访时感慨：“只要你有一个好点子，国内各级政府会充当风投角色，投

▲ 安翰光电创始人肖国华博士

资你发展企业，这在硅谷是想不到的。”

获得资助后，肖国华带领他的团队将这项发明变成了产业化产品，成功进行了动物实验，一举获得众多风投机构的追捧，发展进入快车道。2017 年，肖国华的故事登上《人民日报》，在这篇名为《从 0 到 1 裂变发展》的稿件里，肖国华说：“光谷是创新创业者青睐的乐土。”

次年底，肖国华入选“光谷 30 年创新 30 人”，颁奖词是：“光谷引进的第一批‘3551’人才，新时期交叉创新的杰出代表。”

数月后，长城企业战略研究所在京发布《2018 年中国‘独角兽’企业发展报告》，安翰光电上榜，成为湖北首家生物领域“独角兽”。

从科学家到企业家，肖国华最深的体会是“鞠身入局”，把自己“折”起来，以“空杯”心态、“孙子”心态、“耐得住寂寞”心态做企业。他认为核心技术是源泉，创新产品是翅膀。企业应该围绕核心技术，在核心技术的基础上自然延伸，“这不光是企业的成长，也是企业的壁垒”。

就在肖国华风风火火闯光谷的时候，在光谷生活多年的陈莉莉决定赴美国波士顿大学医学中心进行博士后研究。

2008 年，已经取得海德堡大学博士学位的陈莉莉与光谷留学生创业园签订孵化协议，正式创办武汉明德生物科技股份有限公司（简称“明德生物”），从事体外诊断试剂（POCT）及配套仪器研发、生产和销售。

公司虽然成立了，但是医生出身的她仍把主要精力放在学术方面，她给自己的头衔是“技术总监”，因此再一次赴美留学。

对于这段经历，陈莉莉总结说：“早期的时候，其实我们还带着医生的思维去做产品，但发现市场需求和市场发展阶段之间有偏差。所以说，是当一个企业家还是科学家，这中间的差别还是比较大的。”

要么专心致志地继续做学术、做研究，要么回国全身心投入到创业中来，经过深思熟虑和反复调研，陈莉莉认定中国的体外诊断试剂领域将迎来一个快速发展期，这位第三批“3551”人才计划入选者做出了选择。

▲ 明德生物技术总监陈莉莉博士

2011 年底，伴随着陈莉莉的再次归来，明德生物进入快速发展阶段，于 2018 年成功登陆深交所，这也是光谷生物城孵育的首家本土主板上市企业。

从肖国华到陈莉莉，这些最早期的“3551”人才都有一个醒目的标签：海归博士。事实上，东湖高新区 2009 年启动的这个引才计划，最初正是“以高新技术产业化为主题，以海外高层次人才为重点”。

聚世界光，创天下谷。正是从“3551”人才计划开始，越来越多的顶级科学家回流光谷。

2009 年，土生土长的武汉人、美国密苏里科技大学应用数理统计学博士叶毅被引进回汉创业，风脉能源（武汉）股份有限公司（简称“风脉能源”）落地光谷。10 年后，风脉能源已成新能源行业第三方解决方案龙头企业。

2010 年，武汉大学校友张发明在留学海外多年后归国，以光谷为起点，从“0”开始创办的中美华世通生物医药科技（武汉）股份有限公司（简称“中美华世通”）正式投产。10 年后，中美华世通已成为肾病高血钾及高血磷药物跨国药企的最大中国本土中间体供应商。

2011 年，同样求学于美国的生化物理学博士李先强回国创办武汉中帜生物科技股份有限公司（简称“中帜生物”）。10年后，中帜生物首创的“中帜星”是国内唯一获得注册证的呼吸道病原体核糖核酸（RNA）多联检产品。

2012年，电化学专业博士桂裕鹏受邀来到武汉，以技术入股的形式加入美格科技，出任董事长一职。10年后，美格科技成为共享单车产业和储能项目中能源系统解决方案的最大供应商，市场占有率达75%以上。

…………

时至今日，光谷已成为海归人才集聚地。数据显示，截至2022年底，光谷已聚集4名诺贝尔奖得主、74名中外院士、超过3000名海内外高层次人才，7000多个海内外人才团队在这里与世界同步创新，其中，拥有海外背景的人才占比达54.7%。

光谷“新力量”

2012年，已实施3年的“3551”人才计划被冠以“光谷”之名，成为“3551”光谷人才计划，打破引才年限及人数限制，东湖高新区引进和培养国际人才的工作转向常态化、长期化。

这一计划首次将人才类型细分为创业人才、企业创新人才和高端金融、经营管理人才，针对不同领域，吸纳英才，针对不同层次，阶梯资助。

九同方的创始人、获得“3551”优秀创业人才资助的万波第一次了解光谷的国际人才引进政策是在2012年。

那一年，湖北省党政代表团访问硅谷，诚邀万波回国创业。令他吃惊的是，当时省、市、区各级领导，都对集成电路这一前沿产业非常了解，并有着清晰的发展思路与实在的支持政策。

“‘造不如买’已是过去时，EDA国产化是未来的必由之路。”怀抱着助力中国集成电路产业发展的抱负，万波选择家乡武汉作为开创事业的栖息地，瞄准无线通信中最关键的射频芯片领域，开启了EDA攻关之路。

在刚刚起步的光谷未来科技城，九同方团队是第一批住户。无数个挑灯夜战的晚上，他们一边听着周边菜地里传来的阵阵蛙声，一边将射频 EDA 软件这块“硬骨头”啃了下来。在最艰难的时刻，团队一边攻坚，一边干起了下游芯片设计的活，用自己研发的软件做产品，以维持公司正常运营。

十年栽树，一朝结果。截至 2022 年底，在射频 EDA 工具链上，九同方已多次完成国产化突破，特别是在芯片级电磁场仿真上实现了“单点登峰”，相关工具仿真精度、效率赶超国际标杆软件。

激情澎湃的光谷创业大潮，同时抓住的还有许多位海外才俊的心。

同样从美国归国的刘靖峰博士，在光谷软件园留学生创业园创办联思普瑞（武汉）电子科技有限公司（简称“联思普瑞”），专注计算机视觉的人工智能大数据。

2014 年，作为“3551”优秀创业人才，刘靖峰从 2500 多名光谷创业者中脱颖而出，站上了“中国创业榜样”全国总决赛的最高领奖台。

从美国能源部新能源国家实验室“飞”出的材料新星解明，2012 年，在光谷创办武汉艾特米克超能新材料科技有限公司，研制的柔性锂电池采用类 3D 打印技术，可广泛运用于智能电子产品、可穿戴设备等。2016 年的“华创杯”创业大赛中，该项目获得二等奖，受到风投青睐。

伴随着东湖高新区引进和培养国际人才的工作常态化、长期化，上榜的“3551”人才呈现年轻化态势，越来越多的“80 后”“90 后”登上了光谷创新创业的舞台。

1984 年出生的张少甫，美国旧金山艺术大学动画硕士，曾荣膺第三十八届学生奥斯卡金奖，两次获安妮奖提名。在迪士尼工作时期，他曾参与制作《疯狂动物城》《超能陆战队》《海洋奇缘》《美味盛宴》等动画电影。

2017 年，在光谷智慧园的一处办公楼内，太崆动漫（武汉）有限公司（简称“太崆动漫”）成立，创始人就是张少甫。“太崆”二字取自一个由汉语演化的英语词汇“taikonaut（太空人）”，寓意是思通中西，冲破天际。

两年后，太崆动漫推出的第一部作品《冲破天际》入围第九十一届奥斯卡最佳动画短片，创造了中国动漫史上的第一次。

这部 7 分 40 秒的短片，讲述的是一个生在美国新移民单亲家庭的小女孩，

▲ 太崆动漫创始人张少甫

梦想成为太空人的故事。回忆这部动画短片的创作初衷时，张少甫指出，《冲破天际》不只是太崆动漫的第一部作品，它同时向世界宣告了太崆动漫的意愿——为了梦想付出一切。

中国的动漫市场正在慢慢打开。对于未来的发展方向，张少甫看得越来越清晰，他梦想像迪士尼、皮克斯工作室一样，“做出独一无二的风格，也是我心中的最高理想”。

1986 年出生的李淼，硕士毕业于华中科技大学机械科学与工程学院，2016 年在瑞士洛桑联邦理工学院取得博士学位，并成为全球唯一获 ABB（ABB 是全球电力和自动化技术领域的领导企业）自动化奖的华人。

毕业时，是去美国麻省理工学院做博士后，还是回国创业，李淼一度难以抉择。那年夏天的一次对国内大型制造企业的考察，让他迅速做出了选择：“世界上不缺一个教授，却缺少一个可以把人类的双手从繁杂的劳动中解放出来的企业家。”

2016 年，李淼在光谷创办武汉库柏特科技有限公司（简称“库柏特”），主研智能工业机器人柔性技术与力控技术，5m^2 的房间里，坐了 7 个博士。

短短数年，国内首个零接触式智慧药房从这个“可能是中国博士密度最高的地方”走出来，并迅速在湖北、广东、陕西、四川等多个省、直辖市的大型三甲医院及基层医疗机构规模化落地。

1988 年出生的张兆熙，英国牛津大学化学博士，是牛津大学个人专利最多的优秀毕业生之一，也是武汉新碳科技有限公司的首席执行官。

这家 2021 年 7 月在光谷注册的高科技公司，瞄准的是纳米碳材料新赛道。虽然初创团队才 8 个人，但阵容堪称“硬核”，包括张兆熙在内，有 4 人是英国顶级名校博士。

更年轻的“90 后”青年李作栋，是美国伍斯特理工学院材料科学、美国波士顿大学光电子技术双硕士，有美国德州仪器等头部企业的工作经历，但内心却有一个“产业报国梦”。他联手厦门大学人工智能专业博士傅敏创立的武汉森蓝智能科技有限责任公司，利用人工智能检查每一步制造工艺后晶圆产品的加工参数是否达到设计的要求，是否存在影响良率的缺陷，致力于为半导体厂商量身定制智能检测解决方案。

来自浙江绍兴的“95 后”青年孟锦涛，放弃了国外高额奖学金，回到华中科技大学攻读能源光电子博士，其间创办巨安储能武汉科技有限责任公司（简

▲ 库柏特首席执行官李淼博士

称“巨安储能”），这也是国内首家全铁液流储能系统解决方案提供商。

“我们在高校完成了‘从 0 到 1’，‘从 1 到 100’则需要在公司完成。”对于创业与否，孟锦涛经过了长久考虑，“国家正在大力推广新能源，储能是一个痛点，我们希望自己研发的技术，能够真正转化为对社会有价值的产品，而不是停留在论文和学校里面。”

2022 年底，光谷瞪羚企业名单公布，巨安储能成功入选。此时，距离公司成立刚过 1 年。

相隔数日，线上举行的中国国际“互联网 +”大学生创新创业大赛总决赛上，巨安储能“全球首创自分层液流储能系统”获金奖和最具商业价值奖。

伴随着越来越多的青年人才成为光谷“新力量”，光谷也加速成为创新创业的新高地。

数据显示，截至 2021 年底，光谷已累计引进近 3000 名“3551”人才，其中不少来自全球排名前 50 的世界名校。在光谷成长性最好的瞪羚企业中，半数由“3551”人才创办或承担核心研发、管理；光谷登陆科创板的企业，九成为“3551”人才所在企业。

“学霸型”创业英雄

2023 年 4 月的一个上午，位于光谷创业街 73 号的武汉留学生创业园里，举行了中国光谷“3551”国际创业大赛青桐赛段的第七场比赛，决出 10 张“光谷创业英雄帖”。

得分位列前三的项目中，两个有海外背景。

其中，参赛项目“专用化脑磁共振成像设备”属于国内首创，公司首席科学家吴保松博士在海外工作多年，10 多年坚持磁共振新仪器、新方法研究。该项目瞄准磁共振预约检查周期长的就医痛点，结合磁共振成像技术、人工智能技术和云技术，与医院合作开发智能可移动式成像诊断系统，满足现场医疗快速诊断的需求，市场需求量大。

参赛项目“ChatGPT 虚拟数字人系统研发与产业化”，创始人何丹是美国加利福尼亚大学洛杉矶分校计算机系博士，在微软西雅图研究院、国际商业机器公司（IBM）沃森研究中心等工作多年。其基于人工智能的深度学习，搭建的 ChatGPT 虚拟数字人生成系统，可根据视频中的人物角色，生成特定的面容、妆容、服饰、物体和声音，效果可达到超仿真的视觉标准。

天天有对接，周周有路演，月月有大赛。从 2022 年 9 月开始，已举办 6 届的中国光谷“3551”国际创业大赛全面焕新，大赛分青桐赛段和巅峰赛段，青桐赛段常态化报名，定期举办路演，打造“永不落幕的创业赛事”。

伴随着 10 张“光谷创业英雄帖”出炉，连续 7 场青桐赛段初赛，83 个项目脱颖而出，获得“光谷创业英雄帖”。

以赛引才、以赛促创，创业英雄与中国光谷双向奔赴。

时间回到 2015 年，光谷启动中国光谷“3551”国际创业大赛，高规格、高标准举办，在全球招募人才。大赛突破区域限制，在北京、上海以及美国硅谷、英国伦敦等海内外创新资源聚集地设立 10 个赛区，辐射 30 万名人才，同步展开国际竞争。

从中国光谷“3551”创业大赛中，走出的第一个创业明星，是 1989 年 9 月出生的王星泽。

有着“华中科技大学有史以来最年轻教授”之称的王星泽堪称“学霸本霸”，拥有一路开挂的科研学术履历。

17 岁，从湖北省黄冈中学毕业，保送进入北京大学。18 岁，即将读大二的王星泽转学进入美国麻省理工学院，并于 21 岁时获得物理学、数学两个独立的学士学位。其间，还在剑桥大学和哈佛大学交换或交叉注册，于剑桥大学获得数学硕士学位。25 岁，获斯坦福大学电子工程学硕士和管理科学与工程学硕士。27 岁，获斯坦福大学应用物理学博士学位。28 岁回国担任华中科技大学物理学院、武汉光电国家研究中心双聘教授。

早在 2006 年，《湖北日报》就以《高三学生王星泽连夺两金牌　黄冈为奥赛金牌得主庆功》为题报道王星泽，当时，王星泽还是黄冈中学的高三学生，在哈萨克斯坦举行的第七届亚洲物理奥林匹克竞赛中，他以理论第一、总分第二的优异成绩一举夺得金牌。仅仅相隔 1 个月，他又在新加坡夺得第三十七届国际物理奥林匹克竞赛金牌。

中央电视台则在 2015 年报道，中国赴美优秀留学生在中国驻纽约总领馆领取 2014 年度国家留学奖，王星泽就位列其中。

“刷遍”中、英、美三国名校是一种什么样的体验？王星泽曾在一次讲座中说，在美国学习最辛苦，作业任务繁重，经常每天只能睡四五个小时，有时甚至连续通宵；英国最轻松，1 年有大概 1 个月的小学期专门用来考试，考核压力不大，而中国则居中。

2017 年 8 月，王星泽在光谷注册成立机器视觉公司合刃科技（武汉）有限公司（简称“合刃科技”），1 年内连续完成多轮累计超过 1 亿元人民币的投资，成为发展最快的科技初创公司之一。

同年 11 月，中国光谷“3551”国际创业大赛举行，王星泽带来的“新一代机器视觉及人工智能绕障识别系统”，从全球 1598 个参赛项目中脱颖而出，斩获一等奖，夺得百万元奖金。

这是一场星光闪耀的比赛。拿下二等奖的刘德珩比王星泽大 5 岁，拥有一份

▲ 28 岁成为华中科技大学史上最年轻教授的王星泽，在光谷创立合刃科技

同样漂亮的履历。

刘德珩是土生土长的武汉人，本科毕业于华中科技大学，硕士毕业于荷兰代尔夫特理工大学电子工程专业，同时为日本东北大学和美国弗吉尼亚理工大学访问学者。他曾在国际一线半导体公司荷兰恩智浦欧洲总部担任全球产品总监，在职期间创立并发展恩智浦移动音频与传感产品线，实现产品线销售业绩从“0”到过亿美元。

“回国造‘芯’，是希望缩小中国的半导体行业与国际的距离。”2015 年底，在海外生活 10 年的刘德珩携妻儿归国，并于次年 1 月在光谷未来科技城创办聚芯微电子。这是一家专注于高性能模拟与混合信号芯片设计及其应用系统的公司，除了武汉总部外，在深圳、上海、苏州及欧洲部分地区均设有研发中心。

2020 年，聚芯微电子正式发布国内首颗自主研发、背照式、高分辨率、用于 3D 成像的飞行时间（ToF）传感器芯片。该款芯片采用了全球领先的背照式技术，在单芯片上实现了感光器件与处理电路的高度集成，成功填补了国内相关领域空白，也让聚芯微电子成为全球继索尼、三星后，第三家掌握该关键核心技术的公司。

2018 年中国光谷“3551”国际创业大赛的冠军得主孙雷蒙，同样将公司落地未来科技城。

孙雷蒙，一个典型的光谷创业者。1989 年在武汉出生，从华中科技大学毕业后，赴新加坡南洋理工大学攻读硕士、博士学位，之后进入新加坡知名发光二极管（LED）生产厂商任研发总监，数年后回到华中科技大学任教，并创办华引芯。同年底，携“高端光源芯片和微型 LED 芯片”项目参加中国光谷“3551”创业大赛，斩获一等奖。

在孙雷蒙看来，“做制造是一件最艰难、最漫长的事情，长线的技术积累必不可少，几乎没有弯道超车的可能。但制造有制造的乐趣，解决了一个系统的问题，解决了制造中无法逾越的工艺，都能给人带来无与伦比的欢乐”。他享受创业的过程：“你要对自己做的事情有一种痴迷感，要有充足的热情。”

2021 年 11 月，由共青团中央、人力资源和社会保障部联合开展的第十一届“中国青年创业奖”评选结果揭晓，181 名候选人中 35 名青年获得奖项，孙

▲ 刘德珩 32 岁在光谷创办聚芯微电子，自主研发新一代高性能 ToF 传感器芯片

雷蒙、刘德珩入选。

截至 2022 年底，中国光谷“3551”国际创业大赛走过六载，四度入选人力资源和社会保障部“海外赤子为国服务计划”，已成为国内最有影响力的创业大赛和国际知名的创业创新重大赛事之一，一批批创业英雄从大赛走出，成为光谷最耀眼的新星。

“在这个领域我做了 10000 多例手术，最大的奖我都已经得完了，我打算干点别的。”2018 年中国光谷“3551”国际创业大赛二等奖和最佳人气奖得主尚小珂说。他参与创办的武汉唯柯医疗科技有限公司（简称“唯柯医疗”）3 年完成 4 轮融资，5 款产品进入临床，其中 4 款产品是国内首创、原创，“这个速度超过了行业内 80% 的企业”。

“让‘钢铁侠’的梦想照进现实。”2020 年中国光谷“3551”国际创业大赛二等奖得主熊鹏航，专注穿戴型手势识别和全身动态捕捉技术研究与产品开发，创办的灏存科技旨在成为“元宇宙时代的现象级企业”，“期待 2027 年前后，冲击上市；5 年后，公司的智能穿戴设备将进入家庭生活”。

“我希望我的产品能够打破国外的技术垄断。”2021 年中国光谷“3551”国际创业大赛特等奖获得者樊希安，历经 17 年的研发，成功掌握制造微型半导体制冷芯片的三大核心技术，“在制作工艺上，我们已经精确到了 0.15mm，产品弥补了国内在该领域的空白。”

瞪羚企业、科创“新物种”、潜在“独角兽”、上市后备“金种子”企业、国家专精特新“小巨人”……这些从中国光谷“3551”国际创业大赛舞台上走出来的创业明星和他们的梦想，在光谷照进现实，并成就光谷的未来。

2023 年 2 月，光谷首届“光谷企业家日”庆祝大会上，孙雷蒙作为光谷青年创业者的优秀代表作主题演讲，谈及为什么选择光谷，他说：“除了情怀，更重要的是在光谷，只要坚持，就有未来。”

大赛永不落幕，传奇仍在继续。

4 “长期主义”者

从国企高管位置上“跳下海”时，季光明已四十不惑，10 多年后，他把初创企业带到了科创板上市。

海外名校研究员孙小蓉决然回国创立兰丁医学时，已 40 多岁，如今，企业下线的筛查产品，已卖到了“一带一路”国家。

“草根”老板谢元德在家乡枣阳做小型农机具维修，干得风生水起，却坚持要“扳”去武汉东的一片荒地，这一年，他 42 岁，最后，这家企业被“扳”成了营收超 80 亿元的龙头企业。

陈焕春院士在 48 岁创业时，还没有政策鼓励高校师生“下海”创业，他坚持近 20 年将企业上市。

52 岁当选院士，武汉纺织大学教授徐卫林仍追逐科学前沿，致力于将纺织与医疗卫生结合，研发人造血管、智能监测纺织品等，并与中国国内外企业和研发机构广泛合作，推动科研成果进行产业化应用。

冯裕才 56 岁时借钱创业，几度发不出工资，终于在 78 岁这年成功冲刺“国产数据库第一股”。

…………

在光谷，集聚了一群“公岁”创业群体，他们越过“不惑”，却始终保持朝气，活跃在创业舞台上。

▲ 光谷将每年的 12 月 5 日设立为“光谷企业家日”，致敬深耕光谷致力持续创新的一代代创业者们

农民谢元德要当“电气大王”

20 世纪 80 年代末，湖北枣阳一家名不见经传的 513 公司，与交通运输部长江航务管理局合作合资办厂，一炮打响。大家都在打听老板是谁。

以做农机具维修起家的这位老板，名叫谢元德，是当地王城镇上的农民。但他在当地人中显得与众不同。

1978 年末，党的十一届三中全会召开。谢元德在了解到会议内容后，敏锐地意识到国家的政策将要发生重大变化。

彼时，早于安徽凤阳小岗村“包产到户”，更远远早于深圳被确立为“经济特区”，“离经叛道”的农民谢元德却在枣阳市王城镇西门外的一块空地上，搭建起一个简陋的草棚，挂起了全省第一家农村联合体企业——“513 公司”的招牌，从事水泥瓦、五金构件、食品、预制板、电线杆等五花八门的生意，这就是盛隆电气集团有限公司（简称“盛隆电气”）的发端。

1982 年，随着改革开放逐渐深化，513 公司被政府正式认可，还获得了正规的营业执照。

“新事物总是不断前进的”，抱着这样的想法，谢元德义无反顾，迎着质疑声前进。

从小镇修农具的小工棚干起，他“扳”到枣阳县城，跟“公家单位”的合作，更是让他成为闻名遐迩的明星企业家。

不出意外，513 公司会在枣阳一直驻扎下去，因为已经有固定的客户，有成熟的管理模式，还有逐步扩大的生产规模，但谢元德当然不是安于现状的人。

快 40 岁时，他动了念头去更有机会的地方——武汉。

1991 年，刚刚创建的武汉东湖高新区，被国务院批准为首批国家级高新技术产业开发区。两年后，盛隆电气落户关东科技工业园首批建成的两栋大楼，成为东湖高新区第一个工业园的第一家投产企业。盛隆电气正式进驻武汉。

事实证明，谢元德又“扳”对了。日后，光谷成为全国 169 个国家高新区中，首家被教育部认定的高等学校科技成果转化和技术转移基地，区内林立着武汉大学等 58 所高等院校。盛隆电气凭借近水楼台先得月的优势，与其中多所建立了

▲ 2022 年，盛隆电气董事长谢元德接受《长江日报》专访时说，办企业和种庄稼一样，必须实打实，始终坚持“走正道、办良企、育人才、出精品”

合作关系。

2015 年，盛隆电气获得工信部一级服务商资格，并参与了国家标准的制定。

随着国家“一带一路”倡议的提出，盛隆电气凭借多年来在智能用电领域的深耕挖掘，不仅成功参与了京沪高铁、南水北调、首都机场等多个国内重大工程项目，还成为越南国家电网、苏丹新港、斯里兰卡汉班托塔国际机场等海外重大项目的设备供应商。

当初站在茅草棚下大声喊出要为“四化建设”出力的青年，目标越来越明晰——“我们要做中华民族电气的第一名，做中国的 ABB，让武汉光谷成为中国的电气之都”。

这就是终点了吗？对于谢元德来说，当然仍不是。

“我这个人不喜欢跟在别人后面走，总想找一些与众不同的道路走。如何发挥个人的潜能？我怎么才能成为一个对别人有帮助的人？如何实现‘帮助别人就是成全自己，成就他人定能实现自我’？这成了我思考和探索的课题。”谢元德说，要培养“老板群体”。

“立人己立，达人己达。”——早在 1988 年，盛隆电气在成立 9 周年时，就曾在枣阳注册成立盛隆科技咨询协会。中国科学院电工研究所、中国电力科学研究院、武汉高压研究所等单位的多位专家加入协会并出席成立大会，引起当地政府的高度重视。

自那时起，谢元德便长期坚持聘请行业专家来公司，为青年员工提供指导和培训。

随着公司发展，盛隆电气逐步形成“像办大学一样办企业”的自我定位——“盛隆电气就是一所培养人才、培养老板的大学”。

2015 年，谢元德办起了盛隆大学武汉创业学院，还设立了 5000 万元创业基金。谢元德提出，要吸引武汉大学、华中科技大学等 50 多所高校的大学生前来接受创业培训。优秀学员可获得奖学金以及盛隆电气提供的各种资源和实习机会。

在他的主张下，企业专门组建了创新研发部门，为创业者提供技术支持；集团一些已成功的创业者会自发建立公共创业基金，支持新的创业者开拓市场；集团内的人才可以自由组合团队，创业者拥有充分的自主权。

成立 44 年，不上市、不贷款，始终坚持在电气行业摸爬滚打，谢元德的“大学”里，勤劳和创新一直被传承。

现任盛隆电气总经理的谢清伦，1985 年加入公司，是创富激励机制的最早一批受益者。2003 年底，她带队前往天津开拓新市场，“每天早出晚归，鼓足勇气敲开客户的大门。1 个月鞋都穿坏了几双，就是为了在市场中占据一席之地”。后来，在天津、长沙、合肥等地，谢清伦带领的团队占据了稳定的市场份额。

谢元德欣慰地看到，一个个不“躺平”、爱“拚命”的年轻人从盛隆电气走出。

从草台班子，到智能用电领军企业；从仰望世界 500 强，到与国际品牌并肩合作；从几个公社社员“按手印”，到一群盛隆人以企业为自豪。

从“公司”到“企业”，盛隆电气营收已超 80 亿元，并多年蝉联湖北省民营百强、武汉民企百强等权威榜单，还孵育了企业文化。谢元德似乎应该“守江山”了，可他偏不。

在 67 岁那年，谢元德又做了一件震惊业界的事，他办起了首届盛隆电气智能用电博览会（简称“盛博会”），开放自家工厂，吸引同行参展，拿下数百亿元订单。盛博会成为盛隆电气从功能用电迈向智能用电时代的一个重要里程碑。

但这也在意料之中。当谢元德决定走出那个小镇时，他已明确：必须成就“品牌”。扎根光谷 30 年，盛隆电气始终聚焦电气主业，在科技创新方面取得了长足进步，推出市场领先的 iPanel 智能配电柜，关键智能化技术位居行业前列，一举打破国外垄断。

谢元德入选“光谷 30 年创新 30 人”，他的入选理由是：独创“群体老板制”，从“草根”创业成长起来的“电气大王”，引领电气行业智能化升级。

▲ 在庆祝改革开放 40 周年的“大江弄潮”展览上，盛隆电气自主研发的 iPanel 智能配电柜作为全场唯一一件来自民企的产品，与北斗卫星一起被标注为“国之重器”

把论文写在祖国大地上

“我当学生时，粮食供应是每月女生 24 斤、男生 27 斤，每个星期加 1 次餐，才能吃到 2 两粉蒸肉。”创立武汉科前生物股份有限公司（简称“科前生物”）的陈焕春院士说，在他年少时，人们吃不饱饭，更没有肉吃，养殖业关乎国计民生。

48 岁时，他投身动物疫病领域创业，如今仍坚持到猪圈牛栏蹲着给动物看病，并创立企业带头研发市场化产品，终于，在 67 岁时，他见证了企业科创板上市。

从恩施大山中走出来，陈焕春从华中农业大学毕业后留校任教，成为一名工作稳定的大学老师。不过即便如此，陈焕春却丝毫没有满足于自己的学识成就。在任教数年后，他决定前往德国慕尼黑大学留学深造，最终通过不懈努力获得博士学位。

他放弃了在海外发展的机会，回国任教。早在 20 世纪 80 年代留学期间，陈焕春便小试牛刀，创新研究牛冠状病毒感染病的快速酶联免疫吸附试验（ELISA）法，这在当时被认为解决了国际难题。创新之门打开，成果蜂拥而至。截至目前，团队主持制定国际标准 2 项，主持完成的科研成果获国家科学技术发明奖和国家科学技术进步奖二等奖、湖北省科学技术进步奖一等奖等省部级科技奖励近 20

余项……

是让成果躺在象牙塔内还是走向田间地头？陈焕春一直记得年轻时到湖北天门救治腹泻水牛时的情景，“永远忘不了那一幕，水牛病了，人们就用人力拉着犁头。我那时便下定决心，一定要做好家畜传染病研究，不让农民再这样受苦……”

在此期间，陈焕春院士通过不断研究，解决了多个容易在禽类暴发的传染病问题，一度被誉为“养殖户的守护神”。

陈焕春说：“企业家应有科学家的头脑，科学家要有企业家的头脑。”

2001 年，陈焕春院士团队为提升产学研转化速率，他们从“白手起家”干起了高新技术企业，成为较早一批“下海”的高校教授代表，科前生物的猪伪狂犬灭活疫苗从根本上打破了国外垄断，以市场第一的占有率为中华民族扬了眉、吐了气。

从 48 岁到 67 岁，陈焕春院士用 19 年将公司做成国内猪伪狂犬病毒疫苗市场的“老大”，科前生物是国内少有的能够同时提供猪伪狂犬病活疫苗和灭活疫苗的企业。

另一位将论文写在大地上的学者，是武汉纺织大学徐卫林院士。他研究的“嵌

▲ “企业家应有科学家的头脑，科学家要有企业家的头脑。”中国工程院院士、科前生物董事长陈焕春接受媒体采访时说

入纺”技术，最高能纺 500 支纱线的精细纯天然面料，打破了国际上传统纺纱技术的极限。利用这项新技术，我国用低档原料纺出了高档面料，做出了世界上最细的纱、最薄的料。

媒体当年评价说：“徐卫林的革命性突破，引领了纺纱工业新的时代。”

“在国家和企业的实际需求中破题。”这是徐卫林院士的口头禅。在毛纺企业调研时，徐卫林院士发现用毛纺里面的纺高支纱可以做出轻薄面料，他判定，这会成为我国高品质毛纺技术的发展方向，他带领团队埋头钻研 3 年。

40 岁那年，他研发的“嵌入纺”终于在企业转化成功。此后，为国家航天所需，他的团队又研究月球环境下展示的五星红旗的特殊材料。无数次，团队成员因实验失败想放弃，徐卫林鼓励大家：“解决国家的需求，是最有意义的科研。10 次实验 9 次失败，但有 1 次成功，就是历史性的突破。”

为“嫦娥五号”织国旗，徐卫林团队用了 8 年时间。再往后，为医学研发人工血管，徐卫林团队用了 10 年时间。

41 岁时，徐卫林获湖北省科学技术突出贡献奖，他将 100 万元奖金捐献，作为武汉纺织大学具有创新能力的学生奖学金。

2021 年，52 岁的徐卫林当选院士。可之后他并没有停下脚步，仍在不断打破人们头脑中的固有认知。

就在 2023 年，他又带领团队，研发出一种具有仿驼峰结构的布料，解决长期以来个人热防护和热湿舒适管理难以兼容的难题。

斗罢艰险再出发

孙小蓉是地地道道的武汉人，她是 1977 年中国恢复高考后的第一届大学生，获得武汉同济医科大学（现华中科技大学同济医学院）硕士学位后，她在 1988 年出国留学，身份从澳大利亚莫纳什大学博士、美国斯隆凯瑟琳肿瘤中心博士后，再到加拿大不列颠哥伦比亚省肿瘤研究中心研究员。

1996 年，在了解到加拿大不列颠哥伦比亚省肿瘤研究中心多年研发的一套

▲ 兰丁医学创始人孙小蓉博士，公司在全球首创大规模宫颈癌筛查专家共享、数据共享和资源共享的云诊断平台

肿瘤早期检测自动化设备后，来自全世界多个国家的进修人员专程前来学习这套国际最先进的肿瘤早期诊断技术，孙小蓉接待了很多人，但唯独没有看到中国人。

她想："对于国外，自动检测也许不适合，但国内人口密度大，人员城乡分布广泛，这项没有投入实际应用的自动检测技术，也许会真正让中国广大妇女摆脱宫颈癌。"

真正促使她回国的是一次访问。1998 年，她受邀回国做技术交流，孙小蓉关于肿瘤早期诊断系统和细胞学分离纯化技术应用的演讲，反响热烈。

同时，在当年举办的留学人员交流会上，她收到了来自家乡武汉和母校同济医科大学的邀请。

她考虑让丈夫和孩子继续留在加拿大工作学习，自己回到武汉发展。

作为一个新移民，做出回国决定，她经过了无数次的犹豫和徘徊。在回国前，她已在海外待了 11 年。有了家庭、住房、工作及社会基础，回国却要面对一片空白。

同时，回国后的岔路也有很多，从单纯做技术转换到实战做科技成果转化，孙小蓉在这个过程中也做出了选择："在大学里当教授可以做科技成果转化，但中国快速发展，科技工作者和科技平台更有进行科技成果转化的需求。""技术如果只停留在实验室，永远体现不出其价值。”为了不让技术停留在书本上，孙小蓉坚持要用实际行动投身国家经济建设，毅然放弃她擅长的专业基础医疗临床研究。2000年，孙小蓉毅然回到武汉创业，在光谷成立兰丁医学，推广肿瘤自动检测技术。

她回忆，创业初期一直在“烧钱”，又要装修办公楼、买仪器设备，还要支付员工工资。不得已，家人把卖掉一套加拿大住房所得的50万元人民币悉数汇给了她。

2001年5月，武汉兰丁肿瘤早期检测中心正式成立了。这是我国目前唯一从事肿瘤早期诊断的专门机构。然而检测中心在开业的头两个月里，有时一天没有一个患者，每个月只有数千元进账。孙小蓉又向远在加拿大的老同事“化缘”。

老同事钦佩孙小蓉的创业精神，而她也没有让老同事失望。发不出工资的日子很快过去了。

但创业一定不会是一帆风顺的。创业之初，由于对法律、商业等方面知识的欠缺，公司陷入纠纷，曾经历过几天之内“成果全部归零”的窘境。

孙小蓉回忆说：“一切归零，也（让我）意识到身上所谓的海归、知识分子、科技工作者这些标签和光环必须得抛弃。”

超越自己，粉身碎骨后依然选择不放弃。“有些学费必须得交。”孙小蓉如今回头看，反而感激一次次的挫折，“正因为那些痛苦的教训，兰丁现在才走得更快、更强、更好。”

爬起来再战，孙小蓉团队逐个攻克难点。研制全球首台宫颈癌诊断机器人、将人工智能检测技术与云技术相结合、搭建AI云诊断平台……用人工智能扫描仪获取数据，上传云端，只需几分钟，医生在终端就可以复核自动生成的检测报告。

最让她自豪的是，他们为汉南区200多名育龄妇女体检，发现了4个早期宫颈癌患者，由于争取了宝贵的治疗时间，患者全部成功治愈。兰丁医学的口碑传出去了，专程前来问诊的人越来越多。

通过兰丁医学在湖北农村率先完成的人工智能女性肿瘤诊断新技术的应用，兰丁真正实现了“landing”（着陆）。

孙小蓉介绍，目前，兰丁医学的技术覆盖全世界多个国家和全国超过2000

家医疗机构，已累计为成千上万名妇女做了宫颈细胞病理检测。

20 年，孙小蓉和兰丁医学团队改变了世界，“在医学检测这个领域内，我们把世界几百年一直在用的‘显微镜产业’改成了手机、机器人、摄像头”。

目前，孙小蓉团队通过与国内知名云平台合作，建立了全国最大的宫颈癌筛查大数据诊断云平台，开创了智能化细胞病理云诊断的新纪元，在全世界首创大规模宫颈癌筛查专家共享、数据共享和资源共享的云诊断平台，为中国医疗资源下沉、助力中国医疗产业及服务发展作出贡献。

守得云开见月明，斗罢艰险再出发。在不惑之年，走出“舒适区”、另起一行的，还有路德环境科技股份有限公司（简称“路德环境”）创始人季光明。

季光明毕业于全国顶尖的水利工程专业学府之一——河海大学工程地质及水文地质专业，大学毕业后先后在交通运输部长江航运规划设计院、湖北省工业建筑总承包集团公司岩土基础工程分公司担任工程师和经理。扎实的水利专业背景和 10 多年的水利、建筑行业工作经验使季光明对行业发展具有极强的敏锐度和洞察力，也是他进入这个行业创业的基础。

▲ 路德环境创始人季光明。他说，世间熙攘，却难阻创新者一心一意修炼内功

路德环境从 2006 年开始自主技术研发，包括河道、湖泊的治理技术，公司重点在水利跟环保行业之间寻找空白市场。

季光明曾在工作年会上“忆苦”，他讲道，企业一线员工忍受着日晒风吹、饥饿劳顿和长期出差，不断创新、不断试错。

最终，他带领团队研发的泥浆脱水固结一体化技术，通过对河湖淤泥、工程泥浆、市政污泥等高含水废弃物进行一系列处理，实现机械脱水和化学固化，使余水达标排放，产生的泥饼则制备成工程土、透水砖等，做到固体废物“零排放”。其中的核心工艺和材料、设备等，都由路德环境自主研发，首次应用落地，就实现了武汉沙湖淤泥固废的减量化、无害化、稳定化处理。

在那之后，这项技术走向全国，在湖北省武汉市北湖、黄石市磁湖，江苏省常州市长荡湖，云南省个旧市大屯海等多个城市河湖清淤工程中大显身手。路德环境也凭此跻身专精特新“小巨人”企业，并成功在科创板上市。

上市后的路德环境恰巧遇到了一段市场疲软期，跟所有市场主体一样，也会焦虑“何方是出路，何处是生门”。

季光明回忆，公司上市后的 3 年，市场情况虽不太乐观，却挡不住开拓者的锐意进取的决心。在各行各业进行战略收缩以求自保时，路德环境却逆势前行，上游酒糟供应和饲料生产基地布局连奏凯歌，下游饲料产品销售量连创新高。他饱含感情地说，世间熙攘，却难阻创新者一心一意修炼内功。获评国家级专精特新“小巨人”，标记着公司科研水平新高度；行业专家和博士高才纷纷加盟，补齐公司人才短板；固废治理，减量替代，路德环境以资源化利用为纸笔，在践行企业社会责任的时代书写下属于自己的新篇章。

“回首过往，我们踏平坎坷成大道，展望未来，满眼生机转化钧。”季光明的话，代表了处于“不惑”之龄的创业者们“逢山开路、遇水架桥”的胆魄。

79 岁带领企业上市

2019—2021 年连续 3 年，达梦数据在中国国产数据库管理软件中市场占有率均排名第一，撼动曾被国际数据库巨头把持的中国市场。

“中国人必须依靠自主工艺研发去掌握数据库领域的核心技术。”为了这个信念，达梦数据董事长冯裕才已经追梦四十六载，并创造工程规模累计 3000 万行代码、5 亿字文档的亮眼成绩单。在演讲中，他用“久久为功”总结自己 40 多年来在国产数据库领域的努力。

他将科学家的眼光、学者的严谨、商人的敏感都融入互联网产业的探索中，在国际数据库领域树立起属于中国的“达梦”旗帜。

故事回到 1978 年，对于那时的科技创新环境，许多人会提到“受制于人”，45 年前的冯裕才对此就有切肤之痛。

那时，冯裕才是华中科技大学计算机系的一名教师。在高校，一台内存为 256KB 的老式计算机，被冯裕才和 12 名学生 24 小时轮班使用。轮不到的时候，他就背起书包去其他教研室“打游击”。

有一次他在武钢参加技术实习，正赶上武钢热轧车间斥巨资从日本引进了一套无人值守的管理系统。调试安装完设备后，为了防止技术信息泄露，对方把 3 辆卡车之多的技术资料销毁。

在现场亲身经历这件事之后，冯裕才感觉到不甘，这也点燃了他内心做国产数据库的想法。

但彼时 34 岁的他，并未马上开始创业。

又过了两年，现在已是国际数据库巨头的甲骨文软件系统有限公司迁往硅谷。与其创始人拉里·埃里森同龄的冯裕才开始默默追赶。

1986 年，冯裕才申报国家自然科学基金获得支持。后来，他带领团队基于 Pascal 语言（一种计算机编程语言）开发出的首套国产数据库管理系统获得成功。

20 世纪 90 年代，国内某些数据库公司纷纷引进国外开源技术进行二次开发。冯裕才团队仍然选择了自研，一直掌握产品的全部源代码和完全的自主版权。

1992 年，冯裕才牵头的华中理工大学（华中科技大学前身，由华中工学院更名而来）达梦数据库多媒体研究所正式成立。研究所团队主要由本校的教授、研

▲ 达梦数据创始人冯裕才，他 56 岁在光谷创业

究生、本科生组成。如今，达梦数据的多位高级副总裁都出自初期的团队。

在 1997 年科技部的一次项目招标中，冯裕才的成果从当时众多的国产数据库中脱颖而出，排名第一。经过多年蛰伏储备，2000 年，56 岁的冯裕才创建了我国第一家数据库公司——武汉达梦数据库股份有限公司。

达梦数据的诞生一开始就不顺利。公司筹办初期，公司急需资本注入，他把身边朋友借了个遍，筹集 200 多万元资金，达梦数据才顺利成立。在那个几乎被国外数据库厂商垄断的市场环境，冯裕才则是单枪匹马地战斗。他回忆自己的早期创业过程，笑着说自己是“三无”人员——无团队、无技术、无设备。

从实验室走出来只是第一步，产品市场化的路上充满了艰难险阻。起步初期的冯裕才处于非常艰难的时期，他连打印费都是向其他老师借来的。而且，基于所处赛道极为小众且挑战巨大，当时也没有人愿意和冯裕才组成团队。

冯裕才回忆说，当时，国外巨头层层包围，国内一些公司利用开源技术抢占市场，达梦数据几次融资失败，公司差点倒闭。最艰难时，冯裕才自己掏钱给员工发工资。

开发难度大、项目难、实验经费吃紧……科研初创者能遇到的困难，冯裕才都遇了个遍。

彼时，开源研发成为流行。“除了达梦，其他所有公司都用国外公司开源的数据库产品进行研发，相当于‘站在巨人的肩膀上’。”冯裕才说。

但冯裕才却颇有远见地看到，这“巨人”如果一耸肩，就将万劫不复。

“是借助国外软件做开源研发还是坚持自主研发？”达梦数据面临抉择。那时，公司研发团队八成以上的人都支持开源研发。但冯裕才认为，自主知识产权才是核心竞争力。若此时进行开源研发，就是放弃自己的核心技术，同时承认国产数据库比国外的差，团队和公司此前多年的研发等于白做了。

多年前他目睹的那次“万无一失”的“付之一炬”，就像一把火一直在他心中燃烧，提醒着他，如果没有自己的脊梁，随时会被人釜底抽薪！

从 2000 年成立之日起，坚持自主研发的技术路线就是达梦数据始终不变的初心。

最后，为了证明自己，20 多名达梦工程师在机房里奋战了 7 个月，完成了两年半才能完成的工作量。

抵御了“拿来主义”的糖衣炮弹后，诱惑依然一个接一个。

有从美国留学回来的学生想把美国公司的源代码直接卖给达梦数据，也有美国公司想收购冯裕才的技术团队。

但冯裕才始终带领公司上下坚持自主研发的精神，最终目标是将达梦数据磨炼成为最纯粹的国产化数据库领导者。2016 年国内权威机构检测，达梦数据系列产品代码自主原创率达 99.9%，公司拥有全部源代码，并且在安全性方面达到了目前国产数据库最高安全级别。要是把达梦数据所有源代码打在 A4 纸上，能码一房子。

初心坚守了，转机也出现了。2015 年，市场需求发生变化，在这条赛道，已经坚守十几年的达梦数据自然排到了前位，数据库的市场化也走上了正轨。

但，最严厉的考验还在后头——怎么从国际巨头手里“抢生意”？

国产数据库要在早已被国外数据库占领的高端市场中突围，并非易事。彼时，全球绝大部分市场份额，被“IOE”占据。“IOE”即服务器提供商 IBM、数据库软件提供商 Oracle 和存储设备提供商 EMC，共同构成的从软件到硬件的集成系统。

中国电力财务有限公司（简称“中国电财”）成为达梦数据库软件首个破冰的公司。

“使用‘IOE’系统已十几年了，突然换成别的系统，如果出现问题怎么办？”这是很多人担心的问题。2015 年，达梦数据初入民航飞机客票系统时，做了很多测试，都没有问题，但客户还是很担心：7×24 小时的实时交易系统，一旦系统宕机，几分钟就会造成重大经济损失。

“面对这些担忧，达梦能做的就是不断提高自身的品质。”冯裕才说。

达梦数据创新推出的实时同步工具，保证其数据库和原有国外数据库两套系统同时运行，数据一致，互为备份、交替运行，客户这才放下心来。

20 多年来，在金融、能源、航空、通信、党政机关等数十个行业领域，达梦数据没少从各家国际巨头手上“抢生意”。

从自主创新的技术引领者到民族产业的领军企业，在激烈的竞争中，冯裕才和达梦数据实现了梦想的升华。

眼下，在全国 31 个高级法院中，达梦数据的服务已覆盖其中一半以上，业务涵盖电子诉讼档案管理系统、大数据办案平台等多个核心业务系统；在教育行业，达梦数据的产品已应用于 10 余个省、直辖市的教育主管部门及 20 余所大中专院校，为教育信息化建设助力。

站稳脚跟后，达梦数据也终于来到科创板门前，2022 年 12 月 22 日，达梦数据首次公开募股过会，在科创板上市。

冯裕才说，这还不是终点，国产数据库还需要提高国内市场占有率，在更多战略赛道上占据优势。

金融、电力……达梦数据一点点“抵达”。

2023年，国产数据库市占率第一的武汉企业达梦数据，将自主研发的共享存储集群技术方案，用到了南方电网公司，实现国内首个最大规模的自主可控数据库适配应用。

目前，在金融领域，达梦数据为200余家金融用户发展助跑，实现银行、保险、证券、期货、监管机构全覆盖；在电力行业深耕26年，达梦数据的产品广泛应用于国家电网调控云、配电、电力市场交易等多个核心系统，公司参与了白鹤滩水电站、乌东德水电站等重要发电系统建设，一跃成为国家能源集团、中国华能集团、中国长江三峡集团、中国大唐集团等多个重量级企业的数字安全基石；达梦数据还积极赋能石油、通信、交通、医疗等行业的高质量发展，与各领域龙头企业开展深入合作。

“追光者”中，总有像冯裕才这样压不垮、打不倒的保持初心者，总有像陈焕春院士这样耄耋之年仍奋斗在科技转化一线的创业者，总有像谢元德这样不在意年龄永远能驱动新动力、演绎新传奇的创新者。

5 创业者云涌

前辈创业者往往在毕业后才逐步“下海”，而他们，在大学求学期间就已开始试水创业。

上一代人创业的“第一桶金”往往来自亲友，而他们，在“祖荫”之外打造属于自己的一片天。

创业团队来自哪里？他们不满足于就地取材，眼光投向全球，要集聚全球一流要素，起手式就是要赢得全球范围内的竞赛。

一批活跃在光谷的创业新生代，逐渐从老一代“92派”企业家手中接过创业棒，创业先锋云涌光谷。

▼ 一个又一个、一代接一代的创业传奇，时刻在光谷上演。光谷广场，一度被光谷人称为“宇宙中心”

从创客到创业者

线上购物买的可能不再是实物，而是各种数字券，比如影视平台的会员卡、网红店的打折消费券……有一家数字商品服务商，就将包括腾讯视频、喜马拉雅、奈雪的茶等在内超 1000 家数字商品品牌方、超 2 万种商品、超 2000 种消费场景、数十亿消费者联结，覆盖生活的方方面面。

这家目前中国最大的数字商品及服务提供商，名叫武汉福禄网络科技有限公司（简称“福禄网络”），就在光谷。

这家企业在香港交易所上市时，其创始人、董事长符熙不过 32 岁。

2009 年，国内的电商潮风潮逐渐兴盛，越来越多的人去淘宝开起了网店。

在中南财经政法大学计算机信息管理专业学习的大四学子符熙，也发现了这一趋势，很多同学充话费、玩游戏，都去街边的报刊亭和小卖部买实体卡，刮卡充值。于是，他开始通过在线充值试水创业。

彼时，在淘宝开店做虚拟充值的有数十万卖家，符熙选择避开与他们竞争，独辟蹊径，为这些卖家做服务，通过搭建平台，帮大家去找货源，把各类充值商品一网打尽，卖家打货就跟逛超市一样，符熙就通过赚少量佣金盈利。

和他最初的判断一样，平台运营第二个月就开始盈利，1 年后，入驻平台的卖家超过 10 万家。

2009 年 3 月，符熙在武汉光谷成立了福禄网络。

11 年后，福禄网络在香港交易所上市时，符熙说，一路走来，回望“有狂飙突进后黯然退场的落寞者，有不慎被对手吞没的遗憾者”，他谦逊地将上市比喻为“长期主义的小小胜利”。

福禄网络起初以游戏业务为主，2012 年开始提供移动充值服务，2014 年开始为视频、游戏平台提供服务，2015 年开始为音乐、体育平台提供服务，2018 年再拓展到生活服务平台，一点点“挤”进市场里。

十几年来，以虚拟充值业务起家的福禄网络服务的上游品类越来越多，时至

▲ 福禄网络创始人符熙

今日，福禄网络的主营业务已形成文娱、游戏、通信、生活服务等四大板块，覆盖市面 90% 以上的数字充值商品。

这个庞大的帝国正是建立在不起眼的一滴水中、一粒沙上。福禄网络最初以充值业务起家，每笔业务的利润仅有毫厘。符熙说，从创立走到上市，企业既不曾主动走到聚光灯前，也没有拿过任何一笔融资，唯一专注的事情，就是持续不断地在虚拟商品及服务行业里耕耘。

经年累月的坚持，汇聚成了每年逾百亿元交易额、利润过亿元的虚拟商品第三方最大平台。

“并不担心人家说我们是‘做充值的’。”符熙接受媒体专访时介绍，行业需求不断细化深化，服务商的进驻门槛将会越来越高，第三方虚拟商品和服务行业将告别近身肉搏的价格战和差价模式，转向技术和运营服务的竞争，实现场景商业价值再造。他认为，这对于福禄网络是一个机会：“真正创造价值的企业才有长远未来。”

当他冷静地说出这些话时，金丝框眼镜后的双眼里看不出波澜。

符熙没有将上市视作巅峰，说得最多的还是“回报”，要“为各位股东带来回报，为生态体系中所有参与者以及社会，创造更长远的价值”，要为更多加入福禄网络的人才“提供丰厚的回报”。

没有停步，他已望向下一座山峰，他说：“上市是荣耀，也是责任；是阶段性的胜利与喝彩，也是新的起跑线与归零。”

没有躺平，只在赛道上持续躬耕，绝不高调，上市后也拒绝一切采访。这位年轻创业者是如何做到“心有惊雷面如平湖”的？

据他身边的企业高管介绍，一件小事就可以看出符熙的意志力和坚持力。符熙吃饭，常用左手，很多员工都以为他是天生左撇子，其实不是，他这么做，只是为了强化训练右脑思维能力。大家都当作玩笑，但过去的 4 年多，符熙每天都在练习，直至彻底驾驭左手。

另一位在校创业者是攻读博士期间创立武汉艾米森生命科技有限公司（简称“艾米森”）的张良禄。

2014 年，张良禄硕士毕业后，进入湖北省一家知名医院检验科工作。

2015 年，他辞掉医院工作，到武汉大学攻读博士，并瞄准“癌症早期筛查”项目，

▲ 艾米森创始人张良禄

创办艾米森。同年，他参加“创业湖北”大学生创业大赛，获得冠军。通过大学生创业大赛的舞台，他成功地对接了多家投资方，为项目融资打开了局面。

张良禄率先在国内开展了结直肠癌和宫颈癌早筛早诊产品的研发。靶标，是识别身体癌变信息的关键信号。艾米森一直致力于在发现不同肿瘤新的靶标上快人一步、更为精准。

张良禄介绍：“我们在研究中发现，SDC2 基因对右结肠肿瘤检出率更高，TFPI2 基因对左结肠、直肠的检出率更高，艾米森的产品‘艾长康’采用 SDC2 与 TFPI2 基因联合检测 DNA，可以兼顾左右结肠，从产品注册角度看，这个产品属于全球首创。”

从粪便中搜寻、识别肠道异常肿瘤信号，需要从人体粪便上亿个基因片段中捕获到这两个靶标基因，并把靶标基因提纯出来，然后再进行检测，技术难度非常大。张良禄回忆，从实验室创新技术到成熟产品，团队完成了数以万计次的实验，仅临床方案就修改了 10 余次，申报资料有数千页。

是否能研发出高发恶性肿瘤的早期无创检测产品，来满足社会的需求？7 年来，张良禄初心不改。

直到 2022 年，艾米森自主研发的全球首创双靶标结直肠癌检测试剂盒——艾长康，终获国家药品监督管理局批准的三类医疗器械注册证并上市销售。

相较上一代创业者，“符熙们”和“张良禄们”无疑是幸运的，作为从校园走出来的创业者，他们并没有因为阅历少而显得稚嫩，相反在更广阔的消费市场和创业机遇上，一点儿也不比别人少，更重要的是，“天天有路演、周周有大赛”的创业环境，也让他们避开了市场化运营经验不足的短板，有更多被投资者和客户发现的机会。

光谷“创二代”

2023 年 4 月，石墨文档宣布接入百度文心一言，打造 AI 办公助手“石小墨”，“石小墨”能够快速生成简历、合同、故事等各种内容。比如起草合同，用户只需给出简单诉求，“石小墨”1 分钟就能完成 1 份条款清晰的合同初稿。

这次合作，被评价为“中国自己的基础办公软件与 AI 大模型的强强联合”。

国内云文档的先行者石墨文档，其创始人——双胞胎吴冰、吴洁两位青年创业者，正是来自光谷。

2020 年 5 月，吴冰、吴洁入选全球最具影响力的商业杂志之一《财富》的 2020 年“中国 40 位 40 岁以下的商界精英”榜单，一同入选的还有字节跳动张一鸣、商汤科技徐立、滴滴程维、快手宿华等知名企业家。

这对双胞胎的父亲是中国地质大学（武汉）特聘教授、国家地理信息系统工程技术研究中心首席科学家、武汉中地数码集团有限公司（简称“中地数码”）创始人吴信才，母亲是卓越的企业家刘永。

拨开历史的尘埃，兄弟俩的父亲吴信才率领科研团队创造了多个第一，研制出中国第一套彩色地图编辑出版系统 MapCAD、中国具有完全自主知识产权的地理信息系统 MapGIS，不仅打破了国外 GIS 软件的垄断，更实现了自主可控的国产 GIS 软件始终保持着国际竞争力。同时，围绕国家和经济社会发展需求，吴信才将产学研用深度结合，以技术创新驱动企业走过波澜壮阔的 30 年，把 GIS 技术推向千行百业，迸发出地理信息产业的巨大能量。

而母亲刘永出身于书香门第，其父亲毕业于北京大学。刘永从大学老师转做企业管理，扶持 MapCAD 科技成果转化为实实在在的生产力。

夫妻俩将从中国地质大学（武汉）萌芽而生的中地数码，发展成产业中的一棵参天大树，并逐渐构建起产学研用深度融合的技术创新体系，提升了国产 GIS 软件的自主创新能力，并将国产 GIS 技术推广应用到智慧城市、自然资源、地质、通信、公共安全等各个领域，服务于国计民生，并为“神舟”系列飞船、“嫦娥探月”工程保驾护航。

虎父无犬子。吴冰考入武汉大学软件工程专业，而吴洁考入华中科技大学同样的专业，后来二人又前往美国学习计算机，吴冰在哥伦比亚大学，吴洁则在纽约大学。

毕业后，吴冰被巴克莱银行录取，吴洁也收到了硅谷思爱普公司的录取信。

▲ 石墨文档创始人吴冰、吴洁

在华尔街和硅谷工作两年后，吴冰和吴洁两兄弟却离开很多人眼里“美国梦”的起点，先后选择回国。

刘永回忆，吴冰在美国留学时曾发来一封邮件：“妈妈一天到晚说要实现社会价值，为社会作贡献，现在我一天到晚就想早日归国，想着怎么为母校、为家乡作贡献，为国家做点什么……”

“家国情怀是有价值的。”刘永认为，企业家如果具备这种精神，就能感染员工、感染用户、感染很多人，汇聚力量，产生巨变。

这种精神力量也传承给了兄弟俩。回国后不久，他们只在父母的企业工作了两年就考虑创业。犹豫不决时，身为企业家的母亲支持两人去闯荡。

到哪儿去开创属于自己的天地?

父母的眼界，决定了孩子的视线。吴冰回想起父亲的创业经历时说：“他一开始就能把技术做到最好，去改变国际上很多人对中国和这个 GIS 软件的看法。”

一出手就要做突破性的事，把别人不相信的东西变成现实——这一理念在传承。

在多个场合，兄弟俩诠释创业初心时讲道：“我们做一个世界级的好产品，世界级的优美产品，让大家知道有这么一款产品是中国人做的，并且可以说是世界上最好的产品之一。”

他们没有选择在父母打下的“江山”上栖息，而是迫不及待“创”出自己的天地。

变的是细分赛道，从地理测绘信息赛道，转到了相对陌生的协同文档赛道；而传承的，是对产品的匠心打磨。

石墨文档并未靠“一招鲜”忙着变现，持续8年一直打磨产品，继文档、表格后，陆续推出幻灯片、表单、思维导图、白板、团队空间等各细分产品线，并不断拓宽边界，用户使用终端也从网页端，逐渐拓展至Windows客户端、macOS客户端、iOS客户端、Android客户端、微信小程序等多端应用。用户更可以通过钉钉、企业微信等即时通信工具使用石墨文档。

直至2020年底，石墨文档才“横空出世”，据当时的数据统计，这一平台注册用户数超过5000万，每月活跃设备达到1亿台，全国平均每30人就有1人使用石墨文档协同创作，但彼时，兄弟俩已筹备产品线多年。

与父母亲当年做的事一样，兄弟俩立足于做民族品牌，如今，石墨文档作为具有自主知识产权的国产化办公软件，已完成主流国产操作系统如银河麒麟、统信及相关硬件的适配，并陆续获得多地版权局的相关正版化授权，成为中国第一款、全球第三款云端办公软件，让中国人在谷歌、微软之外有了属于国人的新选择。

但吴冰、吴洁回望父辈创业路后认为，产业报国的路需要十年甚至二十年磨一剑，而石墨文档的路“只走了1/10”。

另一位“创二代”全琎，联手父亲，让氢燃料电池汽车的关键技术，从实验室走向生产线。

武汉海亿新能源科技有限公司（简称“海亿新能源”）的董事全书海和董事长全琎，是一对父子。

武汉理工大学是中国最早研究氢能源燃料电池的高校之一。生长在高校大院，全琎耳濡目染的，都是父辈们关于汽车、新能源方面先进技术的研究。

全书海为武汉理工大学自动化学院教授，历经了中国燃料电池产业从技术研发为主向示范运营和产业化推进的重要转变，大约在 20 多年前，全书海转向研究氢能源燃料电池。

在大洋彼岸，获得美国辛辛那提大学电子工程专业博士学位的儿子全琎，已成为特许金融分析师，就职于美国标准普尔纽约全球总部，从事量化金融和量化投资研究工作。

父亲对技术有研究，而儿子补齐了市场这一环。作为一名前华尔街金融从业者，这一次是儿子带着父亲“创业”。全琎认为，现在创业正逢其时：作为全球新兴产业，氢能产业是武汉市当前重点发展的十大高端产业之一，并已公布了产业突破发展行动方案。从全球来看，并不明确的行业前景，却也是初创企业的生存机会。

2017 年，全琎从华尔街回到武汉，创办了海亿新能源，父子携手，研发的氢燃料电池发动机系统已完成 5 次迭代，实现了量产。

就在 2022 年武汉科技成果转化对接活动——碳达峰与碳中和（部属高校）

▲“上阵父子兵”，海亿新能源创始人全书海、全琎

专场上，父子俩率海亿新能源与武汉理工大学签下校企合作的协议，双方将进行“燃料电池发动机测试台自主供电能量优化与控制策略研究”。

目前，在青年创业者迈向市场的征战中，父辈们在实验室里形成的国内领先、国际先进的燃料电池系统、核心电控部件等技术力量，正在完成多项技术和工程开发，形成的数款电控部件产品打破国际垄断，填补国内空白，并已具备年产3000台套氢燃料电池系统及10000台核心电控部件的生产能力，进入新能源汽车推荐目录并正式交付，得到实际应用。

除了亲缘关系，创业新生代还通过校友等情感联结，从上一辈创业者处源源不断获得实际支持或精神力量，但他们“站在巨人肩膀上”，看得更远，走出了属于自己的路。

华中科技大学光学与电子信息学院毕业生付小龙，受到校友、PP视频创始人姚欣故事的激励，萌发了创业想法。他像前辈姚欣一样，选择了休学创业。在华中科技大学南大门附近的华工科技产业大厦，租了一间40m^2左右的办公室，他创立了“恋爱记”手机应用软件，拥有3000万用户，学生群体占比约40%，用户年龄主要集中在18～28岁。

还有一位湖北籍年轻创业者佘福元，找到同为湖北人的创业前辈雷军，带着自己的可遇青年公寓项目争取对方的投资。后来，北京顺为资本投资咨询有限公司敲定投资他的可遇青年公寓1000万元。

更多青年创业者接过上一棒，并将棒传了下去——

君联资本管理股份有限公司（简称“君联资本”）董事总经理陈浩是华中科技大学1989届计算机专业毕业生，这家机构曾向华中科技大学校友陈莉莉创立的明德生物投资，而时隔12年，明德生物携君联资本等投资1.65亿元设立基金，重点投资以分子生物学为基础的创新诊断及治疗技术等领域的项目。同样，上一代光谷创业者、“中国最优秀的天使投资人”龚虹嘉，与武创院达成战略合作意向，入驻武创院成立“龚虹嘉工作室”。龚虹嘉说，要链接顶级科学人才等资源，加速科技成果转化，向各类创新主体赋能，做“科技赋能”的“脏活”“累活”，推动传统产业转型发展，支持有才华、有梦想、有天分的年轻人，实现人生价值。

“站在全球的角度来考虑全球问题”

“以前我是想站在高山上，去看另外的山。现在中国的动画需要站在全球的角度来考虑全球问题。”光谷创业新生代、武汉两点十分文化传播有限公司（简称“两点十分”）的创始人王世勇如是说。他率领企业创作的动画作品《巨兵长城传》，曾亮相戛纳国际电影节。

20 年前，王世勇还在中南民族大学艺术设计专业读大三。他在一本杂志中看到有部分内容提及了 3D 动画制作，但那时，国内高校大多并未开设相关专业，相应的中文教材亦十分缺乏。他自学动画制作技术，并在业内几家知名企业接触到了国际先进的 3D 动画制作管理流程。

随后他返回武汉用 3 万元的创业资金成立了公司。新公司的名字，定为“两点十分”。“当时钟在两点十分的时候，时针和分针是重合的，这代表了公司上下团结一心。”王世勇解释，“同时，‘两点’可以代表起点和终点，‘十分’可以代表满分，这也代表了公司力求完美的理念。”

创业初期，为保证充沛的现金流，同时适当降低运营风险，两点十分业务重心是承接 3D 动画制作的外包工作，王世勇仅给自己开了 300 元工资，甚至到街上贴起了传单。

“如果还是一直做代工，公司就只能永远处在产业的低端。”蓄势已久，王世勇开始将发展重点设定为打造自主品牌，逐渐提升原创动画在产品中的比重。

王世勇说，2017 年，两点十分的动画产量是 300 分钟，2018 年是 800 多分钟。等到公司参与《哪吒之魔童降世》联合制作时，当年的产量已逼近 2000 分钟。

近年来，两点十分旗下《巨兵长城传》《银之守墓人》等爆款频出，多次在全国排行榜名列第一，另有《璃心战纪》《秘宝之国》等多部作品正在打造，还为第七届世界军人运动会制作了多部精美宣传片。

▲ 两点十分创始人王世勇

王世勇说："我们或许不能帮助人们实现梦想，但有所触动就很好了。不符合这个理念的作品，我们都不做。"

同时，与上一代创业者等着人来投资不同，他已主动出击，围绕公司主业建立自己的商业矩阵，比如他拍板投资的厦门创影视角科技有限公司（简称"厦门创影"）、成都心智网络科技有限公司（简称"成都心智"）等，与两点十分一起参与了大型动画影片制作。

两点十分为何要投资其他公司？"让项目工业化。"王世勇说，为提高效率、节约工期，两点十分通过投资释放创意工位的生产力。他们投资的这家叫"成都心智"的公司，曾给《白蛇·缘起》做集群。而厦门创影所属的厦门创想视角科技有限公司研发的 CG teamwork 系统，能自动化地交付成果，将所有制作进度都呈现在软件上。

项目工业化、人才国际化，新生代们不满足于"作坊式"创业，他们的"地基"是要造大厦的。

“我个人以前的梦想就是想要做优秀的主机游戏，像那些著名的游戏制作人一样，把自己内心的想法展现出来，让全世界的玩家都能玩到自己的游戏。”“我想制作的是能够让全世界的玩家都觉得有趣，同时又只有我们中国游戏开发者才做得出来的游戏。”武汉铃空网络科技有限公司（简称“铃空游戏”）的创始人罗翔宇说。

应日本索尼公司邀请开发密室逃脱虚拟现实游戏《临终：重生试炼》的光谷企业铃空游戏，是国内为数不多的主机游戏开发商，从设立之初，就设有国内（武汉）和海外（洛杉矶）两个工作室。

罗翔宇在创立这家公司时，就是想让中国不再缺席游戏行业最为顶级的技术、艺术门槛甚高的主机游戏制作领域。

罗翔宇是武汉人，这位青山小伙子在钢铁和石化行业环境中长大，从事的却是家人和邻居闻所未闻的新行业。他本人是个不折不扣的游戏动漫迷，每天都会规划出玩游戏、看动漫的时间。他毕业于武汉大学，曾就职于法国育碧娱乐软件公司等全球顶级游戏大公司，积累了丰富的技术和人脉。

2011 年，罗翔宇在光谷创立铃空游戏。

“从铃空设立之初，就打算面向全球市场做高质量的游戏，满足最挑剔的玩家群。”罗翔宇从海外挖来 8 名外籍游戏界资深专家，公司的外籍技术人才曾在暴雪娱乐、艺电和微软等全球顶级游戏公司担任要职，代表作包括《帝国时代》《红色警戒》《魔兽世界》等划时代的游戏作品。

“赚钱的方式有很多种，肯定要尽量选择我们喜爱的方式。”罗翔宇说，创业之初就做好了未来 10 年都不会有成果的打算。

在大家都在入局较为“轻”的端游手游时，罗翔宇却选择相对小众、更“重”的主机游戏领域，铃空游戏的作品不仅剧情和美术都具有国际水准，就连配音都邀请的好莱坞的演员来制作。

《临终：重生试炼》这款游戏已登陆北美洲和欧洲的游戏网上商店，已成为国产主机游戏和虚拟现实游戏中销量最高的作品。直到 2018 年，铃空游戏才实

▲ 铃空游戏首席执行官罗翔宇

现盈利。

像这样带着国际基因出生、一步登上世界舞台的新生代，在“追光者”中还不占少数，太崆动漫创始人张少甫、华引芯创始人孙雷蒙等都是个中代表。和他们一样的，还有一波波创业新生代，正汇全球资源托举“世界光谷”。

6 “草根”逆袭梦

光谷，遍地是黄金，到处可见追梦人。

“敢于冒险、崇尚成功、鼓励创新、宽容失败”的文化基因，让光谷不断突破窠臼，挣脱束缚，革故鼎新。一批又一批“草根”企业家在这里追梦、圆梦。他们被理想、情怀、文化所感召，抛洒汗水和心血，像那蒲草一样，有着不易折断的韧劲，以及见风就长的蓬勃生命力。

野草在石缝、墙角，在不起眼的地方茁壮长成；而“草根”创业者们如草般

▼ 位于武汉关山大道的光谷软件园，曾创下一栋写字楼孵出两家“独角兽”企业的奇迹。2021 年某日的 23:00，园区依旧灯火通明

见风就长，在时代洪流里钻出头来。

小草的种子被播撒到更广阔的天地，在崖边、在深潭，越是危境越向上；而“草根”创业者“放弃习以为常的成功”，“承担创新带来的风险”。

小草经风雨而百折不挠；而“草根”创业者面对失败仍保持初心，“只要你爬起来，在路上，就不算输！”

小草极富生命力，而“草根”创业者从不停止生长……

在时代洪流里钻出头来

北有中关村，南有广埠屯。

在这条孕育了无数创业传奇的电子一条街上，曾先后活跃过小米集团掌门雷军、天空软件站首席执行官张鹤等不同时代创业英雄的身影。

这里，同样也是赖春临的起点。

2002 年前后，游戏霸主上海盛大网络发展有限公司横空出世。陈天桥凭借网络游戏《传奇》横扫大江南北，创业 5 年赴美国纳斯达克上市，一路登顶中国首富。

武汉街头，一家家网吧如雨后春笋般冒出，取代了小巷里的录像厅和游戏机室。网吧里铺天盖地的《传奇》，开启中国端游黄金 10 年。“我就是在这股浪潮中创业的，陈天桥对当时年轻人的影响很深。”赖春临回忆，当时，广埠屯南极电脑城刚刚开业，摊位火爆，她去的时候已经没有铺面，就租了走廊的位置开始创业，“那时候卖掉一台电脑，能赚上千块钱，利润非常大。”

当时懂电脑的人少，电脑卖掉之后，要送货上门，帮客户装系统、装软件，负责调试。由于个人电脑尚未大规模普及，嗅觉敏锐的赖春临将头号目标锁定为网吧。

在关键的时候她甚至带队吃住在网吧，而且“草根”出身的她业务精湛，善于沟通，肯吃苦，成了网吧的“灭火队员”，网吧的电脑有疑难杂症必须请赖春临团队处理。

她领着技术员没日没夜地在网吧装机。电脑卖得越多，随之而来的系统维护问题也日益凸显，三天两头的软件和系统更新升级、病毒处理，让她分身乏术。

能不能研发一套系统，通过一个“大脑”，把网吧里的电脑都管起来？

这个闪念，为她赢得了重要商机。2006 年，武汉盛天信息技术有限公司（简称“盛天信息”）成立。随后，易游网吧管理平台（简称“易游”）研发问世，解决了网吧游戏管理、游戏更新、系统与数据安全、操作系统管理等方面的一系列痛点。“很多网吧不再需要网管，管理成本大幅降低。”

短短两年，易游覆盖了全国 1 万多家网吧。彼时，中国每 10 家网吧，就有一家装了盛天信息的易游。

2009 年，盛天信息变更为湖北盛天网络技术股份有限公司（简称“盛天网络”），从过去单一的软件拓展至广告媒体、增值业务、游戏联运和软件等四大核心业务，全面向互联网娱乐平台发力。

盛天网络历经 13 次搬家，每一次搬家都伴随滚雪球般的长大。“把一件事情做成需要经历 3 个阶段，首先是想到一个 idea（点子），其次是通过自己的追求，克服各种困难做到，然后才可能达到第三个阶段——得到。”赖春临如是总结，“‘想到’不容易，‘做到’就很难，而从‘做到’到‘得到’，其实是一个水到渠成的事情。”

在赖春临成立盛天网络的前一年，一个叫王开学的中年人从沿海城市回到湖北老家。

1992 年，受邓小平南方谈话的影响，一批学者、公职人员纷纷下海创业，这一批极具时代色彩的创业者被后来人称为“92 派”。在武汉工学院（现武汉理工大学）做院系团委副书记的王开学，从大学辞职，带着 1000 元南下深圳创业，他曾在深圳两家安防企业任公司高管。

2005 年初，他回武汉探亲发现商机，为江夏当地搭建智能交通系统，一“战”成名后留了下来。

“坦白说，20 年前，沿海与内地还是存在技术创新及商业场景创新的落差，内地市场巨大。”王开学说，他看准武汉加速城市建设、治理现代化的发展机遇，43 岁创立武汉中科通达高新技术股份有限公司（简称“中科通达”），与另外 6 名员工挤在武昌一栋写字楼 $60m^2$ 的办公室里开始“干工程”。

▲ 盛天网络创始人赖春临

▲ 中科通达创始人王开学

“好日子都是从苦日子里创造出来的。”王开学非常推崇张瑞敏的这句话，他从不避讳谈企业是从几个人的“工程队”发展起来的。

“搞研发‘找死’，但不搞研发是‘等死’。”王开学说，建立之初他就不满足于只做“工程队”，企业引入大量计算机、通信工程、人工智能等专业的高端人才，“要把‘腰杆’挺直。”目前研发人员占比近三成。

王开学介绍，动辄上万元的行业咨询报告，他购买了多年，“要搞清楚自己处于什么位置，保持技术引领”。

王开学说：“分饼的方式决定了饼能做多大。”

企业发展到第六个年头，跨越了“死亡期”后，王开学马上拍板进行股权激励，在光谷民企中最早申请了东湖高新区股权激励专项资金，向政府“借钱”开展股权激励。目前已实现了两期激励，共 30 位核心研发和管理人员成为股东。

“任何把‘不求上进’当作个性的人，中科通达坚决不欢迎。”王开学说，从他这个“60 后”创始人到公司“70 后”元老、“80 后”高层、“90 后”中层，都有一种“本领恐慌”，机械专业的他最近开始学习“数字孪生”，“从智慧公安到智慧社区、智慧城市，距离我们‘智慧一座城、通达千万家’的目标，还有不短的路要走。而技术进步带来的不确定性在增多，软件平台、硬件设备迭代频繁。”

2021 年 7 月 13 日上午 6 点 50 分，王开学发了一条朋友圈：“这世上没有一蹴而就的成功，也没有一步登天的云梯。所有看似‘悄然而至’的辉煌，都是沉下心、耐住寂寞，一点一滴慢慢熬，一步一步踏实积累的结果。”几小时之后，他创立的中科通达在上海敲钟上市。

王开学说，创业 10 余年，印象中能一觉睡到天亮醒来的日子，掰着指头都能数出来，其余没有一天不是半夜醒来：“一睁眼就想到要养活很多员工，我们的事业背后站着很多个家庭。”

同样，当大家都迷茫的时候，赖春临就是那个“找路”的人。

赖春临回忆说：“上市前，很多互联网巨头都来谈过投资或收购。我们经过很长时间的纠结，一方面很需要钱来快速发展，另一方面打拼多年又有点舍不得。

最后做了决定，不去拿其他投资人的钱，咬紧牙关，挺过那一段，自己做上市。”在互联网巨头的夹缝中，一直如履薄冰的盛天网络，渐渐找到自信与底气。

多家科技巨头竞相布局元宇宙相关产业。新兴赛道的竞争激烈，入场者立足不易。

“未来无限，源于从不给自己设限。”赖春临目光坚定。2022 年 3 月，元宇宙产业委员会公布第六批接纳名单，盛天网络成为湖北省首家入会的上市企业。

像这样站上时代风口的光谷“草根”还有不少——

“2014 年在光谷青桐汇路演时，公司还是 5 个人租 10m^2 机房办公的‘草根’创业团队。”2011 年，在华中科技大学的一个服务器机房里创办极目智能时，程建伟还不到 30 岁。目前，程建伟已带领这家企业成为国内少数掌握全栈技术的智能驾驶供应商。

创立武汉楚天光电子有限公司的孙文，为了征服市场，将自己与 4 个伙伴关在租来的厂房里，边研究边实验，吃了 3 个月方便面。经过 3 个月数百次实验，第一台“中国造”激光焊接机诞生。此后，孙文带领企业成为激光商用化的先行者与民族激光产业的开拓者，亲历中国制造业发展、转型升级的每个历史时刻。

武汉麦塔威科技有限公司首席执行官蔡新元最初的创业之路并非一帆风顺，从最开始的“游侠式设计师”——一个人完成整个设计过程，到后来公司成立之初人员、资金的匮乏，再到公司发展过程中遇到各种瓶颈，支撑他一路走来的是一种永远挑战新事物的信念与勇气。

在那个群星闪耀的光谷创业时代，一批又一批心里有火、眼里有光的创业者，以一股“草根”创业的精神，让心中的火“烧不尽”，成就一个个创业传奇。

连续创业，“放弃习以为常的成功”

在盛天网络创始人赖春临看来，人生和游戏一样，就是不断升级换代，否则就四面楚歌，到处都是强大的敌人。

英雄所见略同。有一位叫黄立平的创业者说：“我不会复制别人的成功，也不会跟随自己的脚步。”

黄立平是一位“草根”出身的连续创业者。

“1979 年我上大学时，学的是电气自动化专业，我的兴趣却在教育。”1984 年，已经留校任教的黄立平考入华中师范大学思想教育专业继续深造。读书期间，黄立平出版了《现代生活艺术》等畅销青年读物。在 1988 年，他的稿费收入已相当于当时 10 年的工资。这时，他开始了第一次创业。

走出体制，黄立平从大学校园辞职走出来，与谢圣明（黄立平华中师范大学中文系校友）、刘朝胜三人——后被称为“红桃 K 铁三角”——以 6000 元启动资金创办湖北省青年心理研究所，该所主要从事大学生心理研究，同时面向社会公开出版发行《青年心理咨询》杂志。他在熟悉一整套商业计划的同时，也成功挖到了第一桶金。“那时离开体制还有很多障碍——人事档案存放、党组织关系接转都是问题。”黄立平记得，他们当年是通过借调的方式从高校出来的，自费创办了湖北省青年心理研究所。

作为全国首家青年心理研究所，为了解决社会转型中人们的心理适应问题，他们举办了全国第一个高等院校心理咨询培训班，开通了全国第一条心理咨询热线，还组建了湖北省社会心理学会。

回顾这一段“吃螃蟹”的历史，黄立平认为：“敢于走出体制，在当时是一种先知先觉，也是一种探险，点滴的成功都具有改革的启蒙意义，这是我至今都引以为豪的。”

为何说他是“草根”创业，因为他进入实业的第二次创业，算是赤手空拳，拿他的话来说：“既没有实业基础，也没有任何行业经验。”

“铁三角”从武汉地区高校、科研所近 2000 多项科研成果中选择了武汉大学的一项科研构想——从天然植物中提取卟啉铁生产补血剂，创立了红桃 K 集团股份有限公司，开始了“红桃 K”的创业。

仅用了 4 年时间，这家名不见经传的保健品企业，便做到了全国同类商品市场综合占有率第一，成为湖北民营企业的“龙头老大”。

黄立平怎样看待这段从舒适区走出的经历？他还清楚地记得，1998 年底在清华大学演讲时，有同学问：“你们的文化出版事业办得红红火火，为什么要选择放

▲ 中电光谷董事长黄立平

弃？” “只有放弃习以为常的成功，才有可能激发出新的创造力。”黄立平回答。

是的，他很快又放弃了习以为常的成功，再次进入到一个陌生的领域——房地产开发。

小有所成后，2001 年，黄立平发现东湖高新区的科技园区建设过分依赖土地财政，经营模式弊端较多，不仅土地利用效率低，而且建设过程不可控制，营业利润率也没什么大突破。

他决定探索一种集约化的规划建设模式，即主题产业园区开发模式，由开发业主进行统一规划、统一建设、统一运营。

“我们做的第一个项目是 2002 年开工建设的国际企业中心，是中国最早的综合性主题产业园。”黄立平介绍，国际企业中心的开局并不顺利。但黄立平看到了这种服务模式的先进性，并坚信将成为一种趋势。

2004 年，东湖高新区面临重组，黄立平选择将主题产业园开发运营作为主营业务进行第四次创业，创立的武汉光谷联合股份有限公司（简称“光谷联合”）在武汉相继开发了光谷软件园、光谷金融港、武汉研创中心、武汉创意天地等主题产业园项目，并为光谷生物城创新园、高科医疗器械园、武汉未来科技城起步区提供全程策划和开发运营服务。2011 年起，“光谷模式”开始走向全国，在青岛、沈阳等城市新增了 7 个产业园区项目。

2014 年 3 月，光谷联合在香港主板挂牌上市，成为第一家境外上市的产业园开发运营商。

2016 年，加入中国电子信息产业集团后，光谷联合改为中电光谷联合控股有限公司（简称“中电光谷”）。中电光谷加快转型升级步伐，已经成为中国最具竞争力的产业运营服务商之一。

这是否是连续创业者黄立平的终点？他显然不这么看：“时代在变革中前行，企业必须因时而变，主动应变，才能生生不息。”

小草最大的特性是——春风吹又生。

“春风”什么时候来？黄立平没有等待，他说：“企业要坚定走好自己的路，不要简单地模仿别人的商业模式，要发挥好自己的优势，不断补足短板，在认为有效的路径上坚定走下去。”

有数据统计，全球最成功的 40 岁以下企业家中的大多数人都是连续创业者。另一位光谷著名的连续创业者，是武汉奋进智能机器有限公司（简称“奋进智能”）的徐击水。

中央电视台曾经有一部叫《创业街》的纪录片，讲述光谷创业人，也是中国创业者的故事，被摄制组跟踪拍摄记录的主人公之一，就是徐击水。近 30 年前，他丢掉大学老师的“铁饭碗”，跑到千里之外的广东去给私营企业打工；拼到 50 岁，有了一家年产值过亿元的电力企业，本可安心享受生活了，但他又搭上全部身家，跑去造工业机器人。

1987 年，三门峡水工厂请武汉水利电力大学研制一台除锈机器人，解决喷砂除锈过程中对工人健康不利的问题。徐击水仅用了两年多的时间，就自主设计和制造出了除锈机器人。但彼时由于缺乏转化途径，机器人没有量产转化成产品。

1993 年，他离开高校，到南方一家从事计算机软件技术的私营企业工作。1995 年，他带着新学到的技术和经验，回武汉创办了武汉奋进电力有限公司，从事电力维修设备的研发与制造业务。此后，企业年产值过亿元，获评“中国最具成长性科技型中小企业 100 强”，他却在 50 岁时“二次创业”，要重拾制造工业机器人的梦想。

奋进智能最初的形态是企业内部的“机器人兴趣小组”，后来逐步成为事业部，研发生产的第一台搬运机器人被东风汽车采用。再后来，徐击水正式将机器人事业部独立出来，成立了奋进智能。但开局不顺，国内厂家自主研发的工业通用机器人，在与海外产品的比拼中处于技术和成本方面的双重劣势。

徐击水将红外探热技术与机器人相结合，研发出上甑机器人，将复杂的白酒酿制工艺量化，在这一领域的智能化尚属空白，很快受到市场欢迎，上甑机器人技术还被工信部作为自主创新的先进案例进行推介。2022 年 5 月，由中国工程院院士孙宝国等多位专家组成的委员会表示，奋进智能的上甑机器人能完全替代人工工作。

近期，赶来参加全球光电子信息卓越工程师大赛暨中国光谷“3551”国际创业大赛的连续创业者王东华，以“智能异构系统设计”项目拿下“光谷创业英雄帖”。

20 世纪 80 年代在美国念计算机科学博士时以及毕业后的 23 年间，他先后 3 次在美国硅谷和芝加哥等地创业，这期间也有失败。后来他还作为初创团队成员，见证中国台湾一家企业从初创到在台湾上市，并已在该企业做到高管，但他觉得终于可以离开安心做自己的事了，此时他已经 68 岁：“因为各种原因，我希望

▲ 奋进智能创始人徐击水

▲ 2017 年，中央电视台历时一年半拍摄的光谷创业主题纪录片《创业街》，这也是中国首部创业群像纪录片

做的事情此前一直都没有全力地去做。”

成立兆松科技时，王东华已 70 岁，加州伯克利大学毕业的儿子在美国经营自己的创业公司，哈佛毕业的女儿与普林斯顿计算机博士的女婿在硅谷的事业也风生水起，家人劝他颐养天年，他却说，来武汉创业只是他事业的第一步。

徐击水和王东华或许不算标准意义的“草根”，因为待到他们创业时，已有一定的人才及资金资源，但他们身上有着小草般的隐忍——在初出茅庐时，他们由于缺乏资金和社会资源等原因，搁置了最初的梦想，但通过不断努力和磨砺，最终战胜困难，重拾梦想，那股携着梦想冲出泥土的清香，仍犹如他们尚籍籍无名时一样，富有生命力。

面对失败，如劲草般“春风吹又生”

做错了决定怎么办？当被记者问到这个问题时，光谷一位企业家想了想说：“错了再来呗！做对了的，是企业家；做错了的，不一定不是企业家。所有的企业都有极大失败的可能。失败一次就再来嘛。”这位企业家创立的企业曾是湖北省最大的民营集团。

在东湖高新区政务中心入口处有 8 个字：鼓励冒险、宽容失败。“宽容失败”始终是光谷文化的内核。

光谷 30 多年的寻梦之路，是一条不断追随国家使命之路，是一条坚持自主创新发展特色产业之路，也是一条不断释放创新者个人价值之路，诞生了成千上万个身家过千万、过亿的企业家。知识分子实业兴邦的理想和个人价值在这里得到实现，有成功，也必然有失败。

失败也是一种机会。管理学中的比伦定律告诉我们：“若你在一年中不曾有过失败的记载，你就未曾勇于尝试各种应该把握的机会。”

在“光谷 30 年创新 30 人”评选的 101 人候选名单中，有一个名字叫李玲玲，有网友发问：“她是谁？”

20 多年前，作为全国第一个获得风险创业基金的大学生，华中科技大学新闻系大三女生李玲玲，成为媒体的宠儿。电视台甚至派出记者，对李玲玲进行全程跟踪采访——从办理公司的工商注册到在校上课，摄像机一直跟着李玲玲，镜头几乎一刻都没有离开。

因拥有高竿喷雾器、防撬锁等七项发明专利，获得第七届中国专利技术博览会金奖，还未走出校园的李玲玲声名鹊起。她以专利入股，成为天行健科技开发公司董事长。

从那时起，李玲玲的生活再也不是简单的“三点（教室、宿舍、食堂）一线”：接受媒体采访，受邀参加颁奖；给大学生讲课，为同龄人传道。每天有 2/3 的时间已经不属于自己了。她还站上了人民大会堂领奖台，代表全国“五四奖学金”获奖大学生发言。多项殊荣加身，她被媒体的镁光灯包围，周围鲜花无数、掌声不断。她站在风口浪尖上，接受着全社会成千上万人的关注与审视。

由于合作双方的不协调，产品不如市场预期，仅仅 1 年时间，这次创业就以破产告终。

“就好像一个人跑 1000m，中间摔了一跤，这怎么能算失败呢？只要你爬起来，在路上，就不算输！”在接受媒体采访时，李玲玲始终提着一股劲儿。

她于 2001 年创办了中国大学生创业网，还做起了大学生教育培训。一开始，公司的教育培训业务刚开办却没有任何名气，又没有钱投广告，李玲玲只好半夜带着员工到各大学刷了 1 年海报。那一年，深夜 12 点刚过的武汉各大高校里，保安和门卫已经睡熟了。她就带着员工出现在高校的宣传板下，提着糨糊桶，把车当云梯，一堵墙、一堵墙地刷海报，确保第二天别人贴广告时不会被完全覆盖。就这样，公司开始有了一些业务单。

她还注册成立了武汉海纳科技开发有限责任公司，从事大学生素质拓展推广项目、软件开发及网络工程以及专利技术的开发及销售，还有一个以李玲玲专利为核心技术的占地 10 亩的海纳防盗门厂，后来，她还决定与合伙人斥资千万元进军珠宝行业。

她算创业成功了吗？她说：“创业之路是一条没有终点的逆程，是没有成功、失败可言的。只要你还在创业，就有无限可能。”

这种无限可能，不受经历限制，更不受年龄限制。

56 岁的晏文临，从不避讳谈及 8 次创业、7 次失败的经历：“只怕没人比我更有资格来谈失败这件事儿。”

在当下的创新创业大潮中，人们往往津津乐道各种激动人心的传奇创业故事，而成功背后大量的失败却被人忽略。类似只讲成功不讲失败、以成败论英雄的思维方式，往往导致大众对创业者多锦上添花、少雪中送炭，注重结果、忽略过程，仅仅聚焦于创业成功的财富效应，而忽略其中蕴含的奋斗精神。

但在光谷，“宽容失败”逐步形成广泛社会共识。

18 年前，媒体报道光谷“海归”博士创业惜败的消息，当世人还在盘算创业风险时，当时东湖高新区的负责人这样应答：光谷的创业文化就是“鼓励创新、宽容失败”。风险与失败并不可怕，重要的是总结经验教训，矢志不渝地开拓创新。

“失败之后，再创新创业，成功率更高。”另一位东湖高新区管委会前负责人说，“光谷倡导把创业作为一种生活方式，把创新作为一种人生追求，核心就是要营造出鼓励成功、宽容失败的文化氛围。”

晏文临就是沐浴在这样宽松氛围中的一位“光谷客”。

1992 年，毕业于中南大学有色金属专业的晏文临从工作单位下海，开始首次创业，在武昌广埠屯最早的“电脑一条街”倒卖整机，1 年后赚到第一桶金 9000 元。

随着互联网发展和信息公开，晏文临开始融入时代，他自学编程，开发出一套专业的管理信息系统，并有了稳定的客源，这是他的第二次创业。

这套好用的系统进入上海的汽车产业链，受到诸多好评，让他逐步有百万元的积累。

拿着这笔钱，晏文临开始了第三次创业，但后来项目惨遭夭折，软件核心技术还被泄露，晏文临心灰意冷离开了上海。

回到武汉后，他当起了打工仔，进行了新一轮的原始积累。骨子里的创业基因蠢蠢欲动。

很快，他北上入京开启第四次创业，但因创业者和融资方的冲突，他再度面临创业失败。

晏文临不愿就此结束“北漂”，他在北京进行第五次创业。然而，夫妻长期两地分居、一连串的事业颠簸，最终击垮他脆弱的家庭。这次创业，伴随着一纸离婚协议而失败。

2006 年，晏文临在北京第六次创业，但因为市场开拓等各方面原因，创业再度失败。

回到创业起点城市武汉，百折不挠的晏文临新开一家公司，启动第七次创业。

每一次创业都让他长了教训。第一次在创业初尝胜果时却戛然而止，让他明白，低买高卖绝不是创业，只是生意；虽然第二次创业实现了资金积累，但第三次创业的折戟，让他明白构筑公司专利墙的重要；第四次创业失败，引发他思考商业逻辑和资本逻辑之间关系，在资方的逐利和创业者的“情怀”间找到平衡点非常关键；第五次创业造成了家庭破裂，创业是否一定要妻离子散？……

“创新创业，不就是在一次次折腾中出现的？”晏文临一次次在事业巅峰和人生低谷中滚落与爬起，他也在寻思，怎样把“创业老兵”的经验传下去，让更多人不掉坑里。

2013 年回到武汉继续创业的他，领头创立了武汉创客空间信息管理有限公司（简称“武汉创客空间”），建了第一个全国创客空间群，一帮土生土长的创客陆续加入这个“自由人的联盟”，团队中甚至有 78 岁高龄的老创客。

创业维艰，晏文临坦言，即使在这个“自由人的联盟”内部，也曾因意见不统一，经历多次濒临分裂。但他始终坚守“创业初心”，并把“草根”创业的种子不断播撒出去。

曾经有一位入驻孵化器的创客、华中科技大学机械专业在校学生沈鹏，就在晏文临的鼓励下，踏上了创业征途。

沈鹏以智能门锁为创业突破口，晏文临就帮助策动 18 名创客，完成产品的原型开发，并积极引荐吸引了 50 万元风险投资。然而时运不济，仅仅 6 个多月 50 万元消耗殆尽，新一轮投资无法到位，项目濒临“死亡”边缘。彼时，晏文临投入武汉创客空间自有资金，累计 70 万元。

开发出现重大失误、产品量产发现缺陷……一次次危急关头，晏文临不断伸出援手。历经诸多坎坷，2015 年 6 月底，沈鹏获得第二次天使投资，正式实现产品量产。

▲ 武汉创客空间创始人晏文临

而武汉创客空间，也出现在科技部火炬中心的东湖高新区“创新型孵化器公司”名单上。科技部表示，这些孵化器在培育创业企业，发展我国天使投资，推动大众创业、万众创新等方面，发挥了重要作用。

当然，也有人可能早已不在创业江湖。夏军就是离场的那一个。

他自高考完后，先后开过网店、咖啡店，做过微博营销、线上营销开发代理等。在他大学还没毕业时，其创业项目“爱狗团”就拿到了 200 万元投资，公司市场估值 5000 万元。后来因为各种原因，他暂别创业，并宣布他创办的“爱狗团”已经“不在好多天了”。

“任何一家公司发展的问题多到难以细数，特别是初创企业，每天面临着 100 种‘死法’。”夏军在网络上留下给年轻创业者的箴言，“大多企业家都是经过三四次创业才找到毕生的事业。失败并不可怕，大不了从头再来，怕的是你没有尽力，怕的是你一蹶不振，怕的是你不干了就真的不敢再创业了！”

对于这些“草根”创业者来说，大不了从头再来。

第三篇

产业创城

光电子信息产业是应用广泛的战略高技术产业，也是我国有条件率先实现突破的高技术产业。湖北武汉东湖新技术开发区在光电子信息产业领域独树一帜。要加强技术研发攻关，掌握更多具有自主知识产权的核心技术，不断延伸创新链、完善产业链，为推动我国光电子信息产业加快发展作出更大贡献。

——2022 年 6 月 28 日，习近平总书记考察光谷时的重要讲话

1 聚光成谷

在中国的创新版图上，中国光谷地位举足轻重。

它曾是武汉东部的一片荒野之地，现在它是一座全球瞩目的科技新城。

在这片 518km^2 的土地上，平均每天留下 300 多名大学生，每个工作日诞生 100 多家企业，每年 1000 多家科技企业被新认定为高新技术企业，市场主体即将突破 20 万家。

武汉夜间灯光分布图散发的白色光芒，30 多年间从一小团逐步向东扩散开来，如今已呈燎原之势。

“夜光蔓延与区域经济的发展高度相关。”中国光谷，这个一度被称作“武汉地图外两厘米的地方”，正蜕变为夜光分布图中点亮速度最快的模块之一。

▼ 光谷已由武汉东部的荒野之地变身全球瞩目的科技新城

从新跑，向世界！2023年，光谷以高标准建设武汉新城为引领，加快推动中国光谷迈向世界光谷。沿着一路向东的行进方向，光谷已经跑到了新的历史起点。

“一棒接着一棒干”的韧劲

绝大多数武汉人，在经过珞喻路卓刀泉站旁的湖北六七二中西医结合骨科医院时都不知道，30多年前，这个医院旁边还有1栋2层的红色小楼，中国光谷的传奇，就是从这栋小楼开始的。

这里曾是东湖高新区管委会最初的办公地点。在一张广为流传的黑白照片中，东湖高新区管委会首批工作人员在这栋小红楼前，绽放出青春洋溢的笑脸。

时间回溯到1983年10月，国务院召集京、津、沪、穗等城市研讨“新技术革命”。武汉科研院所密集、人才荟萃，是中国激光产业的发源地，诞生了中国第一根具有实用价值的光纤，新技术革命怎能没有武汉？

得知消息的武汉，迅速行动起来，查资料，摸家底，思方向，组织一系列对策研讨会，最后形成《关于在武汉建立激光工业、光纤通信、生物工程三个基地和信息中心的建议》，并上报中央。

3个月后，国务院办公厅《关于印发〈新的技术革命与我国对策研究的汇报提纲〉的通知》明确提出，在武汉等全国13个城市试办新兴技术新兴产业密集的经济小区。同时，集中力量建设京津、上海、武汉三个光导纤维通信技术开发中心。

《湖北日报》在回忆这段往事时感慨：武汉，终于在应对世界新技术革命的国家策略中“挂上了号”。

有了国家层面的支持，东湖技术密集经济小区（简称“东湖小区”）筹建工作快速推进。

1984年10月，历经为期两个月的综合调查后，武汉市人民政府科技领导小组就《东湖技术密集经济小区筹建方案（征求意见稿）》（简称“《征求意见稿》”）公开征求意见。

这份现存于湖北省档案馆的《征求意见稿》记载："当前在世界范围内蓬勃兴起的新的技术革命，引起了各个国家的普遍重视。世界上许多国家正在兴起一股创建科学工业园的热潮。"

《征求意见稿》指出，当时还存在着不少束缚社会生产力发展和知识分子手脚的因素，"试办东湖小区的目的，就是要在东湖地区实行必要的特殊政策，采取某些非常措施，突破现行体制的束缚，大力加强横向联系，加强经济、科技、教育的紧密结合"。

规划面积约 40km^2、25 万人口的东湖小区被寄予厚望：既要形成"小气候"，即适于科技人员高效率地进行智力劳动的优良场所；同时也将是内地对外开放的"窗口"，以适应四个现代化的需要和世界新技术革命的挑战。

1984 年 12 月，东湖技术密集经济小区规划办公室获批成立，因最初只有 5 个人，又被人戏称为"小区办"，这正是光谷的前身。在武汉大学搞科研的刘家栋，1986 年被调任"小区办"，负责规划设计。曾任武汉市市长的唐良智，1987 年以武汉邮科院的一名工程师身份入职"小区办"，2003 年上任东湖高新区管委会主任，直至 2007 年离开。

据湖北省档案馆资料记载，为激发科技创新活力，东湖小区设计了一系列保护和鼓励科技人员创业的政策："科技人员在经济小区内自由流动，自行联系工作或者辞职应聘，原单位不得留难；可以留职停薪，期限 5 年，所得收入与原单位按一定比例分成；可以在完成本职任务的前提下，利用业余时间进行智力服务，甚至集体或个人创办企业，收入全部归己。"

踩着石头过河，东湖小区相继成立了第一家高新技术企业——武汉楚天光电子公司，创立了中国第一个高科技企业孵化器，点燃了无数科技工作者"下海"的激情，100 多家民营科技企业扎堆高校密集的广埠屯沿线，"科技一条街"的雏形形成。

时间来到 1988 年 12 月 5 日，对于光谷来说这是具有里程碑意义的一天。武汉东湖高新区管理办公室获批成立，在租借的小红楼内正式挂牌。至此，东湖高新区成立。这一天，被定义为光谷诞生的日子。

30 多年后，这一天又有了特别的意义。2022 年 12 月，在多名光谷企业家和社会各界的倡议下，东湖高新区管委会宣布，将“12 月 5 日”设立为“光谷企业家日”，并在不久后迎来首届“光谷企业家日”庆祝大会，以一座城市的名义致敬企业家。

因光而生，聚光成谷。虽然东湖高新区正式成立，并于 1991 年正式获批首批国家级高新区，但被正式冠以“光谷”之名，还要等到 10 多年之后。

20 世纪 90 年代末，国内部分高新区出现发展模式雷同、产业雷同的现象，武汉市政府领导、业界专家提出，东湖高新区一定要捏紧拳头，集中有限资源，打造一个特色产业，争取做到全国第一、世界知名。

1998 年 7 月，华中理工大学光电子工程系主任黄德修，前往当时光电子产业发达的中国台湾地区访问交流。在发言中，他展示了一幅武汉在国内颇具优势的光纤光缆、光电子器件、光纤通信系统设备、高功率激光器设备及激光加工设备等光电子研究与生产企业的介绍图，这些企业均分布在华中理工大学周围。其中，就包括当时国内规模最大、技术最先进的中外合资企业——长飞公司，以及

▲ 1988 年 12 月 5 日，武汉东湖高新区管理办公室在一栋租借的小红楼内挂牌成立

▲ 20 世纪 90 年代，100 多家民营科技企业扎堆武汉广埠屯沿线

国内最早研制出光纤、最早研制出光纤通信设备并承担国内第一个光纤通信示范工程的武汉邮科院。

介绍完后，他突然冒出了一句：“这就类似美国当年的硅谷。”虽然这只是一个类比，却成为他日后提出“中国光谷”建议的灵感所在。

同年，在华中理工大学时任校长周济的鼓励和支持下，黄德修起草并向武汉市政府提出《关于将武汉东湖新技术开发区建设成“中国光谷”的建议》。该建议以华中理工大学的名义，于 1998 年 12 月正式提交给武汉市。

2000 年 3 月，许其贞等 13 名湖北籍全国政协委员在全国政协会上，提出了著名的“1331 号提案”，建议在武汉建设“中国光谷”。

同年 5 月，杨叔子、熊有伦、赵梓森、周济等 26 位在汉院士和专家，在《关于加快技术创新，发展我国光电子信息产业的建议》上签名，吁请党中央、国务院批准在武汉建设国家级光电子信息产业基地——中国光谷。《长江日报》在头版头条报道此事。

2001 年，武汉东湖高新区正式获批设立国家光电子产业基地，即“武汉 · 中国光谷”。

扬帆起航的光谷，迅速被世界所熟知。2003 年，诺贝尔物理学奖获得者、被誉为“世界光纤之父”的华裔科学家高琨到武汉参加“中国光谷”国际光电子博览会暨论坛（简称“武汉光博会”），他在接受媒体采访时说：“我知道武汉光谷，它很有潜力。”

许多新闻媒体在报道中称，“武汉·中国光谷”已成为武汉的城市名片。新华社就曾在 2005 年 5 月的一篇报道中写道：许多外国朋友是先知道“中国光谷”，而后才知道武汉的。

2009 年，武汉东湖高新区被科技部批准为继中关村后的第二个国家级自主创新示范区。2017 年，其又入选科技部 10 家重点建设“世界一流高科技园区”。

作为“中国光谷”的概念提出者，黄德修于 2018 年入选“光谷 30 年创新 30 人”。

“始料未及的是，当年的一个设想竟形成了巨大的生产力，‘武汉·中国光谷’成为在国内外产生重要影响的武汉‘城市名片’。”在《光谷三十年》一书中，黄德修这样寄语光谷下一个 30 年：光谷唯有咬定创新驱动发展战略，将自身优势变成创新现实，才能形成光谷的品牌效应，真正成为全球知名品牌。

创新主轴，一路向东

2019 年，修建多年的光谷广场综合体竣工，位于中心环岛上的原地标“风帆”被新地标“星河”取代。最大高度 40m、中心直径 90m 的“星河”是国内最大的单体钢结构雕塑。这座光耀夺目的雕塑上安装了近 2 万盏灯，照亮了光谷广场的夜空。

曾经，这里是光谷的中心，现在更代表着光谷的起点。从卓刀泉、鲁巷，这片创新创业热土一路向东，越过三环线，直指武汉最东端。

光谷的历史，就是一部波澜壮阔的东进史。

1988 年，武汉东湖高新区管理办公室挂牌办公时，因为距离主城区太远，光谷一度被戏称为“武汉地图外两厘米的地方”。当时，光谷创业咖啡总经理李儒雄还在武汉读大学，在他的记忆中，“那时的光谷还都是农村”。

▲ 光谷广场，位于环岛中心的地标“星河”是国内最大单体钢结构雕塑

1995 年 6 月，东湖高新区获批首批国家级高新技术产业区的 4 年之后，管委会迁至珞喻路 546 号办公，与武汉邮科院和华中科技大学均相距不远。

2012 年，《东湖国家自主创新示范区总体规划（2011—2020 年）》获批，中国光谷生长为世界光谷的蓝图徐徐展开。2015 年，位于高新大道 777 号的光谷公共服务中心开始启用。两年后，管委会再次东迁 11km。

向东，再向东，曾经的农田草地成为与全球经济同频共振的科技新城。

光谷东迁是一种必然的选择。光谷最初的规划面积只有 24km^2，除大面积山体和水体之外，还有大量高校和科研院所，产业用地非常少。伴随着以“科技一条街”为代表的光谷高新技术产业井喷式发展，鲁巷周边过于拥挤，交通拥堵等社会病突出。

湖北省政府咨询委员、武汉大学教授李光见证和参与了光谷诞生和发展的历程。“光谷东迁势在必行。”在他看来，只有解决了产业用地和发展空间问题，才可能有更大手笔。

产业空间不足，曾是刚刚起步的光谷面临的最大难题之一。武汉市相关部门经过集中研究，创新出台“托管”方案，将与东湖高新区相邻的洪山区、江夏区的一些村镇，分批次移交给东湖高新区管理。这种模式的特点在于，不是高新区和行政区合一，而是坚持作为政府派出机构的高新区管委会对区域实施经济和社会管理，这在当时的中国属于首创。

此后，国家相关部门在调研时称，东湖高新区创造了业绩又创造了经验，通过“托管”的方式突破行政区划，创造性解决了发展空间问题。之后，相继有100多家国内的开发区到东湖高新区考察学习，“托管”经验成为全国样本。

从1999年到2010年，东湖高新区历经6次“托管”。最后一次“托管”是2010年5月，也是力度最大的一次——扩容近300km^2，这也是新中国成立以来，武汉市最大一次托管区域规划调整。时年22岁的东湖高新区，终于再次突破土地瓶颈，管辖区域扩展到518km^2，是创区时的20余倍。至此，光谷成为全国面积最大的高新区之一，足足有大半个新加坡大。

伴随着产业空间的增加，科技园区的建设，也在紧锣密鼓地进行。

1991年9月，在一次武汉东湖高新区领导小组成员会议上，武汉市相关负责人提出要“闯关东”，即集中力量将关东地区建成科技工业园区，使之成为开发区吸引项目、规划开发的产业基地。同月，关南科技工业园率先开启建设。此举也标志着东湖高新区“一区多园”建设正式拉开序幕。

2008年，在二妃山下的一片荒烟蔓草中，光谷生物城启动建设，瞄准生物医药、生物农业、医疗器械、生物能源、生物服务、生物信息六大产业，为区域经济发展寻找新的突破口。

两年后，作为中央组织部和国务院国有资产监督管理委员会确定的全国四家“未来科技城”之一，总规划面积66.8km^{2}的武汉未来科技城破土动工。时至今日，5万余名科技创新人员、1000余个海内外双创团队，在这片武汉市最东边的土地与世界同步创新。

再隔1年，5.41km^{2}的武汉东湖综合保税区开工奠基，这是湖北首个、全国第十七个综合保税区，集保税区、出口加工区、保税物流园区、港口功能于一身，是武汉对外开放的一个里程碑。据预测，武汉东湖综合保税区将带动区外 10 倍于区内数量的企业发展，形成整个光谷产业发展的“放大器”。

伴随着武汉生物城、武汉未来科技城、武汉东湖综合保税区等一座座园区拔地而起，时至今日，光谷的“家底”已从最初的“科技一条街”，逐步增加为如今“四园三城一区”的八大高新技术专业园区，即光谷生物城、武汉未来科技城、武汉东湖综合保税区、光谷光电子信息产业园、光谷现代服务业园、光谷智能制造产业园、光谷中华科技园、光谷中心城，涵盖光电子信息、生物医药、能源环保、设备制造、软件服务等十余个产业类型。

如今，光谷作为一座新城已然丰满成形。骨干路网纵横蝶变，轨道交通、有轨电车穿行于城区腹地，教育、医疗等民生事业全面发展，东西走向的创新主轴——高新大道崭新亮相，南北走向的绿色主轴——光谷生态大走廊长 10.3km，成为市民喜爱的休闲打卡点。一座创新涌动、具有核心竞争力的“科学之城”，产业高端、具有区域辐射力的“追光之城”，产城融合、具有国际吸引力的“向往之城”，跃然眼前。

从光谷广场出发，一路向东，纵横交错的道路两侧，高楼林立，产业密布。

作为关山工业区修建的第一条道路，曾被称为“关山一路”的关山大道，沿线聚集了 20 多家科技企业孵化器，创新企业超 3000 家，是武汉创新要素最密集的地方。一位从华中科技大学毕业的投资者说：“关山大道这半个世纪发生的故事，精彩程度不输硅谷的沙丘路。”这也是武汉首条千亿级第三产业大道。

西接关山湖电社区、东至未来科技城，全长 13km 的高新大道，开启了光谷生物医药及更多战略性新兴产业发展之路。这里是东湖高新区管委会所在地，小米科技（武汉）有限公司（简称“小米武汉总部”）、中国建筑第三工程局有限公司总部、华为武汉研究所在这里落地。武汉能走多远？这条创新主轴指向未来。

毗邻鄂州的左岭大道，是光谷东部地区最重要的南北向交通要道。左岭大道沿线 8km，分布着国家存储器基地、武汉华星光电、武汉天马、武汉光谷激光科技园等 4000 亿元的战略性新兴产业投资，被誉为“黄金大道”。

人因城而聚，城因人而兴。2021年，东湖高新区常住人口达到118.38万人，相比2020年第七次人口普查数量增加16.77万人，是2010年第六次人口普查时的3倍。其中，18～35岁的年轻人占比超七成，新增留汉大学生11万人，比2017年新增留汉大学生人数增加56.3%，平均每天有300多名大学生来光谷就业、创业，持续保持全市第一。

“光谷是一个难得的‘自然城市化’样本。”从沿海来武汉创业的自媒体人老久说，与人为城市化相比，光谷靠自主创新的产业孵化，从一个产业园区到产业新城，走出了一条由产兴城、产城融合的发展过程。

2023年初，东至鄂咸高速，南至梁子湖，西至京广铁路，北至长江南岸，规划面积约719km^{2}的武汉新城正式启动建设，其中绝大部分区域位于光谷。从东湖科学城到武汉新城，建设武鄂黄黄核心区，光谷继续“长大”。

“武汉新城让发展的空间和可能性变得更大了。”在湖北省政协常委、省统计局原副局长叶青看来，武汉新城建设带来的最直观的影响之一，就是光谷变“大”了，“武汉新城的规划符合武汉向东发展的趋势，更与武汉都市圈产业特色相匹配，光谷的溢出效应得到充分释放，未来更多的企业有机会参与到武汉的创新链和产业链上来。”

“30多年前，你以为光谷是武汉的尽头，现在却成了武汉的起点。”那些从小在武汉东郊、东湖之畔长大的人们见证并将继续见证这座新城的飞速生长。

每年诞生一个千亿产业

2013年7月21日，习近平总书记考察光谷，并走进长飞公司的生产车间。他充分肯定了光谷发展的5个特点：发展很快；科技成果转化效果明显，围绕科技体制改革做了不少文章；研究机构与科技人才比较多，有自主创新成果；科技成果转化比较好，大学产业化做得不错；产业特色明显，尤其是光电子产业特色鲜明。

2022年6月28日，习近平总书记10年来第三次考察光谷，这一次，他来到了华工科技。他指出，光电子信息产业是应用广泛的战略高技术产业，也是我

▲ 关山大道聚集创新企业超 3000 家，是武汉创新要素最密集的地方

▲ 全长 13km 的高新大道，开启了光谷战略性新兴产业发展之路

武汉新城规划范围图

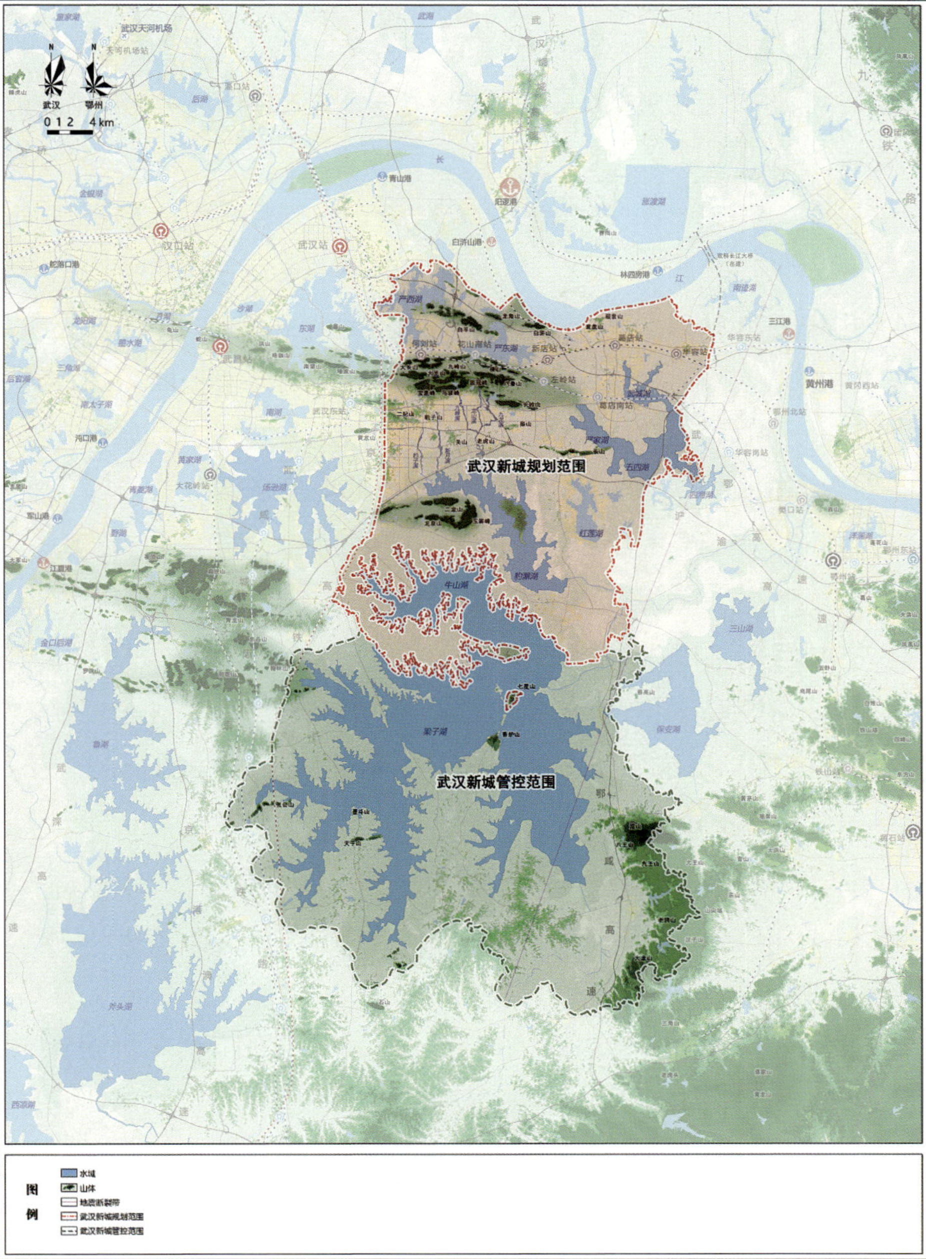

▲ 武汉新城规划范围图

国有条件率先实现突破的高技术产业。湖北武汉东湖新技术开发区在光电子信息产业领域独树一帜。

这一年，以中国光谷为产业核心，武汉光电子信息集群入选国家级先进制造业集群，加速向万亿级规模冲刺，成为代表国家参与全球光电子信息产业竞争与合作的主力军。

从 2013 年总书记第一次来光谷时说“光电子产业特色鲜明”，到 2022 年他赞叹光谷光电子信息产业“独树一帜”，背后不只是长飞公司和华工科技的十年磨一剑，更是光谷和以长飞公司、华工科技为代表的无数光谷企业，30 多年的追光不懈。

1985 年，刚刚起步的东湖技术密集经济小区，公布了第一批入选的高新技术项目，一个是华中工学院的激光，另一个是武汉邮科院的光纤。当时，武汉邮科院在实验室中“抻”出的光纤，还是半机械、半手工生产的。

1988 年，光谷诞生的同一年，面对通信行业对光纤国产化的迫切需求，中外合资的长飞公司应运而生。外国工程师安装好了拉丝塔等制造设备后，留下厚厚的外文说明书，长飞人看都看不懂。

同年，马新强从华中工学院激光专业毕业。作为光谷最早的创业者之一，马新强在激光行业深耕 30 余年，带领华工科技从名不见经传的校办企业起步，成长为“中国激光第一股”。

虽然是中国激光产业的发源地，是中国第一根光纤、第一个光电传输系统的诞生地，但“中国光谷”的名号并不天然属于东湖高新区，光谷光电子信息产业的发展也并非一帆风顺，更谈不上有国际影响力。

在长飞公司执行董事兼总裁庄丹的记忆中，20 世纪 90 年代末，他刚刚加入长飞公司，那时正值行业产能大扩张时期，光纤厂商密集投产。“如果将信息传输比作‘高速公路’，路修得很快，但是路上没什么车。”互联网泡沫破灭，光纤光缆行业遭遇寒冬——业绩在快速增长后，出现断崖式下跌。

当时，“把光电子放在重中之重来抓”正成为湖北省委、省政府“抢抓机遇做出的一项重要决策”，也是“武汉发展的一次难得的历史机遇”。面对光电子

▲ 华工科技研发车间

器件到通信设备的大量积压和相关公司严重亏损，甚至有些公司纷纷倒闭的局面，许多人打趣“武汉·中国光谷”首倡者黄德修教授，“黄教授你所提的‘光谷’要‘光哭’了”，“光谷要成‘光屁股’了”。

2002 年，在东湖高新区正式获批国家光电子与信息产业基地，中国光谷花落武汉的第二年，第一届武汉光博会举行，华中科技大学教授刘玉特地带学生去参观，大失所望，参展的多是本地民营企业，光电子技术含量高的产品很少，会场上到处都是商贩，甚至还有卖袜子的和卖羊肉串的。“对于光电子产业能否在光谷崛起，当时的我是心存疑虑的。”时隔多年后，刘玉在《光谷三十年》一书中回忆。

咬定“光谷”不放松，“集中一个城墙口冲锋”，东湖高新区认定激光、光纤、光器件“三板斧”，持续深耕光电子信息产业。2010 年，光谷光电子信息产业产值超千亿元，成为继汽车产业后，武汉第二个过千亿的产业。2016 年，东湖高新区光电子信息企业总收入突破 5000 亿元大关，相关产品国内市场占有率超 50%，“中国光谷”名副其实。

从不犹豫，更不摇摆。长飞公司每年将营收的 5% 用于研发，实现了从预制棒到光纤、光缆的全链国产化。2016 年，长飞成为全球唯一掌握预制棒三大主流制备工艺的企业，预制棒、光纤及光缆三大主营业务市场份额全面问鼎全球第一，并蝉联至今。

同样是在2016年，在人民大会堂举行的国家科学技术奖励大会上，由华工科技联合华中科技大学、神龙汽车有限公司（简称“神龙汽车”）等多家下游车企单位共同自主研发的“汽车制造中的高质高效激光焊接、切割关键工艺及成套装备”项目，获得国家科学技术进步奖一等奖。

多年之前，华工科技在武汉周边城市投资兴建产业基地，当地政府承诺给700亩地，但最终只买下满足基地所需的400亩。一大块商住地摆在面前，马新强保持住了定力：“清楚‘不做什么’才能避免急功近利。华工科技的根在科技、在核心技术，我们不买地搞房地产，主要是投向核心技术。”

2018年，光谷提出打造具有世界影响力的光电子信息万亿产业集群，加速从中国光谷走向世界光谷。

同年，在国家高新区建设30周年座谈会上，东湖高新区因培育了占全国产业规模半壁江山的光电子等高新产业获点赞。

“发展产业需要战略定力，不能朝三暮四、左顾右盼。”武汉光谷创新发展

▲ 长飞公司光纤智能化生产线一角

研究院院长赵荣凯说，光谷发展光电子产业坚持了 30 年，发展生物医药产业坚持了 10 多年，每个支柱产业无不走过了一条“不谋全局者，不足谋一域”的路子。

连续 3 年锲而不舍地申报国家生物产业基地，2007 年，武汉终于获批建设国家生物产业基地，光谷生物城由此起航。近 6000 个日夜之后，寄托期望的“生物之种”，已成为武汉产业版图上新的增长点。2017 年，光谷生物产业总收入已突破 1200 亿元。在 2022 年科技部发布的国家生物医药产业园区竞争力排名中，光谷生物城综合竞争力位居全国第四。

为打破国外显示面板垄断局面，从 2008 年引入武汉天马在光谷建设第 4.5 代薄膜晶体管液晶显示器（TFT-LCD）及彩色滤光膜（CF）生产线开始，光谷历时 10 多年，投资近千亿元，布局 6 条显示面板生产线，从液晶显示器（LCD）到 OLED、从硬屏到柔性屏，形成完整的新型显示面板生产线，成为全国最大的中小尺寸显示面板研发生产基地。

从 2006 年至今，中央和地方政府持续大手笔投入武汉新芯集成电路制造有限公司（简称“武汉新芯”）。10 年执着造“芯”，2016 年，国家集成电路产业跨越式发展重大战略布局落子武汉，长江存储科技有限责任公司（简称“长江存储”）项目在光谷动工建设，标志着中国集成电路存储芯片产业规模化发展实现“0”的突破。自此，在中国集成电路产业版图上，光谷成了不可或缺的一块。

曾任光谷生物城办公室总工程师的冯立说：“谋远的智慧与发展的定力，成就了光谷生物产业千亿元蝶变。”武汉未来科技城建设管理办公室负责人说：“光谷现在许多支柱产业，都是谋于 10 年、20 年甚至是 30 年前。”

站高谋远，始终保持发展定力，2013 年以来，光谷几乎以每年诞生 1 个千亿产业的速度，在创新驱动发展的道路上快速奔跑。2017 年，光谷的光电子信息、生物医药、高端装备制造、新能源与节能环保、现代服务业五大支柱产业均跨越千亿大关；2019 年，在全国 169 个国家高新区（含苏州工业园）中，武汉东湖高新区综合排名第四，仅次于北京中关村、深圳高新技术产业开发区和上海张江高新技术产业开发区。

时至今日，光谷已形成“光芯屏端网”、生命健康两大产业集群发展，新经济、新消费两大业态深度融合，人工智能、量子信息、脑科学等未来产业蓬勃发展的“221”现代产业体系。集成电路、新型显示器件、下一代信息网络、生物医药等四个产业入选国家首批战略性新兴产业集群，成为武汉乃至湖北产业迭代发展的一个奇迹。

2019 年，光谷经济总量达 1876.77 亿元，首次跃居武汉各区之首。在李光看来，光谷的崛起，不仅是武汉区域经济“老大”位次之争，更意味着以高新技术为代表的高端产业正在成为经济主导，为武汉在新一轮城市竞争中增加砝码。

从“钢的城”“车的城”到“芯的城”，新兴产业锻造和重塑了工业重镇武汉的产业结构，成为湖北谱写高质量发展新篇章、建设全国构建新发展格局先行区的关键变量。2020 年区域国内生产总值首次突破 2000 亿元，2021 年增至 2400 亿元，2022 年达到 2643 亿元……一年一个台阶，光谷经济韧性愈发强劲。

至 2022 年底，光谷企业总数突破 12 万家，瞪羚企业突破 550 家，国家级重点“小巨人”17 家，国家级专精特新“小巨人”企业 95 家。其中，高新技术企业突破 5300 家，超过全省的 1/4；上市（过会）企业 60 家，占全省的近 1/3。

一路向东，光谷左岭大道，全球最大低温多晶硅（LTPS）生产基地映入眼帘。

▲ 2016 年长江存储项目在光谷动工建设。2020 年发布全球首款 128 层 QLC 3D NAND 闪存

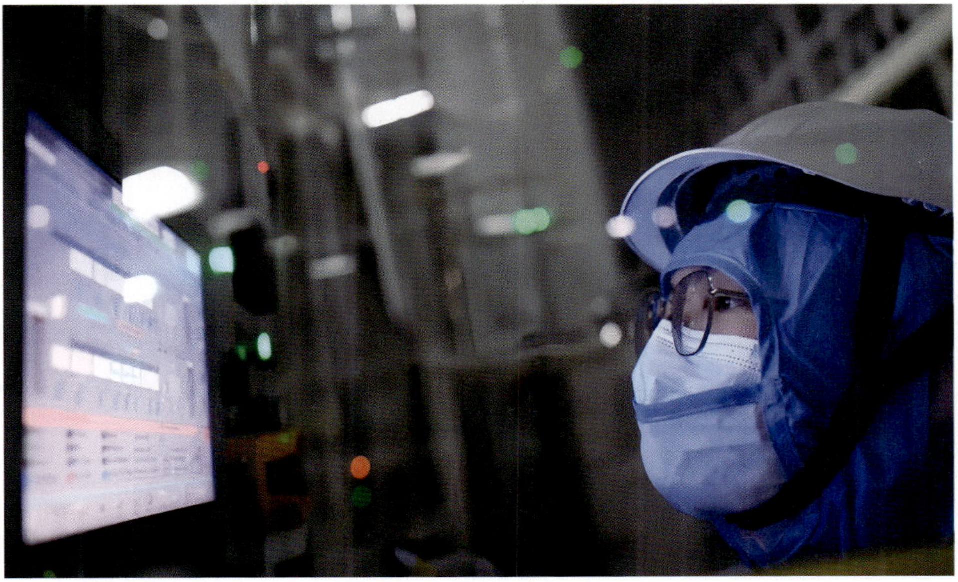

▲ 武汉华星光电生产场景。公司 2014 年落户光谷，总投资超 750 亿元

34 天完成供地，66 天模组厂房封顶，68 天综合动力站封顶，164 天主厂房封顶，总投资 150 亿元的 t3 扩产项目再创“华星速度”。

武汉华星光电自 2014 年落地光谷，从开工建设国内首条第六代 LTPS 显示面板生产线起，已接连建设 3 条生产线，总投资超 750 亿元，成为武汉“光芯屏端网”万亿产业集群的重要力量之一。

为什么一而再、再而三地选择光谷?

“最重要因素就是武汉光谷对发展新兴产业的巨大支持。”TCL 创始人、董事长李东生直言不讳：武汉甚至中国的新兴产业梦想，已经日益和光谷牢不可分。

2 以光筑链

中国光谷，从“一束光”出发，因光而生，聚光成谷。光谷已发展成为全球最大的光纤光缆研制基地、全国最大的激光产业基地、全国最大光电器件和设备基地。

全球最大尺寸光纤预制棒、全球首款 128 层 4 层式储存单元（QLC）闪存、我国首台万瓦连续光纤激光器、我国首个 TB/s 级硅光芯片、国内首条柔性折叠显示屏生产线……从 1976 年拉出中国第一根光纤以来，在这片 518km^2 的土地上，诞生了无数个中国光电子信息产业的“第一”。

不做附庸

光纤光缆，数据传输的“高速公路”。

2022 年 7 月，武汉，阳光正烈。位于光谷三路的长飞公司光缆车间内，却是一片清凉，这个全球最大的单体光缆生产基地，运行着全球最快的光缆生产线，产品源源不断地出口全球 90 多个国家和地区。

从长飞公司光缆车间西行 150 余 km，位于湖北潜江王场镇的全球单体最大的光纤预制棒及光纤智能制造工厂内，一根根透明光棒，经过 3000℃高温加热后，被拉制成细如发丝的光纤。这家国家级绿色工厂有着全球最大的光纤预制棒和全球最高的拉丝速度，生产线昼夜不停。

“长飞公司坚持创新驱动发展，创造了很多‘第一’和‘唯一’。”当月，在一场面向光谷企业家和科技工作者的宣讲会上，长飞公司执行董事兼总裁庄丹自豪地说，“2016 年长飞就成为全球第一，实现了长飞梦，提前 4 年兑现承诺，并蝉联至今。”

从“0”起步，30 多年“追光”不懈，与光谷同岁的长飞公司，从“长江边的飞利浦”逆袭为“世界的长飞”。

沿着细如发丝的光纤，回溯故事的起点。

1970 年，全球第一根光纤在美国诞生。6 年后，大洋彼岸的中国湖北武汉，东湖之畔，南望山下，青年赵梓森在武汉邮科院一间简陋的实验室里，实验数千次，最终拉出一根长度为 7m 的玻璃细丝，这是中国第一根石英光纤。

仅仅相隔 3 年，赵梓森和团队又拉出了中国第一根具有实用价值、每千米损耗只有 4DB 的光纤。中国信息产业革命的大幕，由此揭开。

此后，国家计划委员会和邮电部考虑到我国工业基础薄弱，为了使光纤通信、光纤光缆迅速形成产业，决定寻求外企合作，武汉邮科院被指定为负责单位。

1984 年，国家邮电部、湖北省政府和武汉市政府三方达成协议，在武汉建设邮电部武汉通信光纤厂，赵梓森担任中方技术负责人。经过艰苦谈判，光纤厂于 1985 年与荷兰飞利浦电子公司（简称“飞利浦”）达成协议。1988 年 5 月，长飞公司正式成立，与光谷一起“追光”，这也是中国光通信史上第一家中外合资企业。

借助一套从飞利浦引进的制造设备、一本厚厚的外文说明书，长飞公司开启了“引进、消化、吸收、创新、输出”的逆袭之路。

令荷兰人吃惊的事情很快发生了。1993 年，在长飞公司投产的第二年，在生产线上拉出的合格多模光纤长度，比飞利浦高出三成。

长飞公司一路赶超，派驻工程师赴荷兰取经学习，成立攻关小组突破单模光纤难题。数年后，长飞公司在国内率先研发出 G.655 单模光纤，这是当时飞利浦还没有掌握的技术。

从中南财经政法大学会计专业拿到博士学位后，庄丹于 1998 年入职长飞公司。此时正值我国通信发展的第一个高峰，光缆替换铜缆，长飞公司市场份额逾四成，这是国产替代进口的开始，越来越多光纤企业进场。

世纪之交，长飞公司连续 7 次扩产，2004 年，长飞公司成为全球第三大光纤生产企业和第五大光缆生产企业，在国内各大通信运营商建设的光缆一级干线中，占据半壁江山。

虽然光纤光缆销量已连续多年排名国内第一，但实际情况是，一个螺丝钉、一个配件都需要进口“洋枪洋炮”。时任公司副总裁闫长鹍还清楚地记得，当初采购配件时，对方明确告知，配件要在采购的基础上加上 25% 的利润，“但是没办法，还得买他的，因为没有别的选择”。

不甘于只做“海外工厂”，长飞公司于 2000 年成立研发部，次年成立研发中心，此后，无论市场好坏、行业周期起伏，每年都保持不低于销售收入 5% 的研发投入，这使得长飞公司聚集了一批光纤光缆行业的优秀研发人才，超过公司总人数的 30%。

研发中心成立的这一年，长飞公司在国内外申请了 11 项专利；2003 年，再度申请 23 项专利，其中涉及光纤领域核心技术的发明专利 8 项，对公司未来的发展至关重要。

在光纤光缆产业里，光纤预制棒一直是核心领域。由于技术壁垒较高，我国企业很少实现光纤预制棒的规模化生产。从自主研发一开始，长飞公司就瞄准预制棒，开启了一场长达 10 余年的攻坚战。

2012 年，在完全掌握欧洲的等离子体化学气相沉积法（PCVD）工艺的基础上，长飞公司瞄准国际最先进的技术，组建研发团队，自主攻关管外气相沉积法（OVD）和轴向气相沉积法（VAD）工艺。

经过 5 年的艰难探索，在无数次失败中不断进步和突破，长飞公司于 2017 年成功开发出了具有完全自主知识产权的工艺和设备平台，并达到全球行业最高水平，成为全球唯一同时掌握三大主流预制棒制备技术，并成功实现产业化的企业，真正成了全球行业的“领跑者”。

10 年来，长飞公司光纤预制棒单棒拉丝长度从 2013 年的 7000km，到 2018 年的 8000km，再到 2022 年的 10000km，始终保持着全球最高水平。“这一突破打破了国外对中国预制棒技术的垄断封锁，也缓解了国内厂家对国外预制棒的依赖。”庄丹说。

“不能做其他国家的技术附庸，自己的碗里要装自己的粮食。不仅要装自己的粮食，连碗都是自己做。”从原材料的国产化、零部件的国产化、设备的国产化，到包括设备的源代码全部掌握在自己的手里，截至目前，长飞公司已经实现了从预制棒到光纤、光缆的全链国产化，“没有任何被‘卡脖子’的地方”。

从“引进来”到“走出去”，近 10 年，“自己的碗里装自己的粮食”的长飞公司也加速“造船出海”。

从印度尼西亚到南非，从秘鲁到巴西，从巴西到波兰，长飞公司在海外城市建厂、扩厂，布局全球，在规模出口光纤、光缆、材料、设备等产品的基础上，进一步对外输出工艺、技术、管理等，充分参与国际市场竞争，并逐渐取得在这个行业的全球话语权和主动权。

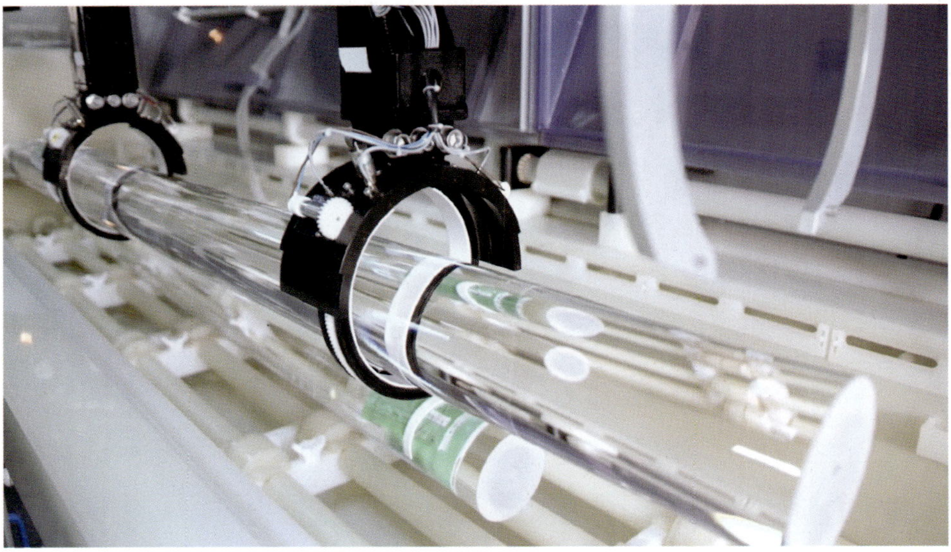

▲ 长飞公司制作的光纤预制棒

▲ “自己的碗里装自己的粮食”，长飞公司已经成功突破国外对中国预制棒技术的垄断封锁

截至目前，长飞公司在全球设有40多个海外办事处，服务版图覆盖东南亚、非洲、欧洲和拉丁美洲等地区。从“市场换技术”到“技术换市场”，中国的光纤光缆行业终于扬眉吐气。

2018年，在“伟大的变革——庆祝改革开放40周年大型展览”上，“三十而立”的长飞公司作为中国光通信行业的唯一代表亮相。

中国电信业的奠基人之一，曾任国家邮电部、信息产业部部长的吴基传曾经这样评价长飞公司：“长飞的发展历程堪称两个典范。一个是引进、吸收、消化、创新的典范，一个是中外合资成功的典范。”

通信专家、《通信产业报》总编辑辛鹏骏则评价说，长飞公司30年，是中国改革开放的一个缩影，以一个生动鲜活的案例，揭示了改革开放的伟大。

从“0”起步，逆袭为全球第一。以长飞公司为代表，一个世界级光电子信息产业集群的梦想在光谷启航。

2018年9月，已是鲐背之年的“中国光纤之父”赵梓森告诉前来采访的记者：“如果每个人都有一个事业梦想，那么我的梦想不仅实现了，而且还超额完成了。”

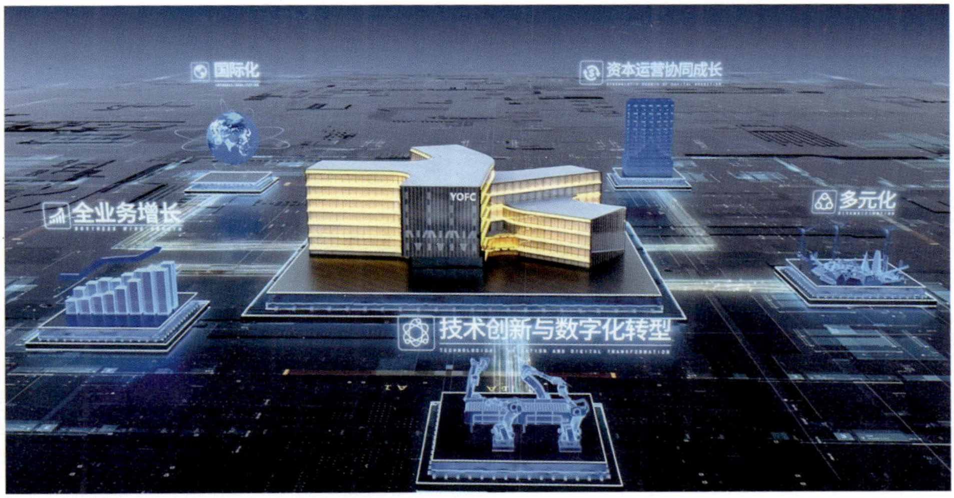

▲ “五大战略”指引下的长飞公司，构建起全球光纤光缆行业高质量产业链

让激光走出实验室

激光，一种颜色鲜亮、始终汇聚在一起的光，被誉为世间最快的刀、最准的尺、最亮的光。

成就光谷的，不只是光纤的“光”，亦是激光的“光”。

光谷，是中国激光产业的发源地。1971 年，华中科技大学前身——华中工学院响应国家号召，设立激光课题组，开启中国激光技术研发的序幕。

白手起家，日夜拼搏，“中国光谷”首倡者黄德修带领团队“摸着石头过河”，先后研究出红宝石脉冲激光、钕玻璃脉冲激光、Nd：YAG 连续激光等，攻克了诸如激光调 Q、激光锁模等一批激光技术，并将激光焊接、激光医疗应用于实践。

特别是随着 1978 年后高功率二氧化碳激光研究的不断突破，此后华中工学院在能量光电子领域的研究成果和学科建设在国内逐渐引人注目。

1983 年，作为撬动光谷激光产业的第一批人，从美国考察回来的华中工学院教授李再光建议，要借助湖北在全国的激光技术优势，让激光产业从实验室里走出来。

两年之后，从华中工学院激光专业毕业的孙文和 4 位伙伴集体下海，用 10 万元贷款创办了全国第一家民营激光公司——武汉楚天光电子公司，专门从事“普及型激光”产品开发。

苦苦支撑 1 年后，孙文才接到第一笔订单：为四川一家生产心脏起搏器的企业研制激光焊接机。在租来的厂房里，孙文和同伴吃了 3 个月方便面，做了数百次实验后，终于研制出中国第一台激光焊接机，售价比进口设备便宜了 130 万元，也由此掘到了“第一桶金”。

之后，一批批激光应用产品从孙文的实验室走出来，不断抢占国内外市场。时隔 20 多年，孙文依然记得 1992 年把公司产品卖到硅谷时的那种激动：“之前我国的激光产品都是只进口不出口，我们算是打破了那种局面。”

“中国激光看武汉，武汉激光看楚天。”1993 年，孙文成立楚天激光集团，其主打产品激光焊接机不仅用于卫星上的镍氢电池高气密性焊接，而且用于生产锂电池，填补了国内锂电池生产的空白。

在孙文创业的前一年，从陕西农村走出的学霸马新强考入华中工学院激光专

▲ 楚天激光集团董事长孙文

业。他当时的分数，上清华大学、北京大学也够了：“听招生的人说激光专业是华工（华中工学院）最好的专业之一，就毫不犹豫报了。”

同窗多年，当年激光841班的同学也没有想到，这个个头不高、性格低调的班长，会如此笃定地坚守在激光行业和光谷这片土地30多年，并推动了整个产业的发展。

“激光要走出实验室，到市场中体现价值。”走出“围墙”办企业，从名不见经传的校办企业起步，马新强带领华工科技成长为“中国激光第一股”、国家级创新型企业，拥有国内最先进的激光装备研发、制造基地。

作为中国高校成果转化的先行者，华工科技从激光起步，却又不止步于激光。

2002年，华工科技设立武汉华工正源光子技术有限公司（简称“华工正源”），挺进光通信产业，从2G到5G，2018年，华工正源成为国内首个获得5G光模块订单的企业，次年，华工正源5G光模块市场份额跃居全球第一。

转战孝感的华工高理电子有限公司，用了两年的时间，在当地建立起全球最大的家电温度传感器产业基地，近年来，狂飙突进，成为全球新能源汽车PTC热管理系统、多功能传感器翘楚。

作为工信部重点专精特新“小巨人”企业，华工激光、华工图像在巩固现有业务的同时，和兄弟公司一起围绕“新能源汽车及其产业链”开拓新领域，布局新增长点。

2023年新春伊始，华工科技智能制造未来产业园里，华工科技全球代理商大会热闹举行。此前1个多月，华工科技核心子公司华工激光国际业务部总监尹文雯带领团队开始筹备这场代理商大会：“预期只有20多位，后来来自全球20多个国家的50多位代理商和客户到场，带来的意向订单超3亿元。”

“不以山海为远”，代理商的眼光一定程度上反映出市场的动向。“华工科技不打价格战，为客户提供行业解决方案，做高端激光设备的代表。”在尹文雯看来，作为湖北十一家入选科技领军企业培育计划的企业之一，华工科技多项“光能力”居全球前列，技术实力奠定全球合作基础。

以孙文和马新强等为代表，“追光者”云集光谷、接力创业，“点亮”了激光这束神奇的光。

2005年，刚满30岁，同样从华中科技大学毕业的吴轩创办逸飞激光，专注激光与电池的结合，于2021年入选国家专精特新“小巨人”企业。

2007年，掌握光纤激光器技术的闫大鹏博士回国，与华工科技合资创立锐科激光，开启了中国工业光纤激光器的国产化产业化进程。

2008年，拥有华中科技大学物理电子学博士学位的李志刚创办武汉帝尔激光科技股份有限公司（简称“帝尔激光”），现已成为国内光伏电池设备领域的龙头企业，其激光掺杂、激光消融等产品的全球市场占有率超过80%。

2010年，“80后”海归陈抗抗创办安扬激光，从事皮秒光纤激光超快光源产品研发与生产，现已成为国内乃至国际上高功率超快光纤激光器细分领域的隐形冠军。

…………

从一簇光束到一条光链，再到一个世界级光集群，截至2022年底，光谷已集聚近300家知名激光企业，激光企业密度全国领先，是全球激光产业链、创新链、服务链最完善的地区之一，不断引领着技术、标准和产品的突破。

2023年7月，成立18年之后，逸飞激光在上海证券交易所科创板块上市。这也意味着继华工科技、武汉华中数控股份有限公司、锐科激光、帝尔激光之后，资本市场上的“光谷激光板块”再添一员，产业集群优势愈发凸显。

“湖北激光50年发展，是中国激光行业坚持自主创新、从无到有、从小到大、从弱到强发展的缩影。”在首届中国激光产业链论坛暨湖北激光50周年的活动上，作为论坛主席的马新强感慨地说，在日益激烈的竞争环境和国内国际双循环的发展格局中，湖北激光企业要围绕激光产业强链补链做文章，也应更加团结、勤奋，打造生态圈，创造更多可能。

突破“卡脖子”

“就像激光器所出的光束一样，一切准备就绪，在需要的那一刻，完成能量的聚焦。”数年前，华工科技内刊《新动力》的一篇人物访谈中这样写道。用一句话来形容以华工科技为代表的光谷“追光者”，“全力推进科技自立自强”最为合适。

2022 年 6 月，华工科技项目组第一时间抵达西安比亚迪汽车工厂，为完成国内第一个批量生产的高强钢电池托盘项目，争分夺秒抢进度。“60 秒，1 个 3m 汽车电池托盘完成激光焊接。”华工科技焊接装备及生产线解决方案，成功进入新能源汽车行业。

然而，时间回到 15 年前，别说新能源电池托盘焊接，中国的激光能不能焊汽车，都要打个问号。

由于汽车白车身焊接难度大，在接近 40 年的时间里，我国激光焊接白车身市场一直被国外巨头所垄断。2007 年，华工科技与华中科技大学和神龙汽车组成“铁三角”，由华工科技制作产品，华中科技大学团队充当后备科研力量，神龙汽车提供平台，强强联合同国际巨头们“硬碰硬”。

第一次“打擂台”是东风标致 508 的车身焊接首次招标，信心满满的华工科技输了。不是输在技术、价格、实力，而是不信任和偏见，一家国内企业想闯进激光焊接的圈子，大家都觉得不可能。

两年后，同样是东风标致 508 的车身焊接，第二次“打擂台”，对手包括柯马汽车设备公司、ABB 等国际巨头。华工科技拿出拼命的劲头，通宵达旦地完善设计，反复地做实验、调数据。同时，找到第三方鉴定机构，同竞争对手做对比报告，用数据说话。这次终于成功了，华工科技成为首家进入白车身激光焊接领域的中国激光企业。

2015 年，华工科技参与“汽车制造中的高质高效激光焊接、切割关键工艺及成套装备”项目，获得国家科学技术进步奖一等奖。截至目前，华工科技已占据国内汽车白车身焊接业务九成的市场份额，并进入法国、美国、日本等国的车企；走出国门，在越南、泰国等地打造汽车生产线。

首套国产化数控激光切割机、首个半导体激光器芯片、首台高性能光纤激光器……马新强说，对技术、智力的持续投入，华工科技创造了 60 多项国内行业第一，为中国激光赢得了全球行业话语权。

2022 年 6 月 28 日，习近平总书记考察华工科技。在华工科技激光科技馆，总书记 3 次停下脚步细细观看。在听到一部手机 70% 的制造环节都用到了激光工艺，华工科技已为全球一线品牌手机提供近 20000 套设备时，总书记特意走向前，弓下腰，仔细查看。

在此后不久的一次公开宣讲中，马新强回忆了总书记的这次考察，他说：“总书记的每一次驻足，在我看来都是对高端制造领域加强技术研发、提高国产化替代率、把科技的命脉牢牢掌握在自己手中的勉励和鞭策。”

在华工科技考察时，总书记明确指出，必须“把科技的命脉牢牢掌握在自己手中，在科技自立自强上取得更大进展，不断提升我国发展独立性、自主性、安全性，催生更多新技术新产业，开辟经济发展的新领域新赛道，形成国际竞争新优势”。

从“一束光”到万亿级光电子信息产业集群，“卡脖子”问题，一直是光谷“追光者”的锥心之痛。光谷在许多关键核心技术攻关上，要不来，买不来，讨不来。

▲ 华工科技自主研发的国内首条新能源汽车全铝车身焊装生产线

怎么办？只能攻下来！

2007 年 4 月，51 岁的闫大鹏与华工科技联手创立锐科激光，仅用 1 年时间，就研发出国内首台 10W 脉冲全光纤激光器，然而，当时国外已经研制出了更高规格的 10kW 激光器，进口一台要花 700 多万元，再做成激光加工设备，费用高达 1000 万元。

经过 6 年攻关，2013 年，我国首台 10kW 连续光纤激光器在锐科激光诞生，结束了我国不能自主研发高功率光纤激光器的历史。同类进口产品价格，从最初的 700 多万元直接降到了 70 万元左右。

不只是国产替代的先行者，更是国际标准的制定者。2020 年，锐科激光联合华工科技等单位制定的一项光纤激光器国际标准获得通过，这是我国首次为激光产品定国际标准。科研界评价："国际科研合作无法把中国排除在外，需要中国参与进来。"

同样在我国首台 10kW 连续光纤激光器在锐科激光诞生的这一年，武汉睿芯在光谷成立。公司成立的最重要目的，就是研制出可替代进口的国产特种光纤。光纤光缆制造位于整个光通信产业的上游，武汉睿芯生产的特种光纤，是一种 1.5μm 光纤放大器的核心材料，之前主要购自海外，价格高昂。

为了不受制于人，武汉睿芯的科研团队用了 8 年时间，自己摸清了配方和工艺，于 2021 年 7 月成功突破 1.5μm 光纤放大器技术，填补了我国在光纤放大器自主产业链上游的空白，并将大幅降低下游产业制造成本。

脱胎于武汉邮科院的烽火通信是国内领先、国际知名的信息通信设备与网络解决方案提供商，曾连续多次打破光通信传输纪录。

2017 年 2 月，烽火通信在国内首次完成超大容量光传输系统实验，能在一根光纤上承载 67.5 亿组人（两人一组）同时通话，这标志着我国在"超大容量、超长距离、超高速率"光通信系统研究领域实现全球领先。

2018 年 7 月，为感谢烽火通信的突出贡献，国家天文台将中国科学家此前发现的第 121547 号小行星永久命名为"烽火通信星"。

▲ 锐科激光光纤激光脉冲光学车间，员工正在生产光纤激光器光学模块

2021 年底，烽火通信推出了中国首款、拥有自主知识产权的 400GB 相干商用硅光收发芯片。

2022 年初，烽火通信所属的中国信科，又发布了国内首款 1.6TB/s 硅光互连芯片，可满足 200 家千兆宽带用户同时传输数据，实现了我国硅光芯片技术首次向 TB/s 级跨越，这也将为超级计算、人工智能等新技术以及新产业发展提供有力支撑。

2023 年 1 月，中央电视台《新闻联播》“新思想引领新征程”专栏以《中国光谷：走科技自立自强之路》为题，用 5 分钟的超常规篇幅，报道光谷科技工作者深入践行总书记殷殷嘱托，走科技自立自强之路，以实际行动交出亮丽的创新答卷。

2023 年 8 月 10 日，中央电视台“高质量发展调研行”专题再次聚焦光谷，在《朝闻天下》栏目连播 4 条新闻，报道光谷以光筑“链”，融合攻坚，助推“国产替代”加速度；强链补链，国产三维五轴 C 位出道；聚合催化，让实验室与市场双向奔赴；创新生态平台，构建纳米抗体“朋友圈”。从企业独自摸索再到全产业链协同，聚焦中国光谷如何破解“卡脖子”问题。

“向着更高远的地方，铺展发展的万千可能。”正如马新强在华工科技召开的“光荣之路”创新誓师大会上所说，走好科技自立自强的新长征路，这是一条无比光荣的道路，也是光谷“追光者”与时代的双向奔赴。

串珠成链，聚链成群

从无到有，从有到大，从大到强，从“产业最完整”到“产业链自主可控”，更多的创业者涌入光谷，助推光谷在全国乃至全球光电子信息领域“独树一帜”。

2010 年，瞄准光通信器件生产线监测和测试，武汉理工大学教授黄秋元和学生马超创立普赛斯，并在光通信有源器件测试、中高端半导体测试应用领域率先国产化，填补国内空白。

目前，普赛斯服务的行业从光通信、光电子向半导体行业扩展，产品覆盖光通信和半导体领域从晶圆到器件生产的每个检测环节，获评国家级专精特新重点“小巨人”企业。

2012 年，由华中科技大学教授李进延任首席科学家的武汉长进光子技术股

▲ 烽火通信的 5G 承载实验区

份有限公司（简称“长进光子”）成立，聚焦有源光纤研究与应用的瓶颈问题，助力推动光纤激光器和通信放大器领域关键材料的国产化。

目前，长进光子自研的测风激光雷达用特种光纤，国内市场占有率排名第一，为我国发展风电能源突破关键环节的核心技术及工艺提供了支撑。

2018 年，拥有华中科技大学工学博士学位的副局级干部易志雄辞职创立武汉一网万联科技有限公司，攻克光纤易断、易碎，在室内布线易因受力或弯折造成信号中断、衰减的世界性难题，让光纤到桌面大规模普及成为现实。

成立不到 5 年，该公司的全光纤网络解决方案已在武汉市民之家、湖北省邮电规划设计院、宜昌市中心人民医院等 60 多个实际工程案例中得到应用。

串珠成链，聚链成群。截至 2022 年底，围绕光电子信息产业，光谷培育出了 7 家百亿级制造业龙头企业、10 家国家级制造业单项冠军、60 家国家级专精特新“小巨人”企业，形成了 3000 余个具有行业影响力的自主品牌，并成功助推武汉光电子信息产业入选“国家先进制造业集群”榜单。

“集聚才有活力！”在武汉光电工业技术研究院有限公司（简称“光电工研院”）总经理韩道看来，以光电子信息产业集群为代表的这批光谷企业家身上，有一股抱团发展的强大力量，同时这也是增强产业发展后劲的关键动力。

韩道，18 岁从深圳来到光谷，就读于华中科技大学。2010 年博士毕业后，从“0”开始新建新型科技协同创新服务平台，两年后，他接过建设光电工研院的重任。

光电工研院是一个旨在打通产业链与创新链、提供产业服务的“四不像”机构，该机构瞄准光电子信息产业集群，推动“顶天”技术落地生根。

2013 年，在韩道和团队的努力下，光电工研院推动显微光学切片断层成像系统（MOST）知识产权组以 1000 万元价格挂牌交易，创下科技成果转让标底国内最大、个人及团队分配比例最高的两项纪录，成为部属高校挂牌转化科技成果的首个案例。

10 年过去了，光电工研院已成功孵化 200 余家企业。其中包括从事三维光学成像设备研发的武汉沃亿生物有限公司、专注于智能驾驶的极目智能、专注于超低空数据智慧应用的武汉飞流智能技术有限公司、国内唯一一家拥有半导体紫外线 [长波紫外线（UVA）/ 中波紫外线（UVB）/ 短波紫外线（UVC）] LED 全波段核心器件及光源系统的武汉优炜芯科技有限公司、专注于高端 LED 光源产业化的华引芯、专注于高性能模拟与混合信号芯片设计的聚芯微电子等。

沿着高新大道一路向东，沿途高科技企业集聚。已在光谷学习、工作 20 多年的韩道有时候会觉得恍惚："仿佛走在深圳的深南大道上，感觉特别朝气蓬勃。"

追光逐梦，中国光谷已将目光定格在未来的光世界。省、市、区政府出台多项政策，调配各种资源，支持光谷打造世界级光电子信息产业集群。

2022 年 9 月，光谷召开光电子信息产业专题研讨会，邀请 21 位院士、专家、企业家建言献策，中国科学院院士、中国工程院院士李德仁，中国工程院院士、华中科技大学校长尤政，武汉大学、华中科技大学的刘胜、缪向水、朱晓等专家；庄丹、闫大鹏、何书平、李志刚等企业家；光谷实验室、国家信息光电子创新中心、光电工研院等机构代表参会并发言。

▲ 高新大道沿途高科技企业聚集

针对光谷正在编制的光电子信息产业发展规划和行动方案，参会者建议，光谷光电子信息产业集群规划发展，要始终站在全球、全国的高度，充分研判全球竞争态势、立足国家发展所需，把创新能力建设作为最核心的要素，深挖关键技术，尤其要布局下一代核心技术、支撑产品，凝聚各方共识，重点突破，为国家光电子信息产业发展提出“光谷方案”。

数月后，《湖北省突破性发展光电子信息产业三年行动方案（2022—2024年）》（简称“《方案》”）发布。《方案》提出，到2024年，全省以光电子信息为特色的电子信息产业规模力争突破万亿元，进一步巩固和提升其在全国“独树一帜”的领先地位，为打造具有全球影响力的世界级光电子信息产业集群奠定坚实基础。

与此同时，光谷也相继出台了“支持工业经济高质量发展25条”和“光谷科创金融新十条”等政策，促进光电子信息产业快速发展。

时间回到20多年前，世纪之交，“光谷热”开始在中国升温，除“武汉·中国光谷”外，“长春·中国光谷”和“广州光谷”等先后亮相，并分别以其宏伟的发展目标及计划激励人心。粗略统计，大约有7个城市提出光谷概念以及发展愿景。

时至今日，大浪淘沙，只有武汉坚持至今并笑到最后，“光谷”已专指“武汉·中国光谷”。这对于地处典型内陆城市武汉的光谷来说殊为不易。

今朝再出发，瞄准全球一流的光电子产业基地、世界级光电子信息产业集群，光谷人矢志不移，继续“追光”。

3 自主创“芯”

一个有着鲜明的钢铁基因烙印的城市，如何成为国家科技创新高地？武汉在实现了国人的“钢之梦”之后，又将如何扛起国人的“芯之梦”？

2019 年 9 月，中央电视台《对话》“中国产业地标”系列节目聚焦光谷，探讨武汉从“钢的城”到“芯的城”的转型实践。

节目中，“光谷”作为描摹这个城市的第一个关键词，化为“创新基因”“创新链”的小旗被插在武汉的地图上。紧随其后，插上的下一个关键词是“中国芯”。

不单“追光”，也在“逐芯”。光谷从激光和光通信产业起跳，已成长为全国四大集成电路产业基地之一，聚集集成电路企业近 200 家，拥有武汉光迅科技股份有限公司、长江存储、武汉新芯、高德红外、梦芯科技等一批有影响力的集成电路产业龙头企业，逐步迈向以光电子芯片、存储芯片、红外芯片、物联网芯片为特色的芯片产业高地。

见证武汉 20 余年漫漫“逐芯”路，国家集成电路人才培养基地（武汉）主任、武汉集成电路设计工程技术研究中心主任邹雪城说，光谷“敢于为国家发展扛旗”。

芯片赛道的“武汉队”

2018 年底，湖北勾画出以“一芯驱动、两带支撑、三区协同”为主要内容的区域和产业发展战略布局。华工科技董事长马新强说：“这是武汉的‘芯’起点。”

这句话算不上准确。事实上，早在 2000 年，国务院印发《鼓励软件产业和集成电路产业发展的若干政策》，鼓舞了第一批“海归”回国创建芯片公司，正式开启中国集成电路“黄金元年”，武汉从那时起就开始谋划发展集成电路产业，开始了旷日持久的“逐芯”之路。

整整两年时间，省、市政府先后寻找了 10 多家国内外知名芯片厂，讨论合作。“追赶再难，也必须要追。”作为光谷最早的集成电路芯片设计者、集成电路产业的推动者，邹雪城曾在接受本地媒体采访时感慨，“如果不做这件事，在中国未来半导体产业的版图上，就没有湖北武汉的名字。”

国家科技重大专项 01 专项技术总师、清华大学微电子学研究所所长魏少军曾多次来光谷考察。在他看来，武汉这样一个中心城市，在传统工业转型升级过程中，引入像集成电路这样的新兴产业，从经济结构上看是必然的选择。

2004 年，武汉正式出台《市人民政府关于进一步鼓励软件产业和集成电路产业发展的意见》，明确提出要用贴息等方式鼓励应用、扩大内需，面向需求、吸引人才，并用税收优惠等政策扶持集成电路产业的发展。

时隔两年，省、市、区三级政府出资，武汉新芯落地光谷。一期投资规模达

▲ 位于光谷高新四路的武汉新芯

107 亿元，占当年省内国有经济投资总额的近 1/10。这是数十年来，中部地区第一条 12in（1in=2.54cm）集成电路生产线项目，被誉为武汉发展集成电路产业的起点。

但很长时间以来，这个“第一”的日子并不好过。动态存储器价格崩盘、下游客户遭遇经济危机、管理权变更，武汉新芯长久没有实现盈利，甚至一度面临被芯片巨头并购的危机。邹雪城曾在回忆这段历史时直言：“武汉新芯慢慢做，做得很艰难。”

虽几经动摇，武汉新芯还是成功坚持了下来。

转折点发生在 2014 年，《国家集成电路产业发展推进纲要》颁布实施，部署此后 10 年的产业战略，将首个主攻对象指向存储芯片。

同年，湖北省集成电路产业发展行动方案提出，大力实施“武汉新芯跃升工程”，依托光通信、光显示、红外传感、北斗导航等特色优势，形成以芯片设计为引领、芯片制造为支撑、封装测试与材料为配套的较为完整的集成电路产业链。

光谷集成电路产业规划随之出台，明确提出要在 2016 年实现集成电路产业规模达到 300 亿元，到 2020 年产业规模达到 800 亿元的发展目标。

2016 年，光谷“逐芯”迎来又一里程碑时刻。总投资 240 亿美元的国家存储器基地项目，在光谷左岭一片 2300 亩的土地上郑重落子，作为国家存储器基地项目的实施主体，长江存储正式成立，并全资收购武汉新芯。

存储器是信息系统的基础核心芯片，最能代表集成电路产业规模经济效益和先进制造工艺，同时也是我国当时进口金额最大的集成电路产品。但由于技术难度大、投资总量大，当时全球仅有三星、东芝、美光、海力士这四家企业能生产主流存储器，我国并没有大规模生产存储芯片的厂家。

在光谷启动的国家存储器基地，便补足了这一空缺。

该基地以芯片制造环节为突破口，集存储器产品设计、技术研发、晶圆生产与测试、销售于一体，并在日后带动设计、封装、制造、应用等芯片上下游相关产业的共同发展。

这是新中国成立以来湖北省单体投资最大的高科技产业项目。《经济日报》

▲ “自主创芯，产业报国”，以长江存储为主体的国家存储器基地在光谷投产建设

在《武汉光谷托起“中国芯”》一文中表示：“国家存储器基地项目落户武汉，填补了此前国内集成电路产业的一块空白。”

武汉四大新国家基地，国家存储器基地最先启动。从 2014 年底酝酿，到 2016 年 2 月获批，短短的 1 年多时间，省、市、区三级政府均成立专班，每日跟进项目进度，最终光谷的国家存储器基地从激烈的竞争中脱颖而出，拔得头筹。

“它的意义会超过武钢在工业化时代对于武汉的意义。”国家科技重大专项 02 专项技术总师、中国科学院微电子研究所所长叶甜春说，一个城市的“硅含量”，将决定城市未来发展的位次。

2017 年 9 月，国家存储器基地项目一号生产及动力厂房实现提前封顶。它拥有全球单体面积最大的芯片生产车间，相当于 10 个标准足球场的面积。当月，中央电视台播出的《还看今朝 · 湖北篇》，大篇幅聚焦国家存储器项目，节目中憧憬着美好未来，“工业粮食将实现完全自主供应”，“电子服务有了我的中国‘芯’”。

光谷“逐芯”的梦想并不止步于此。2018 年 5 月，长江存储首台光刻机运抵武汉天河机场，几乎同一时刻，光谷赴沪招商，举办“集成电路投资合作交流会”，包括长江存储在内的40多家国内外知名集成电路企业参会，共商“中国芯”发展前景。

会上，光谷相关负责人透露，将依托国家存储器基地项目，在武汉未来科技城打造占地1万亩的集成电路产业园，打通上下游产业链，形成参与世界竞争的国家级集成电路产业集群；将出台《武汉东湖新技术开发区关于鼓励集成电路产业发展的若干政策》，即“光谷集成电路产业十条”，全方位促进集成电路发展。

在这次招商会的前几日，聚焦“发展集成电路产业要保持战略定力”这一主题，魏少军受邀在光谷开讲。他表示：“武汉建设国家存储器基地，承担了掌握国之重器的历史使命，一定要以战略定力应对各种困难。”

他还在演讲中提出，“补短板”和“锻长板”要两手抓，两手都要硬，不能偏废。“补短板”是被动的守势，“锻长板”是主动的攻势，进攻是最好的防御，应该正确理解两者的关系。

既补短板，也锻长板。国家存储器基地项目在实现中国集成电路存储器规模化发展“0”的突破的同时，还在研发制造高水平存储芯片的道路上一路跋涉。

2018年底，长江存储研发的中国首款32层3D闪存芯片量产。

2019年9月，首次基于Xtacking架构的64层3D闪存芯片量产。

2020年4月，长江存储最新的128层QLC 3D NAND闪存，宣布在武汉光谷研发成功，这是全球首款128层QLC闪存，拥有业内已知型号产品中最高单位面积存储密度、最高输入/输出（I/O）传输速度和最高单颗NAND闪存芯片容量，是上一代64层单颗芯片容量的5.33倍。

作为闪存行业的新人，短短3年时间，长江存储实现了从32层到64层再到128层的跨越。

华中科技大学计算机科学与技术学院院长、信息存储系统教育部重点实验室主任冯丹教授感慨，这款产品已经达到全球主流产品的位置，表明中国芯片产品在国际市场已由跟跑进入并跑时期，意义重大。

龙头带动，上下游产业加速集聚，光谷集成电路产业实现集群化、规模化发展。

▲ 长江存储研发成功的 128 层 QLC 3D NAND 闪存

从 2019 年到 2022 年，武汉更是接连出台专项政策，在支持集成电路发展方面，展现出无与伦比的决心和信心。

2019 年，武汉市出台《市人民政府关于推进重点产业高质量发展的意见》，集成电路被列为八大重点发展产业之一。其中，明确提出，依托国家存储器基地，重点发展存储芯片、光通信芯片和卫星导航芯片，形成以芯片设计为引领、芯片制造为核心、封装测试为配套的较为完整的集成电路产业链。

2020 年，武汉再次出台《武汉市加快集成电路产业高质量发展若干政策》，鼓励集成电路企业、高校和科研机构建设集成电路核心技术攻关载体，对集成电路领域新获批的国家技术创新中心、国家重点实验室，一次性资助 500 万元。

2022 年，武汉市在《市人民政府办公厅关于促进半导体产业创新发展的意见》中，明确了半导体产业创新发展的新目标——到 2025 年，武汉市芯片产业产值超过 1200 亿元，半导体显示产业产值超过 1000 亿元，第三代半导体产业初具规模；在武汉市内培育形成 5 家销售收入超过 100 亿元的芯片企业、5 家销售收入超过 100 亿元的半导体显示企业、5 家销售收入超过 10 亿元的半导体设备与材料企业，半导体企业总数超过 500 家，上市企业新增 3 ~ 5 家。

及早谋篇布局，笃定克难攻坚。在集成电路赛道，“武汉队”奋勇前行。

向上攀登，为国登顶

2019 年 9 月播出的中央电视台《对话》节目，将录制地点选在武汉未来科技城 F3 栋 5 楼的露台上，背景是光谷的产业地标——被武汉市民亲切地称为“马蹄莲”的新能源研究院大楼。

一位《长江日报》记者事后在自媒体文章中分享了现场的一幕：

最先上台分享的，是时任中国信科董事长童国华，当主持人陈伟鸿邀请武钢党委书记刘安上台时，童国华连忙起身，把靠近主持人的中间座位让给了刘安。

主持人陈伟鸿问：“为什么？”

童国华说：“现在，传统行业仍是武汉的‘老大哥’，是武汉市‘吃饭的本钱’，所以要给‘老大哥’让座。”

现场大笑。

过了一会儿，主持人请东风汽车副总工程师谈民强上台，童国华又欲起身让座，被主持人劝止，于是坐在了两位“老大哥”中间。

童国华笑道：“希望武汉创新企业早日发展，尽早超越‘老大哥’，也成为武汉经济支柱。”

童国华为中央电视台《对话》节目带来的道具，是一款拇指大小的硅光芯片，该芯片支持 100 ~ 200GB/s 高速光信号传输。作为迄今武汉最年轻的“中字头”央企，2018 年 7 月在光谷诞生的中国信科，是全球能供应硅光芯片的少有的几个企业之一。

加快打造国家战略科技力量，攻克关键核心技术，中国信科集团由烽火科技集团有限公司（简称“烽火科技”）、大唐电信科技股份有限公司联合重组，致力于打造信息通信领域的“大国重器”。

“芯片非常揪心，但要坚持。”童国华回忆，作为我国光通信发源地和核心技术的创造者，早在 20 世纪 90 年代，烽火科技就开始突围做芯片。

2001 年，烽火科技旗下上市企业烽火通信成立微电子部，瞄准光系统芯片展开攻坚，在同步数字体系（SDH）产品大规模布局各大运营商的黄金 10 年里，烽火通信研制的产品为降低整机设备成本、提升产品特别是低端产品核心竞争力作出了巨大贡献。

2014 年，在《人民邮电》发表的一篇名为《烽火通信：打造光通信“中国芯”》的文章中，时任烽火通信总裁的何书平在接受记者采访时说，芯片是烽火通信极其重要的核心竞争力，它关系到企业未来的长远发展，因此对芯片的研发投入只会不断增加而不会减少。

次年 12 月，脱胎于烽火通信微电子部的飞思灵正式成立，其专注于光通信系统设备及光模块器件所需芯片研发、设计。2022 年 9 月，成立 7 年的飞思灵成长为国家级专精特新“小巨人”企业。此前不久，在湖北省首次进行的高新技术企业百强评选中，这家集成电路设计企业排在第十五位。

2018 年 8 月，中国信科成立仅仅 1 个月，我国自主研发的首款商用 100GB 硅光收发芯片正式投产。该款芯片由国家信息光电子创新中心、武汉光讯科技股

▲ 烽火科技实验室内，技术人员正在测试产品

份有限公司、中国信科等单位联合研制，在一个不到 30mm^2 的硅芯片上，集成了包括光发送、调制、接收等近 60 个有源和无源光元件，是当时世界上集成度最高的商用硅光子集成芯片之一。

相对于传统三五族材料光芯片，硅光芯片采用硅光子技术，是将硅光材料和器件通过特色工艺制造的新型集成电路，具有集成度高、成本低、光波导传输性能好等特点，存在较高的技术壁垒。

虽然成功推出 100GB 硅光收发芯片，在硅光芯片的研发上已经取得了技术突破，但并不意味着国内外硅光技术站到了同一起跑线。

中国信科光纤通信技术和网络国家重点实验室副主任肖希博士曾在一场光电子集成技术论坛上，给出了一个令人印象深刻的比喻。他说："我们和国外的差距就好像人家开着兰博基尼兜风，我们开着捷达在后面追，看起来距离在拉近，但是人家可以随时甩开我们。"

要想不被甩开，只能依靠自己拼。

经过 3 年的艰苦研发，2021 年底，中国信科推出了中国首款、拥有自主知识产权的 400GB 相干商用硅光收发芯片。这是当时国际上已报道的、集成度最高的商用硅光集成芯片之一。

2022 年 1 月，中国信科联合鹏城实验室、国家信息光电子创新中心，在国内率先完成了 1.6TB/s 硅基光收发芯片的联合研制和功能验证，标志着国产硅光芯片水平已经达到了国际领先水平。

同年底举行的 2022 中国信息通信大会上，"1.6TB/s 硅光互连芯片"成果，入选 10 项重大科技进展。

"我们自己的山，自己要登上去，让全世界看到中国人。"2019 年的国庆献礼片《攀登者》，讲述的是 1960 年、1973 年，中国登山队两次成功登上珠穆朗玛峰。片中的这句话，曾感动了许多人。

而在光谷，越来越多的造"芯"者正在践行这一句话，向上攀登，为国登顶。

武汉飞恩微电子有限公司（简称"飞恩微电子"）成立于 2011 年，是一家由海外归来的微机电系统（MEMS）及封装测试等领域的技术专家发起成立的高新技术企业。

点开其官网的公司新闻页面，“志存高远，脚踏实地”八个大字跃入眼帘，下面的一行小字格外醒目：“我们梦想攀登上珠穆朗玛峰顶，我们也踏踏实实地辛苦耕耘；我们用汗水浇铸希望，我们用行动守望明天。”

飞恩微电子创始人刘胜曾在美国斯坦福大学攻读博士学位，毕业后获得美国韦恩州立大学副教授（终身教授）的职位，并凭借科研上的突出成果，获得美国总统学者奖。2000 年，面对中国在芯片封装、电子制造等领域受制于他国的局面，刘胜婉拒了国内多家著名高校的邀请，回到武汉。

他曾先后担任华中科技大学机械学院微系统研究中心主任、武汉光电国家研究中心微光机电系统研究部负责人，武汉大学动力与机械学院院长、电子制造和封装集成研究中心主任、工业科学研究院执行院长。

十年磨一剑，他带领团队全力攻坚电子封装行业核心技术，率先突破 7nm-9 芯片 -64 核中央处理器（CPU）芯片封装核心技术，实现了高密度高可靠电子封装从无到有、产学研的核心装备从 0 到 80% 的国产化，引领了我国电子封装行业和装备的跨越性发展。该成果荣获 2020 年度国家科学技术进步奖一等奖。

2022 年 12 月，飞恩微电子自主研发的 FN-A1601 系列芯片正式面世，这也是国内首款车规级 MEMS 压力芯片，将应用于汽车、智能家居、医疗器械、工业控制等领域。

从研发投入到批量量产，飞恩微电子 FN-A1601 系列压力芯片开发周期不到两年。“在芯片封装、电子制造等领域受制于人，这种感觉很不好受。”刘胜说，只有将核心技术掌握在手中，才能占领行业技术制高点。

同样是海归博士，怀揣着“中国芯绝不受制于人”的梦想，韩绍伟于 2009 年回国参与北斗卫星导航系统建设，开发高端导航定位芯片，攻克制约国内卫星导航产业的技术难题。2014 年，韩绍伟取意“北斗梦、中国芯”，在光谷成立梦芯科技。

▲ 位于光谷的中国信科集团总部大厦

1 年之后，韩绍伟带队研发出中国首颗 40nm 量产的北斗导航定位芯片，该成果斩获了中国卫星导航定位科学进步奖一等奖。

“中国人一定要做自己的芯片，不能只靠国外。”对“中国芯”的未来，韩绍伟说，“我们这代人把芯片的事情做好，再培养一批人，让事业后继有人，就是我的使命。”

同样冲破封锁壮大“中国芯”的还有高德红外。

在技术、设备、工艺、原材料、人才等均受到严密封锁的情况下，创始人黄立带领公司科研团队，持续 10 多年投入巨资攻关，研制出拥有完全自主知识产权的红外探测器芯片。

2021 年 2 月，在湖北省科技创新大会上，高德红外高性能制冷红外焦平面探测器关键技术及应用项目斩获省科学技术进步奖一等奖。数日后，该公司自主研制的我国首款百万像素级双色双波段红外探测器，通过行业专家科技成果评价，“具有自主知识产权，填补国内空白，整体水平达到国际先进水平”。

“从跟跑、并跑到领跑，中国红外探测技术已经具备国际竞争力。”加入高德红外近 20 年，带领研发团队攻坚克难，“登顶”技术高峰，高德红外常务副

▲ 高德自主研发的红外芯片

总经理苏伟参与并见证了我国在红外探测器领域的一系列重大突破，“从红外核心器件、红外成像技术到红外芯片，100% 实现国产化，不受‘卡脖子’影响。”

在高德红外产品展厅里，从非制冷型到制冷型，从单色芯片到双色芯片，几十款大大小小、形状各异的芯片占据着最中间的位置。

“科技进步是无止境的，停下来甚至慢下来都会被超越。只有不停向前奔跑。”黄立说。2021 年 11 月，《经济日报》头版头条报道高德红外，全文罕见地达到了 1 万字左右。文中说，虽然红外芯片并不完全遵循逼得人发疯的摩尔定律，但高德红外还是选择给自己穿上永不停歇的“红舞鞋”。

2023 年 4 月，聚焦“攀峰聚智、芯动未来”这一主题，九峰山论坛暨化合物半导体产业大会在光谷举行，国内外权威院士专家和企业领袖共 1200 多位重量级嘉宾到会，共同见证光谷打造全球化合物半导体创新灯塔和产业高地的宏伟蓝图。

横贯光谷东西，海拔 240m 的九峰山，是武汉中心城区的最高峰。直面战略需求，迎接全球科技竞争，以这座武汉最高峰命名的九峰山论坛，成为光谷“逐芯者”攀峰的勇气和决心的最好见证。

“芯”光璀璨

2023年2月，“光谷高科技高成长20强”榜单出炉，排名第一的聚芯微电子不但实现了3年近20倍的复合收入增长，其研发费用更是达到了收入的1.8倍。

刚满7岁的聚芯微电子足够年轻，然而，作为“武汉在硬科技领域估值最高的公司之一”，它的高质量成长也令人瞩目：推出国内首颗自主研发背照式、高分辨率 ToF 传感器芯片；自主研发的智能音频芯片累计出货量上亿颗；获国内顶尖风险投资机构和产业基金累计投资近10亿元。

2016年，毕业于荷兰代尔夫特理工大学，曾在世界级半导体公司恩智浦欧洲总部担任全球产品总监的刘德珩回国造“芯”，在家乡武汉创办聚芯微电子。4年之后，聚芯微电子正式发布国内首颗自主研发、背照式、高分辨率、用于3D成像的 ToF 传感器芯片。

“这颗 ToF 芯片从设计到验证，经历了一个漫长的过程。”聚芯微电子首席技术官、研发总监柯毅回忆，这是聚芯微电子全新开发的一款芯片，像素和信号链很多，导致芯片的验证过程变得非常复杂，“我们借助了许多创新的方式，

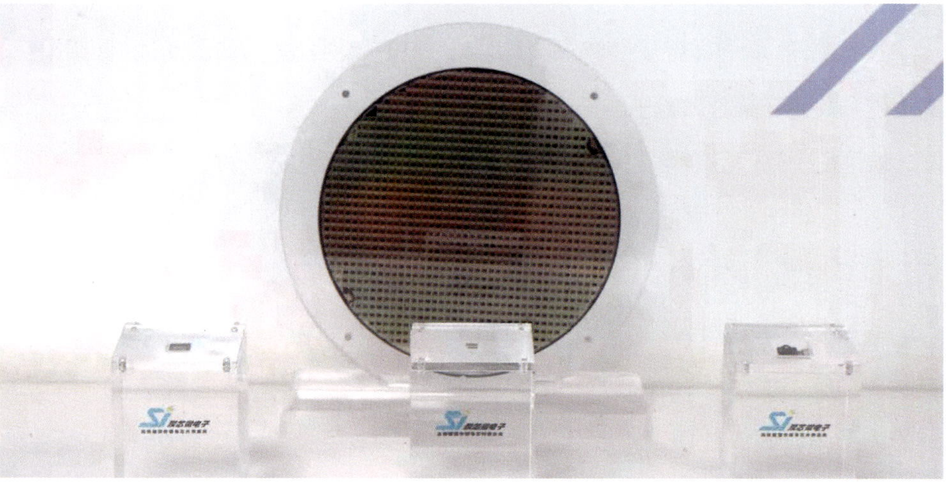

▲ 聚芯微电子生产的芯片产品

来完成芯片的验证，最终实现了一次性点亮，非常不容易。”

经过多次迭代和优化，聚芯微电子于 2021 年的光博会上再次推出新一代高性能 ToF 3D 图像传感器，该款芯片的面积只有原来的一半，性能大幅度提升，相比国外竞争对手有巨大的价格优势，可广泛适用于 3D 人脸识别、3D 建模、增强现实 / 虚拟现实（AR/VR）、安防等应用场景。

从早期的单产品线发展至今，聚芯微电子已拥有智能音频、3D 视觉、光学传感和触觉感知等多条产品线。其中，智能音频功放凭借差异化的产品及优秀的性价比，已得到主流手机厂商的认可，截至 2022 年底，在华为、OPPO、小米、三星等一线大厂量产近 3 亿片。

2019 年聚芯微电子企业营收仅 400 多万元，2021 年却高速冲到 8000 多万元，2022 年，消费电子市场疲弱，但聚芯微电子营收仍逆势增长超过 50%，达到 1.3 亿元。

继 2021 年成为湖北省专精特新“小巨人”企业之后，2022 年 8 月，聚芯微电子再度入选国家级专精特新“小巨人”企业。

和创始人刘德珩一样，柯毅本科同样毕业于华中科技大学，之后赴比利时鲁汶大学和欧洲微电子中心继续深造，在全球领先的半导体公司美国博通工作多年后，怀揣着“为中国半导体事业作出自己的贡献”的目标，于 2018 年底回到家乡武汉，加入聚芯微电子。

在他看来，聚芯微电子是一家以工程师为主的科创公司，“脚踏实地，仰望星空”的工程师文化在聚芯微电子成长过程中发挥了巨大的作用，“踏踏实实进行产品研发，保证每一款产品能最终落地，与此同时，不断探索边界，开拓新的方向”。

2022 年年初，聚芯微电子完成由五源资本领投，字节跳动等公司跟投的数亿元 D 轮融资，此轮融资距离其 C 轮数亿元战略融资仅仅半年。

“聚芯微电子是国内少有的在智能音频和先进光学感知领域同时拥有顶尖研发能力和成功量产经验的团队，在多个领域做到了全国第一。”五源资本合伙人刘凯表示，看好该公司下一代 3D 光学产品线的发展，“随着 AR/VR 以及智能汽车领域的成熟，大量光学应用场景出现，我们相信公司有机会成为新一代光学传感领域的领头羊。”

与32岁创办聚芯微电子的刘德珩不同，押上全部身家在光谷归零创办武汉新创元半导体有限公司（简称“新创元”）时，赵勇已经51岁。这个决定，令整个行业为之一振。而他的上一个职业身份，是TCL集团副总裁、武汉华星光电总经理。

据《湖北日报》和《长江日报》两家媒体的报道，作为中国显示面板领域的顶级职业经理人，赵勇为光谷崛起成为世界最大的中小尺寸显示面板基地，立下了汗马功劳。在他担任武汉华星光电总经理期间，曾带领武汉华星光电1万多名员工，建起t3、t4两大面板厂，新冠病毒疫情期间武汉华星光电顶起全球中小尺寸面板供应链两成份额。

新创元，倒过来念就是“原创新”。从新型显示产业转换赛道至半导体产业，赵勇第一次创业的瞄准方向为集成电路产业链中的集成电路（IC）载板，这是集成电路产业链封装环节的关键材料，技术门槛高，我国在该领域的全球市场份额不到5%。这是一个具有前瞻性的选择。“IC载板未来可期，可以有好几倍的增长空间，行业竞争格局良好，有望实现国产替代。”赵勇说。

为什么是光谷？影响赵勇做出选择的最关键因素，一是产业，二是人。在他看来，一方面，光谷是国家级集成电路产业基地，产业规模全国领先；另一方面，IC载板的许多技术资源、设备供应商、材料供应商等，都与半导体芯片和显示面板产业是相通的，在光谷有利于整合资源、产业协同。

相比赵勇，武汉芯动控股集团有限公司（简称“芯动科技”）创始人敖海在更早之前就切身体会到了我国在高端芯片领域的“缺芯之痛”。为此，他毅然决定离开硅谷回国创业，开始了在芯片核心技术授权领域十年如一日的耕耘。

自2006年成立以来，芯动科技在光谷逐渐成长，成为中国一站式知识产权和芯片定制领军企业。2022年8月，在发布国内第一款服务器级显卡图形处理器（GPU）芯片——“风华1号”不到1年后，“闷声干大事”的芯动科技在武汉发布湖北首款桌面级显卡图形处理器芯片——“风华2号”。该产品是集强渲染、高清三屏显示、人工智能计算及 4K 超高清视频解码于一体的桌面和工控级 GPU，在能效、渲染跑分、显存带宽、人工智能计算等多个领域位于国产同类产品领先地位。此外，其在多平台兼容性和国产化率等方面也实现了巨大突破，使国产 GPU 进入一个从可用到好用的阶段。

板凳坐得十年冷。敖海说，依靠研发，立足市场，放眼全球，赋能国产 GPU 产业链，公司志在必得。

为国造“芯”，在光谷，更多的芯片创新力量正喷涌而生。

以光芯片的封装测试为切入点，二次创业的邱德明于 2016 年创办武汉盛为芯科技有限公司（简称“盛为芯科技”），这是我国首家专门提供光芯片检测及封装的科技型企业，业务覆盖了从 2.5GB 到 25GB 的全系列光芯片。

从创业初期的小试牛刀，到后来的不断“加码”，盛为芯科技生产车间内的上百台封测设备，七成为自主研发。

“不走寻常路”的邱德明说，掌握核心技术，“让大象跳舞”，才是重资产企业的制胜之道。

为实现高端光通信用光芯片的国产化，海归博士、武汉国家光电研究中心教授国伟华，在光谷创办奥瑞匹克（武汉）光电子科技有限公司（简称“奥瑞匹克”）。从 2015 年完成方案设计，到 2016—2017 年探索芯片工艺，优化芯片性能，使其达到产品级的要求。短短 3 年，从概念、方案到成品，奥瑞匹克研发制作出两款世界先进水平的高端光芯片产品。

国伟华直言不讳，回国的目的就是为了做产业，不仅仅是为了做研究，再好的成果不产业化也没有意义。

作为光通信领域国内首家独立的全系列光芯片供应商，成立于 2017 年 12 月的武汉敏芯半导体股份有限公司（简称“敏芯半导体”）以“做好每一颗光芯片，让世界爱上中国芯”为使命，研发生产 2.5GB、10GB、25GB、50GB 全系列激光器和探测器光芯片及封装类产品。2021 年，成立不到 4 年的敏芯半导体入选国家级专精特新“小巨人”企业。

当前，国内光芯片消耗量占全球比重过半。敏芯半导体董事长张华认为，得益于中国“世界工厂”的地位，光芯片领域的国产化替代，将约等于全球化替代。

2022 年成立的武汉二进制半导体有限公司（简称“二进制半导体公司”）是光谷集成电路产业的“后浪”，由来自光谷的中国信科和位于车谷的东风汽车公司联合发起设立，目标是让越来越多的汽车用上自主“芯”。

为了一枚芯片，两家央企强强联手，并肩作战。二进制半导体公司副总经理蔡敏说，二进制的 0 和 1 演绎着计算机的大千世界。在汽车领域，“从 0 到 1”则寓意着破冰式的改变，昭示着原始创新。

“前浪”“后浪”一同奔涌，时至今日，作为国内四大集成电路产业基地之一的光谷，已形成存储芯片、光芯片两大产业方向，涵盖设计、制造、装备、材料以及分销、模组等核心环节的完整产业体系。同时，半导体人才经多年培养，工程技术和研究人员超 3 万人。

伴随着武汉之东崛起一座创新涌动的“芯片之城”，工业重镇武汉，从“钢时代”“车时代”，迈入“芯时代”。

4 十年磨“屏”

2022 年 11 月，工信部中国电子信息产业发展研究院旗下赛迪顾问股份有限公司发布的研究报告显示，武汉在全国“2022 年新型显示十大城市”中位居第四，排在广州、合肥、深圳之后，在“2022 年柔性显示五大城市”中位居第二，仅次于成都。

这不是武汉第一次上榜。2021 世界显示产业大会上曾发布《2021 中国新型显示产业十大城市白皮书》，武汉凭借产业布局规模、研发创新能力、产线升级能力、市场拓展能力、未来发展潜力等各指标的优异表现，位列前十。

“敢为人后，做难而正确的事。”恰如武汉华星光电董事长兼总经理张锋此前接受《长江日报》采访时所言，从“0”起步，15 年接力长跑，由仰望者、跟随者到创新者、超越者，光谷新型显示产业不仅规模上国内领先，局部领域更是进入科技“无人区”，领跑全球。

敢为人后

“在咫尺间看见浩瀚，在渺小里看见伟大，在虚拟中看到现实，在当下洞察到未来。”2022 年 7 月，以位于深圳 TCL 华星光电技术有限公司（简称“TCL 华星光电”）为范本创作的一则短片，登上中央电视台综合频道。2 分 30 秒的时长中，有不少镜头关乎武汉华星光电。

在中央电视台的镜头中，光谷左岭大道，武汉华星光电全球最大 LTPS 生产基地正在加速建设。

“要么是快的公司，要么是死的公司。”这是 TCL 华星光电流传的铁律。

事实上，从诞生的第一天开始，TCL 华星光电这位面板业的“后来者”就一路快跑，创造了多项纪录。

张锋 2010 年入职 TCL 华星光电，作为初创团队的核心技术骨干，全程参与了 TCL 华星光电首条面板生产线的建设。17 个月建成投产，10 个月爬坡满产，这个深圳当年投资规模最大的工业制造项目，书写了业内最快纪录。

这仅是 TCL 华星光电刷新纪录的第一战。很快，TCL 华星光电的“马力”从深圳开到了武汉，于 2014 年在光谷成立武汉华星光电。

2016 年正月初三，武汉华星光电 t3 项目首支产品点亮，比计划的时间提前了 41 天，按照进度日报、周报、月报，整个环节一环扣一环。

点亮，代表生产线具备了生产能力，但实现量产，还需要经历产品良率提升和产能爬坡过程。

TCL 华星光电深圳工厂早期主要做大尺寸的电视面板，是标准化产品，而武汉华星光电工厂主攻中小尺寸面板，定制化程度高、生命周期短，要求快速开发、快速量产。张锋回忆，一边是客户希望交货，一边是技术难题需要攻关：“内外夹击、焦头烂额，有时连续两三个月，团队每天工作到凌晨。”

t3 项目量产不到半年，总投资 350 亿元的 t4 项目落地光谷，从签约到开工，仅用了 74 天，这也是国内首条主攻折叠显示屏的第六代柔性低温多晶硅有源矩阵有机发光二极管（LTPS-AMOLED）显示面板生产线。

作为显示行业的“后来者”，彼时的武汉华星光电着急。当时全球柔性屏实现量产的只有三星，武汉华星光电与前者的差距并不大，只有比对手快，才能抢占市场份额，“等别人都有了，我们再出发，就成了落后产能”。

2019 年，投产短短 3 年的武汉华星光电，成为湖北首家产值超百亿元的半导体显示面板工厂。

▲ 位于光谷左岭大道的武汉华星光电

截至2022年底，在显示面板领域，武汉华星光电已顶起全球两成供应链份额，LTPS 平板面板出货量全球第一，柔性有源矩阵有机发光二极管（AMOLED）手机面板出货量居全球前四。

在武汉华星光电智能工厂，隔着参观长廊的玻璃幕墙看过去，约 10m 高的厂房内，一台台大型先进设备摆放于无尘车间内，自动化设备和机械臂一刻不停地运转，依次完成清洗、镀膜、涂光阻、曝光、显影、蚀刻等 300 多道生产工序，几乎看不见工人的身影。

“做正确的事情，哪怕很难。”正如 TCL 华星光电升级企业文化中对“卓越”价值观的阐释。从“0”起步，武汉华星光电不仅规模上实现了全球领先，局部领域也已进入科技“无人区”，领跑全球。

2022 年 6 月，武汉华星光电推出全球最低刷新率穿戴设备屏，在全球首次将待机时刷新的频率从 1 秒 15 次降低到 1 分钟 1 次，功耗降低了 30%。

低刷新率意味着低耗电，这将大幅延长智能手表等穿戴设备的待机时长。“如果说 1 秒 20 次是 20 次的百米冲刺，1 分钟 1 次就是 1 万 m 的连续冲刺。”武汉华星光电穿戴开发组组长吴渊说，大家都铆足了劲，经历了无数次实验。

率先让超低频技术实现了突破，还得抢抓市场占有率。武汉华星光电大胆突破，改变了以往先研发后生产的模式，团队还在研发中，就火速搭建了生产线，

4 个月就完成了全球首发，就像跑了一场马拉松。

在武汉华星光电展厅，包括最新下线的可穿戴设备在内，数十款“全球首发”“国内第一”依次排开。

从跟跑到领跑，张锋说，创新是生命线、护城河，在关键时刻，更是武器。

2014 年，刚刚落地光谷的武汉华星光电开始建设中国第一条、全球第四条最先进的第六代 LTPS 显示面板生产线。当年 5 月，公司还没有注册，研发中心就成立了，这也是武汉华星光电第一个成建制设立的部门。

3 年后，耗资 350 亿元，武汉华星光电国内首条折叠显示屏生产线投产，全球 1500 多名高端光电人才进驻光谷。

“敢为人后，但要后发先至。”2019 年，武汉华星光电全球首发上下无痕的无折痕内折屏。此时，距离三星和 LG 集团发布第一代柔性 OLED 面板已经过去了 6 年。

在张锋看来，国内显示面板行业已经具备和国外行业领军企业“掰手腕”的能力，在半导体液晶领域甚至已实现“领跑”，但在相对较新的 OLED 显示领

▲ 武汉华星光电智能工厂

▲ 武汉华星光电连续 3 年实现折叠新技术全球首发

域还在追赶阶段，“这是未来发展趋势，武汉华星光电将死磕到底”。

2022 年 7 月，2022 国际显示技术大会在福州举行，全球首款 8in 无偏光片 360° 折叠屏惊艳亮相。这是继三折屏、云卷屏后，武汉华星光电连续 3 年实现折叠新技术全球首发。

技术的积累及领先布局，也逐渐投射在武汉华星光电的创新成果上。2021 年，在国际专利申请量排名前 50 的全球企业中，武汉华星光电位于第三十二位，排在 TCL 华星光电、腾讯、字节跳动之前，发明专利申请总量 7 年蝉联湖北省企业榜第一。

“中国的 OLED 屏幕，做到什么地步了？”2022 年 5 月，来自深圳的“90 后”科技类“UP 主”王亮探访武汉华星光电，视频推出才几天，在视频网站哔哩哔哩的点击量超 50 万次，点赞 3.7 万次。

王亮离开武汉华星光电时，已是晚上 11 点，视频里，无人机拍摄的镜头意外地好看。“看着依然明亮而且 24 小时运作的工厂，我问自己：‘这一趟行程，我还需要回答“中国 OLED 屏幕能够做到什么地步？”“距离领先还需要多久？”

之类的问题吗？'今天的我可能很难得到答案，或许说这些通明的灯火就是答案。”他在视频的结尾如此说道。

你追我赶，弯道超车

不只是武汉华星光电，作为光谷新型显示产业的另一领军企业，武汉天马也在发力。

2008年，同样来自深圳的面板巨头天马微电子股份有限公司（简称“深天马”）进入武汉成立武汉天马，其在光谷投资45亿元建设4.5代薄膜晶体管的液晶显示生产线，这也是湖北第一条LCD薄膜晶体管的液晶显示生产线，于2010年底投产后，2015年销售规模已达45.5亿元。

2015年，武汉华星光电t3工厂首台主设备顺利入驻厂房，武汉天马则宣布开工建设投资约120亿元的第六代AMOLED生产线。

2017年4月，距离投资350亿元的武汉华星光电t4项目签约落地光谷不到1个月，光谷智能制造产业园内，武汉天马G6生产线成功点亮，这也是全球首条同时点亮刚性和柔性显示屏的第六代AMOLED生产线，项目刷新同等规模

▲ 位于光谷左岭大道的武汉天马

产线的全球最快点亮速度。

据媒体报道，武汉天马 G6 生产线不仅能生产先进的 LTPS 基板，还具有完备的 OLED 蒸镀、封装等核心制程能力，能够支持从刚性 AMOLED、柔性 AMOLED 到柔性触摸屏的生产制造，可为智能手机、平板电脑等移动智能终端产品，VR、AR 等新兴市场产品，以及智能穿戴、可折叠设备等提供高品质平面及曲面显示器。

待到 2018 年 6 月，伴随着武汉天马 G6 生产线正式量产，并向品牌大客户出货，投资 145 亿元的 G6 生产线二期同时启动，将在光谷建设全球技术最先进的显示面板生产线。这是武汉天马自 2008 年在光谷落户、动工建设 4.5 代生产线以来，投资建设的第三条显示面板生产线，主要生产 5 ~ 15in 全高清、超高清柔性 AMOLED 显示屏。

同时，武汉天马还在光谷举行了全球供应商大会，来自欧洲、美国、日本、韩国等国家和地区的 250 多家供应商共 500 余人参会，覆盖光罩、材料、设备等产业链核心环节的龙头企业。

跨入 2019 年，武汉华星光电正式启动“星翼计划”，开展车载显示、笔记本电脑、平板、VR 显示面板等应用业务，打开新蓝海；武汉天马则瞄准前瞻性技术和先进应用，投资 15 亿元成立全资子公司湖北长江新型显示产业创新中心有限公司。

2021 年 3 月，湖北长江新型显示产业创新中心有限公司点亮首款实验线折叠屏产品，这距离该中心首台设备搬入，不到半年时间。该中心为业内首座拥有完整制程的研发技术平台，配置全球精度最高的研发设备，专门拿出一条实验线服务天马生产线，旨在加速前瞻性技术和先进应用技术布局，如此次点亮的折叠屏，就集成了业界最先进的触摸滤色片（CFOT）技术，相较现有折叠屏在功耗上有比较明显的降低，厚度上省去偏光片，更适用于折叠类产品，能实现极致的弯折半径。

时不我待，你追我赶。截至 2022 年底，两大显示巨头深耕的光谷，已经进入全面收获期——从中小尺寸到大尺寸，从硬屏到柔性屏，光谷布局建设了 6 条显示面板生产线，总投资超过千亿元，成为国内新型显示行业新增长极。

显示面板是一个资金和技术密集型行业，面板的产业拉动效应通常为 1 ：10，这意味着，武汉天马与武汉华星光电累计超千亿元的投入，可拉动上下游万亿元投资集聚。

武汉天马和武汉华星光电两大面板巨头比邻而立的左岭大道，8km 长串起 4000 亿元投资，被媒体誉为千亿“黄金大道”，勾勒出光谷“光芯屏端网”万亿级产业链新主轴。

如今，“光谷造”LTPS 平板面板、车载屏出货量全球第一，LTPS 笔记本面板出货量全球第二，小尺寸 LTPS 手机面板、柔性 OLED 手机面板出货量全球第四。

一大批全球第一、全球首发的显示屏，从光谷“照亮”全球。曾经的空口无“屏”，已是好“屏”如潮。

中国科学院院士欧阳钟灿曾谈到，“万物皆显示”。作为电子信息产业的重要组成部分，新型显示产业是战略性新兴产业的基础，也是最具活力的产业之一。

20 世纪 90 年代，日本凭借雄厚的工业基础和强大的制造能力，一直保持在液晶显示的霸主地位。韩国则从技术引进到自主创新，后来者居上，在 20 世纪 90 年代末逐渐超越日本，占据全球液晶显示龙头地位。

同一时期，我国开始探索和发展显示产业，经过持续不断地“引进、消化、吸收、自主创新”，2012 年，我国显示面板产能达到全球产能的 10%，首次超过日本；2017 年，我国超越韩国，显示面板出货量全球第一；再到 2021 年，我国在全球显示市场取得销售额 648 亿美元、总份额 41.5% 的成绩。无论是产业规模、创新实力还是市场占有率等，“中国屏”都已经位居全球显示产业引领者的地位。

面板的主战场，从日韩对决、中韩对垒，演变为 TCL 华星光电、京东方科技集团股份有限公司（简称“京东方”）和深天马的群雄对峙，而它们均将重点放在了武汉。

“一部‘中国屏’的辛酸史，就是改革开放以来中国人追求自主技术创新的奋斗史。”欧阳钟灿院士说，从国产彩电显像管的崛起，到中国企业在液晶显示面板领域实现弯道超车，再到各大屏厂迅速布局最新一代 OLED 屏幕生产线，中国显示产业实现了从追赶、并跑到领跑的跨越。

十年磨一屏。由仰望者、跟随者到创新者、超越者、领跑者，光谷参与并见证了中国液晶面板产业史诗般崛起。

强链补链，助推国产替代加速度

新型显示技术的上游主要包括原材料、生产设备及零组件，中游是面板与模板制造，下游则是消费电子等显示终端的应用。

虽然历经 10 余年跟跑、并跑到部分领跑，光谷新型显示产业链逐渐完善，已成长为全国最大的中小尺寸显示面板研发生产基地，多种显示面板出货量居全球前列；但在原材料、设备、关键技术等方面仍存在诸多短板和弱项，“卡脖子”的问题并不鲜见。

党的二十大报告明确指出，要着力提升产业链供应链韧性和安全水平。2022 年末召开的中央经济工作会议要求，围绕制造业重点产业链，找准关键核心技术和零部件薄弱环节，集中优质资源合力攻关，保证产业体系自主可控和安全可靠，确保国民经济循环畅通。

近年来，光谷在新型显示这条赛道上，除了武汉华星光电、武汉天马这两大面板龙头企业在加紧攻坚之外，还有许多产业链上的“小而美”企业跑步进场，深耕细分领域，加快突破技术瓶颈，增强了新型显示产业链供应链自主可控能力。

“在整个 OLED 产业链上，发光材料制造处于产业链最上游，也最为核心。”2011 年，曾在香港浸会大学先进发光材料中心工作多年的王磊博士受邀回汉，创办尚赛光电，自主研发生产的高纯发光材料打破国际企业垄断，实现国产化替代，点亮“梦想之屏”。

尚赛光电的核心产品，是一些看起来像白色粉末的有机材料，这是生产 OLED 显示面板的半导体发光材料，涂在导电基底上，通上电就可发光。

当前，国内虽然已建设有多条 OLED 屏生产线，但生产 OLED 屏所需的10 余种发光材料，绝大部分都要从国外进口。其中部分材料被国外企业漫天要价，1g 卖到了数万元人民币。

近年来，尚赛光电的研发方向已从专于 OLED 发光半导体材料逐步拓展至有机泛半导体材料，涉足显示面板、芯片制造等多个领域，企业产值连年翻番，2021 年突破亿元大关。

2022 年，尚赛光电投资 10 亿元建设新型光电显示半导体材料基地项目，该基地项目达产后，产能可提高至每年 500t，夯实了为国外龙头企业批量供应 OLED 显示材料的底气。同年，尚赛光电入选国家级专精特新“小巨人”企业。

与尚赛光电同年晋级国家级专精特新“小巨人”企业，2017 年成立的华引芯，专业从事高端光源芯片的设计、研发与生产。

从成立之日起，华引芯便开始重点布局迷你 / 微型 LED，小间距 LED 显示、背光，车载光源领域，覆盖芯片、封测、模组等全产业链设计、制造及销售，与多个头部知名面板厂商达成深度合作，完成多个尺寸产品的小批量供货。

▲ 尚赛光电 OLED 提纯实验室

“几年前从喻家山毕业出发，现在又回到喻家山”，华引芯创始人孙雷蒙毕业于华中科技大学，之后赴新加坡南洋理工大学攻读硕博学位，回国后执教于华中科技大学光电学院，成为母校最年轻的博士生导师之一。

“填补国内空白，做行业的增量。”孙雷蒙曾多次表示，和国外一线厂商并立，是华引芯坚定的目标，未来将持续打好关键核心技术攻坚战，全面打开高端半导体光源领域国产替代之路，促进中国半导体光源行业转型升级。

龙头企业带动，创新浪潮涌动，带动产业快速发展，大批上下游企业加速云集光谷。截至目前，光谷已初步形成了从装备、原材料、面板、模组到终端产品等较为完善的产业链，是国内品类最齐全的新型显示产业集聚区之一。

2022 年 8 月，精测电子高端测试设备研发及智能制造产业园一期项目在光谷开工，主要建设内容包括精测集团显示总部大楼、显示测试基地、电学实验室、电子检测仪器装备及相关生产线、泛半导体光学检测设备、研发实验室及产业化孵化基地。

作为国内显示面板检测行业头部企业之一，从光谷起步的精测电子是业内为数不多的能够提供显示面板三大制程检测系统的企业，曾创造多项行业技术第一，面板检测行业模组段设备占比全球领先。

看起来薄薄的一层显示屏，其实它是由一层层功能各异的部件叠加而成的，而作为显示屏的“心脏”，也是成本最高的组件，面板的质量好坏在很大程度上决定了屏幕显示的亮度、对比度、色彩等。所以在面板的生产过程中，精密检测必不可少。

尽管我国已成长为全球最大的显示面板基地，但面板精密检测技术一度为海外厂商垄断，精测电子“敢为人先”，在创始人彭骞的带领下，瞄准行业发展“痛点”，大胆着手布局检测设备市场：“检测设备对研发的要求高、投入很大，当时国内基本没人做，所以我们选择了这个空白领域。”

彭骞是湖南人，毕业于华中科技大学，创立精测电子是他的第二次创业，也许是骨子里喜欢折腾，在别人眼里是困难，他看到的却是希望。

“精测电子有一个很大的优点，在任何时候都方向明确，不会去做急功近利的事情。”彭骞在接受《证券时报》采访时称，“这么多年来，我们的战略规划非常清晰，执行力也很强，每年制定的目标基本上都完成了。”

接连突破国产化“无人区”，从 2006 年成立至今，精测电子迅速成长为细分市场的顶级玩家，是业内为数不多的能够提供显示面板三大制程检测系统的企业，客户覆盖京东方、TCL 华星光电等全球显示面板前十企业。

与精测电子新总部相距仅仅数千米，创立 10 年的武汉海微科技有限公司（简称“海微科技”）在全球首次让柔性 OLED 显示屏登上汽车。

“软件定义汽车”时代，汽车“新四化”（电动化、网联化、智能化、共享化）呈现蓬勃发展势头。作为智能网联技术的重要载体，超高清车载显示屏在高清 3D 地图、高清车载影音、高清全景泊车影像等现代汽车应用场景中应用广泛。伴随自动驾驶技术的不断发展，视频会议、远程办公甚至 3D 游戏等车载智能应用场景有望进一步扩展。而所有这些应用场景，都离不开超高清显示技术的支持。

深植于武汉新型显示产业土壤，海微科技与 TCL 华星光电、京东方等合作，将迷你 LED、OLED 等高端显示技术搭载到车上，打造高色域、高对比度、高亮度的座舱视觉体验，对传统车载显示模式进行创新变革。

2022 年 8 月，海微科技的“车载显示中控大屏超高清视频技术应用”进入国家发布的 104 项超高清视频典型应用案例。

海微科技创始人李林峰毕业于武汉大学地图学与地理信息系统专业，是一名“80 后”。“前七年不赚钱，第八年再赚钱”，“希望投资人跟我们有产业协同效应，而不是只投一笔钱”，保持定力、专注技术，海微科技赢得市场认可，客户覆盖东风、蔚来、理想等知名汽车厂商。

恰如彭骞所言，在中国做企业是幸福的，尤其是精测电子所处的行业，最大的增量市场都在中国。而海微科技同样站上风口，随着我国新能源汽车在产业链、技术等方面弯道超车，中国一跃成为新能源汽车产量连续多年居世界第一的全球新能源汽车强国，李林峰希望，在新一轮汽车智能化变革中，做中国零部件新势力。

▲ 位于光谷的精测电子产业园

▲ 海微科技研发的 OLED 汽车中央显示屏

布局“一核一带”

中投产业研究院发布的《2023—2027 年中国新型显示产业深度调研及投资前景预测报告》指出，随着新型显示产业不断深化，我国对于新型显示产业愈加重视。其主要表现在对于整个新型显示产业链的相关规划与推动。

2022 年 10 月，武汉发布《武汉市促进新型显示产业创新发展实施方案（2022—2025 年）》（简称“《方案》”），系统谋划新型显示产业链发展的“路线图”。

《方案》提出，一方面，武汉要巩固优势，推进液晶材料、彩膜、印刷电路板等技术，突破 8K 超高清显示等关键技术，提升 OLED 柔性面板生产工艺，推出全面屏、内外折叠屏等柔性显示产品；另一方面，武汉要进军迷你 / 微型 LED 及量子点、电子纸等前沿显示领域。

预计到 2025 年，武汉市新型显示产业链上下游协同发展水平明显提高，供应链自主可控能力不断增强，新型显示产值超 1000 亿元，成为国内重要的新型显示产业基地，新型显示企业总数超过 80 家。

不到 1 个月，这份“成长路线图”就落到实处。

2022 年 11 月，左岭大道，湖北东湖科学城光谷新型显示产业基地正式启动建设，这是继激光、创新药、数字经济等产业基地之后，光谷当年在湖北东湖科学城重点建设的又一大特色产业基地。

光谷新型显示产业发展按照“一核一带”整体布局。

一核，即以光谷智能制造产业园为核心，打造新型显示研发制造核心。该园区将重点发展 TFT-LCD、AMOLED 等新型显示产业，积极培育和引进迷你 / 微型 LED、硅基 OLED、量子点显示、光场显示、激光显示等下一代前沿显示技术，全面发展智能座舱、医疗、元宇宙等新型显示终端产业，布局新型显示创新平台和中试基地。

一带，即依托光谷科技创新大走廊，着力打造具有国际竞争力的新型显示产业集聚带。在光谷智能制造产业园以西，打造创新支撑带，依托雄厚的科研院所资源，加强基础研究与应用研究布局，实现前瞻性基础研究与引领性原创成果的重大突破；在光谷智能制造产业园以东，打造产业链协同集聚带，带动鄂州市、黄石市、黄冈市等周边城市新型显示产业链上下游配套项目，发展智能终端、电子元器件、新能源汽车等产业，通过产业链、供需链、价值链串联周边区域，打造优势互补、产业互促、良性互动、互为支撑、特色发展的空间布局。

建设现场，光谷发布《光谷新型显示产业发展规划》（简称“《规划》”），出台《关于促进新型显示产业发展的若干措施》（简称“《若干措施》”）。

《规划》提出，以光谷在低温多晶硅液晶显示器（LTPS-LCD）面板方面的优势，积极推动显示企业与整车厂深度合作，带动本地显示产品在汽车领域的应用。

支持企业拓展医疗等显示市场，加强武汉华星光电、武汉天马与上海联影医疗科技股份有限公司（简称“联影医疗”）、深圳迈瑞生物医疗电子股份有限公司等企业的强强联合，做大做强专业显示领域。

加快布局元宇宙重点领域，积极招引培育 VR/AR、可穿戴设备等消费电子下游终端企业，进而带动硅基 OLED、迷你 LED 背光模组、光学系统、光学零部件等领域发展。

未来 10 年，光谷新型显示产业将迈上新台阶。《规划》提出，到 2025 年，力争光谷新型显示核心产业规模达到 500 亿元，带动整体产业规模突破 1000 亿元，建成国家级创新平台 8 家以上。到 2035 年，力争光谷新型显示核心产业规模达到 1500 亿元，带动整体产业规模突破 3000 亿元，建成国家级创新平台 15 家以上，建成元宇宙、数字经济新型显示应用示范工程。

为壮大集群产业规模，同步推出的《若干措施》可谓“真金白银”、诚意满满：对显示终端应用企业落户光谷的，给予最高 2 亿元的补贴；对投资扩产的产业链企业，最高奖励可达 1 亿元；对产业链协同发展的，最高奖励 1000 万元；对开展关键核心技术攻关的企业，最高奖励 1000 万元。

同时，TCL 华星光电、精测电子等企业与华中科技大学、武汉理工大学、联影医疗等签订产学研合作及终端项目合作协议。国创科喷印制造装备项目同步启动。

两年前的 2020 年，TCL 集团、华中科技大学、国家数字化设计与制造创新中心等共同组建武汉国创科光电装备有限公司，聚力攻关新型显示核心装备。

“目前我国新型显示产业规模已是全球第一，但是高端材料和装备还严重依赖进口。”国创科总经理陈建魁介绍，公司已成功研发出国内首台 G4.5 喷印装备，并已进入中试阶段，预计 2024 年、2026 年 G6、G8.5 喷印装备均可按期面世。

喷墨“打印”制造显示面板的技术，目前仅有少数几个国家掌握。华中科技大学机械学院院长尹周平认为，这一技术有望取代蒸镀工艺，成为新型显示行业的“光刻机”，实现“弯道超车”。

在全国最大中小尺寸显示面板研发生产基地的基础上，光谷努力建设全国新型显示应用驱动示范区、争创全国新型显示技术创新策源地、打造全国新型显示器件先进制造高地。蓝图已经绘就，在新型显示产业赛道上，光谷和光谷企业目标坚定，脚步铿锵。

5 生物城崛起

2019 年 3 月，上海证券交易所在官网公布首批受理的 9 家科创板申报企业，湖北占两席，全部来自光谷生物城。

两家企业分别是武汉科前生物股份有限公司和安翰科技（武汉）股份有限公司，一家是院士创业，一家是海归创业。

数月后，以东湖高新区为核心承载区，生物医药等光谷的 4 个产业集群，入选国家首批战略性新兴产业集群。

时间回到 2008 年 11 月，在全球金融危机的寒流中，光谷生物城在荒烟蔓

▼ 光谷生物城

草的二妃山下奠基。

受老同学邀约、回国考察的中美华世通创始人张发明博士，站在荒坡上发出疑问：“这个地方与生物产业有什么关系？什么都没有。”

10 余年岁月弹指一挥间，从“0”起步的光谷生物城，已裂变为全球最好的生物产业园区之一，为湖北及武汉的战略性新兴产业发展创造了又一个支点。

医生掀起创业潮

2023 年 3 月，一名来自马耳他共和国的失明青年远赴湖北，在武汉纽福斯生物科技有限公司（简称“纽福斯生物”）所研发的基因治疗药物 NFS-02 的帮助下完成了基因注射治疗，有望在不久后重获光明。

这名马耳他青年所患的莱伯遗传性视神经病变（leber hereditary optic neuropathy，LHON）是一种母系遗传的线粒体疾病，多发病于 14 ~ 21 岁的青年男性，患者表现为双目视力受损至失明。在世界范围内，约有 67.5 万名患者饱受 LHON 困扰。

据纽福斯生物官微介绍，90% 的 LHON 是由 3 个线粒体脱氧核糖核酸（DNA）突变所导致的，即 G11778A（ND4 基因）、G3460A（ND1 基因）、T14484C（ND6 基因）。由于该突变使细胞线粒体生物呼吸链功能受损，造成三磷酸腺苷（一种高能化合物）生成减少，使患者视神经节细胞产生氧化应激，导致细胞凋亡。目前临床上尚无针对 LHON 的有效疗法或治愈手段。

总部位于光谷生物城的纽福斯生物是国内首家眼科基因治疗公司，研发的产品 NFS-02 眼用注射液，是全球唯一一款在研的 LHON-ND1 基因治疗药物，于 2021 年 1 月获美国食品药品监督管理局授予孤儿药资格。公司的核心产品眼科治疗药物 NR082，相继获美国食品药品监督管理局和欧洲药品管理局授予孤儿药资格，在 10 年间让上百名患者重获光明。

纽福斯生物成立于 2016 年，但创始人李斌与基因治疗的故事要从 2002 年说起。这一年，在意识到很多眼科疾病是临床解决不了的之后，在华中科技大学同济医学院附属同济医院当一名神经眼科医生的李斌，前往中山大学中山眼科中心学习基因治疗技术。

“基因治疗技术是一把钥匙开一把锁，我既懂这把钥匙，又懂这把锁。”2007年回到医院后，李斌逐步确定了将 LHON 作为自己的攻坚方向，并于 2011 年完成全球首例 LHON 基因治疗临床研究。

对李斌而言，成立纽福斯生物是“自然而然的选择”。他撰写的一篇关于 LHON 基因治疗的论文发表后，患者蜂拥而至，寻求黑暗世界里的一抹亮光。然而，临床试验名额有限，并不是所有患者都有机会接受治疗，“我觉得我应该成立一个公司，把它做成药，让患者有治疗方法”。

针对视神经损伤疾病、血管性视网膜病变等多种眼科疾病，纽福斯生物建立了丰富的产品管线，在研项目多数都瞄准了全球首创，“走别人没走过的路是很艰难的，但同样也是厚积薄发的过程”。

2021 年，纽福斯生物完成两轮近 8 亿元融资，红杉资本中国基金（简称“红杉中国”）持续加注。多轮押注的原因一方面在于基因治疗是红杉中国坚定看好的赛道。“另外，李斌教授也很令人敬佩，他把教授的职位和医生的职业辞掉，

▲ 纽福斯生物创始人李斌

全职来做这个公司，这是一种创业的魄力。”红杉中国董事总经理顾翠萍说。

马耳他青年在湖北接受基因注射治疗的同一时刻，在遥远的巴基斯坦首都伊斯兰堡，一家医院的候诊室里，十来位妇女正在焦急等待接受宫颈癌筛查。她们的检测标本，经由当地数据脱敏之后，将在 5 分钟内，由位于光谷的大数据云平台给出检测、诊断结果。

支撑这一跨越国界的在地检测和远程诊断的，是总部及研发基地坐落在光谷生物城医疗器械园的兰丁医学，这家国家级重点专精特新“小巨人”企业，提供人工智能肿瘤筛查从受检人登记、耗材、检测设备到诊断的全套解决方案。

“技术如果只停留在实验室，永远体现不出其价值。”2000 年，自称喜欢折腾的孙小蓉在光谷创办兰丁医学，这也是国内首家癌症早期诊断和检测的专业服务机构。从医院的医生、研究所的学者到闯市场的商人，她完成了人生的一次大转变。

兰丁医学成立至今，已经 20 多年，常有人着急孙小蓉为什么不更快一些、再做大一些。孙小蓉说，自己不是商人，也没有纯粹想着去赚钱：“这些年和不同学科的人碰撞，觉得自己能做好的事情就赶紧做，这样公司反而活下来了。”

医生创业，纽福斯生物和兰丁医学并非个例。事实上，在刚刚起步的光谷生物城，就先后迎来了一群“医而优则创”的顶级医生。

与孙小蓉是同济医科大学校友的陈莉莉 1991 年入校，按照医学苗子的标准进行严苛培养，并在本科毕业后顺利成为华中科技大学同济医学院附属同济医院的一名临床医生。

2006 年，陈莉莉赴海外留学，先后攻读德国海德堡大学医学博士、美国波士顿大学医学中心博士后，其间她意识到国内体外诊断行业与欧美国家的差距，怀抱着“让 POCT 遍及中国大地，使快速诊断成为可能”的初心，她与海德堡大学博士后王颖在光谷共同创立明德生物，从事快速检测试剂的研发。

从一间小型实验室成长为行业内的“隐形冠军”，明德生物于 2018 年 7 月正式登陆深圳证券交易所，成为光谷生物城 10 年来孵育的首家本土主板上市企业。同年，陈莉莉入选“光谷 30 年创新 30 人”，颁奖词评价她，“从创业团队到上市公司，她用 10 年时间，宣示光谷发展生物产业的生机和无限可能”。

明德生物上市的同一年，中国工程院院士、华中科技大学同济医学院附属同济医院妇产科系主任马丁在光谷生物城创建武汉凯德维斯生物技术有限公司（简称“凯德维斯生物”），专注妇科肿瘤诊疗创新产品研发。

“科技成果转化难，但也要一直走下去。”2022 年 9 月，凯德维斯生物自主开发的人乳头瘤病毒（HPV）整合检测试剂盒进入国家药品监督管理局创新医疗器械审查绿色通道，这也是国际上唯一一个用于 HPV 整合检测的体外诊断试剂盒，也是湖北省 10 年来唯一一个获批的体外诊断试剂创新产品。

中国医学科学院阜外医院主任医师欧阳晨曦，虽然 2022 年才当选俄罗斯自然科学院外籍院士，但相较马丁院士，欧阳晨曦在更早之前就走上了创业之路。

早在 2009 年，还在华中科技大学同济医学院附属协和医院工作时，欧阳晨曦便与几位合伙人共同出资 50 万元，在光谷生物城注册成立武汉杨森生物技术有限公司（简称“武汉杨森生物”），重点从事聚氨酯人工血管产品的研发与生产。研发之外，他偶尔客串经理人推广项目，甚至还会和创业投资者坐在一起聊融资：“这些体验都在医生职业之外，很有意思。”

2020 年 12 月，这家“医生创业”型公司自主研发的首款产品——聚氨酯复合材料 3 层仿生结构人工血管，在中国医学科学院阜外医院顺利完成全球首例临床应用，并开始在多家医院开展临床试验。前期临床对照试验显示，这种人工血管可以将手术时间平均缩短近 2 小时，出院时间由 9 天缩短到 6 天。

虽然笑言“踏过不少雷区，困难重重”，但欧阳晨曦从不后悔创业的选择：“如果只做一名医生，一辈子开刀的次数顶多 1 万多次；如果研发出好的医疗产品，可以拯救上百万人；而如果能搭建平台，帮助更多的医生实现成果转化，那么造福的可以说是上千万人。”

有感于自己创业中的曲折，2019 年，欧阳晨曦在光谷发起创立湖北贝隆医学创新基地有限公司，从产品研发、临床试验、医学材料撰写、注册申报、国家级课题申报等方面为创业医生提供支持，这也是湖北首个服务于一线临床医生成果转化的创新医学基地。

伴随着顶级医生们的到来，光谷生物城成为华中生物医药产业人才高地。截至 2022 年初，光谷生物城汇聚了 30 余位中外院士，100 余位国家及省级领军人才，700 余个高层次人才团队。

创新驱动，培育生物医药新赛道

创新药，被称为生物医药产业“皇冠上的明珠”，也是评判一个地区生物医药产业创新能力强弱的重要标志。

在光谷生物城的创新药研发史上，有一家不得不提的药企，那便是人福医药集团股份公司（简称“人福医药”）。

2020 年 7 月，人福医药自主研发的注射用苯磺酸瑞马唑仑，打破了国内外镇静药物领域近 30 年无创新药上市的局面，这也是湖北省首个化药 1 类新药。

2021 年 5 月，人福医药再度获批化药 1 类新药注射用磷丙泊酚二钠，这是当时国内外研究的最先进全身静脉麻醉药之一。

2022 年 9 月，人福医药自主研发的 1.2 类中药创新药广金钱草总黄酮胶囊

▲ 人福医药“从 0 到 1”，持续创新研发。类似人福医药的企业，在光谷还有很多

获批上市，成为全球首创的防治尿结石症中药新药。

一家企业，连续3年，每年都有国家1类创新药获批，在湖北绝无仅有，全国屈指可数。

然而，人福医药骄人成绩的背后，是连续8年、投入十几亿元持续创新，却没有出任何成果。2019—2021年，人福医药的新药研发投入累计近30亿元，年增长率超10%。

每一款创新药的上市，都是一个漫长、烦琐的过程，往往要经历无数次的试错和“九死一生”的历险，对研发者而言，就像跑了一场看不见尽头的马拉松。

10多年前，当人福医药决定开发麻醉镇静创新药时，湖北在原创新药的注册申报上还没有取得“0”的突破。总工程师李莉娥心怀忐忑，她在接受《湖北日报》记者采访时回忆：“当时，人福根本没做过创新药，从化合物到原料药再到制剂，任何一环出现差错，投入的时间、资金都将付诸东流。”

艰辛历历在目。耗时数年，李莉娥带领以博士、硕士为骨干的百人研发团队，从15万个分子化合物中，一个个比对、淘汰，最终筛选确定3个化合物，作为进一步研发的依据；数十万次的数据演算，从9个特性各异的化合物晶体中，找出共性。终于，具有起效迅速、苏醒快、对呼吸/循环抑制作用较低等临床优势的苯磺酸瑞马唑仑诞生。

相比注射用苯磺酸瑞马唑仑，1类中药创新药广金钱草总黄酮胶囊来得更为漫长。

广金钱草始载于《岭南草药志》：“现代缪永祺谓金钱草，治疗膀胱结石，甚为奇效。”但其中是什么成分起奇效，却不得而知。2001年，人福医药广金钱草总黄酮胶囊项目立项，经过系统的临床前药学研究和药理毒理研究后，于2007年成功获得临床批件，后又经过连续3期累计1000多例临床试验后，于2021年6月申报上市。

从立项到获批，广金钱草总黄酮胶囊历时21年。有着“医药科研铁娘子”之称的李莉娥从未动摇过，她坚信一定可以，也一定要做出来：“做创新药研发，

▲ 人福医药生产线

就要坐得冷板凳，耐得住寂寞，吃得下苦头。”

漫长的酝酿和等待，光谷生物城的第一家药企已迎来了创新药的收获期。截至 2022 年底，人福医药共有在研产品 200 多个，在研 1 类新药 20 多个，24 个项目被列为国家重大新药创制项目。

恰如人福医药每一步都“从 0 到 1”，硬生生蹚出了一条创新药研发之路，在光谷生物城，越来越多的企业在不断尝试突破后，推出了全球首创或国内第一的成果和产品。

在我国，因血浆短缺而导致人血白蛋白供应紧张，60% 依赖进口，在医院可谓是“一药难求”。2006 年，武汉大学生命科学院教授杨代常成立禾元生物，专攻从稻米中生物合成人体所必需的人血白蛋白技术。2010 年，杨代常走出实验室，搬到光谷生物城，组建中试车间，投入临床前研究。

10 年冷板凳练就“黄金救命药”，禾元生物植物源重组人血白蛋白注射液，临床研究结果显示其疗效不劣于人类血浆提取的人血白蛋白，且安全性、耐受性良好。这也是我国乃至国际上第一个基于水稻胚乳细胞生物反应器生产的 1 类创新药。

“最绝望时，再融不到资，企业就‘死路一条’。”2010 年，海归博士李青山在光谷生物城创办武汉康复得生物科技股份有限公司（简称“康复得生物”）并担任首席科学家，正式踏上了新药研发之路。然而，动辄上亿元的研发经费成为横亘在他面前最大的一条坎：“2011 年，资金就开始短缺，项目差点夭折。”

“做生物医药这行产业周期较长，只有耐得住寂寞，最终才会有回报。”熬过去的李青山和康复得生物最终等来了回报：2022 年 3 月，康复得生物自主研发的 1 类生物创新药 TRA16 获得临床试验默示许可，这也是国内首创、目前全球唯一在进行的治疗继发性高草酸尿症的临床试验药物。

2014 年，武汉科技大学生命科学院教授张同存在光谷生物城创办武汉波睿达生物科技有限公司（简称“波睿达生物”），开始了勇闯原研药“无人区”的旅程。针对霍奇金淋巴瘤等难治性血液肿瘤，波睿达生物自主研发的 CD30 CAR-T 细胞药物，是我国首个获国家药品监督管理局药品审评中心批准以 CD30 为靶标的，并进入临床试验的细胞药物。

“我们希望更加努力一点，能够在全球竞争赛道上，有着武汉 CAR-T 技术的一席之地。”张同存希望实现两个“上市”，一是推进 3 个产品完成新药上市，另一个是力争企业登陆科创板。

数据显示，截至 2022 年底，光谷生物城 400 多个 1 类新药管线在研，50 多个 1 类新药进入临床。

“新药研发的企业很不容易。”光谷生物城相关负责人曾在接受媒体采访时说，新药研发的企业有很多，有些还在研发过程中就折戟了，也有些快进入临床阶段时发现已有同行赶超了，“但重要的是，光谷生物城的企业在研发路上，从未止步。”

“公司的研发投入已逐步进入回报期，光谷生物城也是如此。”人福医药原董事长王学海也曾公开表示，光谷生物城大量企业还处于研发期，一款新药从研发到上市，动辄上十年，但后劲很足，一旦爆发就是裂变式。

而在创新药的研制上，光谷生物城显然目光远大。2022 年 5 月，坐标光谷生物城，规划布局约8000亩的光谷创新药产业基地正式启动，人福医药全球研发总部、翰思生物医药技术（武汉）有限公司生物药研发生产基地等一批项目集中签约入驻。

根据规划，到2025年，力争创新药企业工业总产值突破500亿元，5家创新药企业登陆主流资本市场，10个1类新药获批上市。

为确保目标实现，光谷发布《关于推进创新药产业发展的若干政策》，推出20条专项扶持政策，在全国首创“新药创制合伙人”模式，资助前移、分担风险。如对1类创新药单品种临床研究费用每年补贴最高2000万元，累计单品种补贴最高1亿元；对改良型新药和其他药品研发，单品种累计最高补贴2500万元；对单品种年销售收入突破，给予阶梯性奖励累计650万元。

正如美国历史学家弗里茨·斯特恩在他那本德国近代史专著《金与铁》中所说：“一代人种下风，而下一代人将收获风暴。”光谷生物城的创新药故事，必将写下新的华章。

每年上市一家公司

生物医药的研发高度依赖资本。硅谷崛起的每一个全球级生物医药公司，背后都离不开资本的助力。资本对创新药又有着独特“嗅觉”，一旦新药“过关斩将”、成功上市，经济回报往往相当惊人。

伴随着光谷生物城的创新药从实验室走向生产线，资本集聚而来，企业加速拥抱资本市场。

2018年7月，十年磨一剑的明德生物登陆深圳证券交易所，成为光谷生物城本土培育的首家上市公司。之后，连续收获13个一字涨停板，陈莉莉身家超过盛天网络创始人赖春临，成为当时湖北新的女首富。

2019年12月，嘉必优生物技术（武汉）股份有限公司正式在上海证券交易所科创板挂牌上市，从受理到上市，累计用了234天。这是湖北省第一家科创板上市企业，也是中国食品生物科技领域第一个登陆科创板的上市公司。

2020年9月，扎根生物城7年的科前生物科创板上市，中国工程院院士陈焕春也由此成为科创板首位院士董事长。陈焕春是武汉最早一批教授“下海者”，实现了科技成果从实验室走向市场的跨越。

2021 年 7 月，康圣环球基因技术有限公司登陆香港交易所主板，成为光谷生物城走出的临床特检第一股。这也是医生创业的又一成功案例，其创始人及首席执行官黄士昂曾就职于华中科技大学同济医学院附属协和医院，是一位在血液学、肿瘤学和干细胞生物学方面都有深入研究的医学专家。

2022 年 1 月，随着深圳证券交易所开市钟声的敲响，华康医疗正式登陆创业板，这也是湖北当年首家 IPO 上市公司。华康医疗是光谷本土成长起来的高科技企业，曾参与火神山医院负压洁净手术室、负压重症监护室等抗疫重点区域的设计、施工和运维。

…………

作为资本市场价值创造的主体和源泉，上市公司被誉为区域经济的“晴雨表”，上市公司数量，也反映了一个地区的经济实力水平，从 2018 年到 2022 年，连续 5 年，光谷生物城每年都新增 1 家上市企业，还有数十家省级上市“金种子”企业正奔走在上市路上。

对于光谷上市群，武汉科技大学金融证券研究所所长董登新予以肯定。在他看来，光谷企业接连上市，正是光谷产业集群建设初见成效的正常反应：“相信接下来，光谷还会有更多亮眼表现。”

光谷生物企业的上市效应，引来一批资本深耕，“掘金”黄金赛道。

继 2020 年完成 6 亿元 C 轮融资后，武汉爱博泰克生物科技有限公司（简称“爱博泰克”）于 2021 年 12 月宣布完成 12 亿元 D 轮融资，刷新光谷生物企业单笔融资纪录，此轮融资由红杉中国、鲁信创业投资集团和招银国际资本联合领投。

“生命科学工具好比是一把钥匙，能够向领域内各个不同方向延伸。”成立于 2011 年的爱博泰克是抗体与分子酶试剂领域的核心供应商，也是国内生命科学工具领导品牌之一。公司总经理吴知才说，这是一条新兴赛道，如果将生命科学比作金矿的话，“我们就是‘卖铲子和水’的人”。

2020—2021 年，爱博泰克先后并购了优睿赛思（武汉）生物科技有限公司，投资了莫纳生物科技有限公司、极瞳生命科技（苏州）有限公司、武汉新纵科生物技术有限公司，立志打造成中国生命科学工具解决方案全球领导品牌。面向未来，该公司计划投资不低于 2 亿元，为全球科研和体外诊断市场投放至少 1 万种经过严格筛选和验证的优质重组兔单抗产品，涵盖神经生物学、发育生物学、免疫学等多个研究方向。

几乎是同一时刻，结构性心脏病微创介入医疗器械创新企业唯柯医疗宣布完成数亿元人民币 B 轮融资，本轮融资同样由红杉中国领投，原有股东盛宇投资继续加持。这也是唯柯医疗连续完成的第四轮融资，新一轮的融资也在计划之中。

成立于 2018 年的唯柯医疗拥有一支医工结合的研发团队。董事长尚小珂是华中科技大学同济医学院附属协和医院心脏大血管外科医生，在先天性心脏病介入手术方面拥有丰富的经验；总经理王雪丽本科专业是生物医学，拥有世界 500 强药企及国内心血管器械主流上市公司近 10 年的工作经历；技术总监陈松是国内最早从事研发心脏介入医疗器械产品研发的工程师，曾主导过国内第一代先天性心脏病封堵系统研发。

谈及本次领投，红杉中国合伙人杨云霞说，该公司研发的心房分流器对于心衰治疗的意义正在全球范围内被越来越多的专家接受，这是针对主动脉瓣反流的经导管主动脉瓣置换术（TAVR），也是一款适合中国主动脉瓣膜病流行病学特点的产品，唯柯医疗是这些领域的先行者之一。

2022 年 4 月，武汉滨会生物科技股份有限公司（简称“滨会生物”）宣布完成 B+ 轮融资，这是继 2021 年年初完成 B 轮融资 6 亿元后，再获由扬子江药业集团领投，德诺资本、小明投资、九州通医药集团、湖北高投集团共同投资的近 3 亿元融资。

滨会生物是肿瘤免疫治疗溶瘤病毒细分领域的企业，其研发的第一款候选药物 BS001（OH2）注射液相继获得国家药品监督管理局和美国食品药品监督管

▲ 唯柯医疗研发的心房分流器

理局许可，开展针对多种实体瘤的临床试验。

德诺资本创始合伙人林云峰谈及他的投资逻辑时直言不讳：一方面，滨会生物属于“硬核科技”，是绝对的新兴技术先驱；另一方面，公司的产品离推出市场已经很近了。在研产品即将进入临床三期阶段，不久即可上市。

多年前，光谷生物医药行业协会曾经做过调研，从金融活跃度来看，同北京、上海、广州等一线城市的融资次数和动辄数亿元的融资金额对比，武汉生物医药企业的融资能力不够，限制了企业和行业发展。

从资本不来到资本蜂拥而至，政府的引导和政策支持发挥了巨大的作用。仅以光谷生物城搭建的“生物创赢汇”服务平台为例，其专门对企业进行资本市场培育和投融资路演对接，截至 2023 年 3 月，已连续举办 230 多期。

勤奋的努力终究得到了回报。2021 年，29 家光谷生物医药企业共发生 36 起融资案例，融资额超 85 亿元，占融资总额的 46.45%。同时，光谷生物医药领域平均每家企业融资额超 2.93 亿元，单笔融资金额远高于全国平均水平。

黄金 10 年，后来者居上

人才与资本集聚，创新药从跟随到领先的突破，光谷生物城已成长为国内生物医药产业创新高地。而这一切，都开始于 20 多年前的未雨绸缪。

2001 年，东湖高新区邀请 20 多位院士为高新区申报国家特色产业发展基地做了一次专家咨询。当时，高新区初步定了两个方向，一个是光电子产业基地，一个是生物产业基地。

咨询会上，专家建议关注点聚焦在更有特色和实力的光电子方向，集中力量申报国家光电子产业基地，暂时不做生物产业，不过一粒生物产业的种子就此埋下了。

光电子信息产业基地获批后，发展迅速，申报生物产业基地的工作再次提上日程，过程却并不顺利。

2004 年和 2005 年的两次申报，由于产业定位和产业基础等原因没有得到批准。2006 年，东湖高新区再一次提出申请，除了传统的生物医药，还结合武汉市在生物农业、光电子信息产业等领域的科研和产业优势，把生物农业也确定为重点发展方向，医疗器械作为重点发展领域。2007 年 6 月，国家发展和改革委员会批复武汉建设国家生物产业基地，这已是国家发改委批复的第三批国家生物产业基地。

2008 年，国际金融危机愈演愈烈，光电子信息产业受到巨大冲击，在这个关键时期，湖北省、武汉市决定启动国家生物产业基地建设，为区域经济发展寻找新的突破点。

对于光谷生物城而言，这一年的 8 月 25 日是具有里程碑意义的一天。当天，武汉国家生物产业基地建设筹备组正式成立，没有鲜花，没有掌声，筹备组的一切都在悄悄地进行。办公地点设在高新区管委会 15 楼的一间办公室，面积不足 $50m^2$。

质疑声来自四面八方。尽管遭到质疑，但是对于建设国家生物产业基地，筹备组的每一个人都充满了一种难以言说的信心。他们希望，这粒生物之种，能够改变光谷单一的产业结构，构筑面向未来的经济新优势。

2008 年 11 月 18 日，武汉东南的二妃山下，光谷生物城奠基。短短 61 个工作日，筹备组的工作人员不仅交付了一份规划建设的满意答卷，还成功引进了

30 余个重点项目落户，也就是说，平均每两个工作日就有 1 个项目签约。

人福医药是光谷生物城落地的第一个项目。人福医药集团时任董事长王学海回忆，当时光谷生物城一带还是荒山，路也不通，更别说水、电、气。电是接的临时电，水是用水车拉来的。因为经常停电，蒸汽供应也一直不稳定。他几乎每两天就要跑一趟领导办公室，商量怎么改双回路电、怎么上蒸汽站、怎么修锅炉保障蒸汽供应。

2010 年，辉瑞武汉研发中心大楼在光谷生物城奠基，这是美国辉瑞公司在世界上设立的第七个研发中心，也是光谷引进的真正意义上的第一家世界 500 强企业。辉瑞公司刚入驻园区时，光谷生物城还是农用电，稳定度不高。为此，生物办的工作人员专门购置了一台超大型发电机装在辉瑞公司的楼下，派人日夜守在发电机前，即便停电，10 分钟之内也可以把电装上去。

“磁场效应”很快显现。在辉瑞公司之后，德国拜耳作物科学公司来了，先进的育种研发水平，将光谷生物农业研发带上世界轨道。紧接着，德国费森尤斯卡比公司在光谷生物城建设抗肿瘤药物生产基地，来自美国的赛默飞世尔、霍尼韦尔，总部位于北京的中国医药集团（简称“国药集团”）等生物企业巨头都来了。

2013 年，光谷生物城启动建设的第五个年头，园区内已集聚了 500 多家生物医药类企业，名列世界 500 强的 13 家生物医药公司中，已有 8 家落户光谷生物城。

此后，光谷生物城企业数量以几乎每年超过 200 家的速度递增。

创立于 2005 年的武汉中旗生物医疗电子有限公司（简称“中旗生物”）是一家医疗设备供应商，心电监护仪市场占有率居国内前列，其于 2013 年 7 月入驻光谷生物城医疗器械园。“中旗生物是生物城的一员，生物城成就了我，成就了中旗生物，我们跟着生物城一起成长。”中旗生物创始人汪琪是湖北人，曾在深圳打拼多年，他说，“选择武汉，是因为我们的根在这里，选择光谷，是因为光谷非常有当年深圳南山、广州天河那种创业氛围。”

湖北省医疗器械质量监督检验研究院于 2014 年搬进光谷生物城。在副院长梅享林的记忆中，刚搬迁过来时交通还畅通无阻，到 2016 年就开始堵车了，日益加剧的堵车让他直观感受到产业的集聚和发展。

这也是光谷生物城快速发展的黄金 10 年，这个“后来居上”的生物产业园迅速在全国打响知名度。2016 年，光谷生物城产业总收入就跨越千亿元大关，在中国生物技术发展中心发布的“国家高新区生物医药产业综合竞争力 50 强”榜单上，紧随北京中关村和上海张江高科技园区，综合实力位居第三位。

截至 2022 年底，光谷生物城 30km^2 的区域内，已打造出 7 个专业园区，聚集了辉瑞公司、国药集团、药明康德、华大基因、人福医药集团等 3000 余家知名企业。其中，90% 的企业，都属于生物、医药、健康领域；剩下的 10%，则为生物产业做配套服务，共同构建出生物产业的“全周期”服务链。

2018 年，东湖高新区管委会副主任冯立撰文回忆了光谷生物城的创建历程。她曾是国家生物产业基地建设筹备组的一员，基地建设管理办公室成立后，又担任总工程师，全程参与了武汉国家生物产业基地的申报、筹备和建设。作为亲历者，她认为光谷生物城的发展有两点启示。一个启示是：如何凝聚当地的科研力量，齐心协力谋发展，将科研优势转化为产业优势；如何组织一个产业的发展，实现从无到有，“从 0 到 1”。在她看来，光谷生物城的发展路径，正是将武汉的科技优势转化为产业优势最有力、最生动的探索。另一个启示是：怎样把全球的资源，包括人才、资金、技术、产品、企业这些最重要的发展要素，引导到光谷生物城。她以光谷生物城的英文名“Bio-Lake”为例，“Bio”是生物，“Lake”有两层意思，一个是东湖高新区，另一层意思，湖就是水，而水是生命之源，所以光谷生物城就叫“Bio-Lake”。“因为有特点，更利于在国际上推广我们的品牌，所以大家都知道武汉光谷有这样的一个园区，加之其他的优势，吸引了一大批的人才过来。”

时至今日，光谷生物城不只是引进来，更做到了走出去。

人福医药加快推进国际化。2022 年，公司美国仿制药业务实现销售收入约 18 亿元，较上年同期增长约 15%，累计获得近 120 个美国仿制药申请的批文，逐步形成全球研发、注册、生产、销售的医药全价值链能力，呈现出国际市场与国内市场双循环的发展格局。

爱博泰克在波士顿和上海设立有抗体与分子酶研发中心，并在武汉光谷生物城建设有抗体与分子酶大生产基地，并在全球 50 多个国家和地区建立直销团队。爱博泰克市场总监黄齐说：“全球任何一个地方的科研工作者想买我们的产品，它的货期不会超过 1 周。”

鼎康（武汉）生物医药有限公司拥有全球首个一次性生物制造技术模块化工厂，被业界称为“生物医药的富士康”，其生产的原液及制剂产品，从光谷生物城输往全球 20 多个国家。公司董事长黄瑞瑨目标坚定：“将进一步拓宽航道，加速布局全球版图，持续开疆扩土海外。”

如果说在金融危机中诞生的光谷生物城，只是因光而生的光谷谋求多条腿走路，但伴随着“引进来”与“走出去”的双向涌动，一个万亿级生物医药产业集群的梦想已正式起航。

2019 年，武汉市明确提出，要大力推进光电子信息、汽车及零部件、生物医药及大健康三大万亿级战略性新兴产业，正式吹响生物产业全域创新的号角。

2021 年，武汉市硬核发布《进一步推进大健康和生物技术产业发展政策措施》，18 条政策措施助力打造万亿级生物医药产业集群。

方向已明，光谷生物城未来可期。

6 追“云”逐“数”

忽如一夜春风来。

盛天网络、福禄网络、达梦数据……“湖北究竟因何在互联网大潮中迷失”的讨论恍如昨日，“一座没有互联网和‘独角兽’的城市”的标签还如鲠在喉，在 518km^2 的光谷，一批国内外有影响力的数字经济企业已迅速成长。

前浪翻涌，后浪不竭。

从“换道超越迈向‘互联网第四城’”到“奋力打造全国数字经济一线城市”，短短数年间，曾经“迷失在中国互联网版图”的武汉完成了一次“逆袭”。

走出广埠屯

“企业强则光谷强，企业兴则光谷兴！世界级的光谷，需要世界级的企业家！”在 2023 年 2 月举行的首届“光谷企业家日”大会上，46 岁的盛天网络董事长赖春临被授予“光谷卓越企业家”称号，并作为四位领军企业家之一宣读“光谷企业家倡议”。

数月前，线上举行的 2022 数字中国创新大赛“电竞 +”赛道总决赛举行，盛天网络的“易乐途电竞酒店场景解决方案”与腾讯电竞等国内知名团队相关方案并列三等奖。

这一次亮相，让同业惊叹。电竞酒店井喷式发展，2021 年全国共有 1.5 万家电竞酒店，与 2019 年 2600 家相比，增长了 4.7 倍。从网吧到电竞酒店，赖春临再一次在风起之前，快人半步。

时间回到 20 多年前，从广埠屯电脑城走廊起步，没人知道这个仅能容纳下一张桌子的“公司”，能够成长为“湖北互联网上市第一股”，并连续多年获评中国互联网企业 100 强。

南有华强北，北有中关村，中有广埠屯。在很长一段时间内，武汉年轻人买电脑设备、游戏光盘等，第一时间想到的，就是广埠屯。

曾有人将广埠屯电脑城所在的武汉市洪山区类比为北京市海淀区：“洪山区就是武汉‘海淀区’，甚至中关村电脑城在洪山区都有个广埠屯的完美复制品。”

高校林立，学生云集，借时代之东风，得地势之便利，鼎盛时期的广埠屯电脑城商圈占据武汉电脑市场的半壁江山。武汉互联网故事正是从广埠屯开始的。

第一代广埠屯明星是陶振跃和张鹤。

陶振跃在 1994 年创办蓝星电脑，并先后获评武汉市优秀企业家及武汉地区互联网十大风云人物，蓝星电脑作为武汉本土电脑品牌一度红极一时。

凤凰网财经的一份陶振跃简介显示，他带领蓝星电脑集团在短短数年内从一个三尺柜台发展成集科、工、贸于一体的大型高新技术企业集团。蓝星电脑集团在 2001 年度武汉地区百强企业中排名第四十一位，2002 年蓝星电脑销售近 9 亿元，缴税 1100 万元。

时移势易，如今的陶振跃和蓝星电脑已经很少出现在媒体报道里。而据蓝星电脑集团旗下武汉蓝星科技股份有限公司 2022 年 8 月发布的半年报，公司位于光谷，主营业务是面向两轮骑行与经济型新能源汽车行业，提供基础软硬件解决方案。

张鹤，湖北武穴人，1996 年毕业于华中师范大学计算机系，2001 年创办天空软件网站，算是中国的第一代互联网站长。

2006 年，国内互联网的龙头老大——百度豪掷 3000 万元收购天空软件，成为当时百度最大的一次收购案例，也是国内个人网站最大的一次收购案。

此次收购在武汉互联网圈产生的轰动效应，或许只有手机游戏平台九游在

2012 年被 UC 收购、海豚浏览器在 2014 年被搜狐畅游收购可以比拟。

2009 年，张鹤入职社交网站 51.com，担任即时通信部负责人，之后淡出媒体视线。他的新浪微博在 2012 年停更，微博认证依然是天空软件创始人。

恰如上海曾经躲不过的连环追问："为什么阿里巴巴从上海去了杭州？""为什么上海出不了阿里巴巴？"武汉也就此留下了锥心之问："为什么武汉留不住互联网公司？"

在陶振跃和张鹤之后，武汉媒体津津乐道的，是从广埠屯走出的 5 位科技新贵。

盛天网络创始人赖春临、武汉宁美国度科技有限公司（简称"宁美国度"）创始人王洪涛、武汉京天网盟科技有限公司（简称"京天网盟"）总经理李晓峰、武汉攀升鼎承科技有限公司（简称"攀升科技"）创始人陈孝军、武汉名龙堂科技有限公司（简称"名龙堂"）总经理张冉。

2015 年，这五家公司销售额近 50 亿元，超过广埠屯电脑市场销售总额。赖春临是这五位创始人中唯一的女性。

赖春临毕业于华中女子大学（这所学校在 2003 年左右停止招生），1999 年在广埠屯电脑城的走廊摆摊创业，7 年后创办盛天网络，研发出易游网吧平台，逐渐成为全国最大网吧管理软件提供商。

2015 年，盛天网络登陆创业板，是湖北上市的首家互联网企业，连拉 13 个涨停后，市值破百亿元。在此之前，媒体鲜有关于湖北女性个人身家的报道，随着盛天网络的上市，赖春临成为湖北女企业家中无可争议的"财富第一人"。

2018 年是改革开放 40 周年，也是东湖高新区建区 30 周年，湖北日报集团、长江日报集团联手，共同启动"光谷 30 年创新 30 人"影响力人物评选，赖春临当选，颁奖语是："光谷第一个科技'女首富'，闯出湖北首家互联网上市公司。"

除赖春临之外，广埠屯另外 4 位科技新贵的突围之路，同样具有代表性。

他们有个颇具气势的名字——雄霸全国装机市场的"武汉四小龙"。

宁美国度创始人王洪涛，2008 年扎根广埠屯，从广埠屯拿货，到西安、成都卖。

当时网购刚刚兴起，王洪涛在各地考察了一番，认为武汉九省通衢，不仅有电脑零售的商业基础，运往各地的成本也最低。于是他关掉了西安、成都的店铺，于2010年回武汉创业，从线下转战线上，为自己的淘宝店铺命名为“宁美国度”。

2015年，宁美国度卖出100万台组装电脑，销售额达25亿元，稳坐业内头把交椅。

京天网盟李晓峰，1999年从武汉工程大学毕业后在广埠屯卖电脑，高峰时一年赚100多万元，到了2012年做不下去，“逼上梁山”转做电商。

2015年“双11”，京天网盟1天卖出电竞电脑设备1.019亿元，成为“第一个在‘双11’破亿的KA商家（重点客户）”。

攀升科技陈孝军、名龙堂张冉，也是从2012年起，开始转做定制电脑的网上销售，并迅速打下装机市场的半壁江山。

2016年“双11”，湖北省网商协会发朋友圈，称“天猫定制电脑类目，武汉包揽前4名，产业崛起！”其中，攀升科技和名龙堂分列第二、三位。

时至今日，宁美国度、京天网盟、攀升科技和名龙堂这四家从广埠屯走出的武汉定制电脑头部企业，占据全国近八成线上组装机市场——网上每卖出10台组装台式机，有8台就发自武汉。

然而，无论是湖北首家互联网上市企业，还是装机界“武汉四小龙”，荣耀不再归于广埠屯。

盛天网络10年13次搬家，最终在光谷金融港扎下了根，3层办公楼里，每个部门，都用美剧、热门武侠剧人物命名。“不满足于做广埠屯老大，公司未来在光谷。”宁美国度于2016年整体搬入9km开外的光谷智慧园，在8000多m^2的一整栋楼里，进行泛娱乐化渗透、转型。京天网盟、攀升科技移师汉口北，并将各自的科技园落地黄陂。

“怎么说呢，时代淘汰了电脑城，电脑城又淘汰了我们。”一位在广埠屯做了十几年生意的商户接受采访时如是说。

2013年，广埠屯曾经宣布要用3年的时间来转型，走“互联网+”的道路，然而3年过后，属于广埠屯的时代以一种惨烈的方式落幕。

而沿着珞瑜路一路向东，数千米外的光谷，成为武汉互联网的主战场。

捕获“独角兽”

“世上许多重要的转折是在意想不到时发生的，这是否意味着人对事物发展进程无能为力？请写一篇文章，谈谈你对这个问题的认识和思考。”这是2020年上海高考作文题。

而这道题，光谷早已给出了答案。

▼ 武汉未来科技城

2015 年 4 月，一篇名为《出了雷军周鸿祎湖北却消失在中国互联网版图》的文章广为流传，作者是后来创办财经网站及公众号雷递网的雷建平。

缺企业，尤其缺标杆型企业；缺资本，资金不往湖北跑；缺人才，没有好的互联网企业，不足以吸纳足够多的人才；缺政策，对互联网新经济重视不够，相关产业政策严重缺位。文章从多个方面指出了湖北互联网面临的种种痛点。

中国互联网第一阵营中，小米创始人雷军、奇虎 360 创始人周鸿祎均是湖北人。人人网创始人陈一舟，微信产品负责人张小龙，有着华为“天才少年”之称的李一男，PPTV 创始人姚欣，1 号店创始人于刚，本来生活创始人、首席执行官喻华峰等大批互联网现象级精英，皆曾在武汉求学。

“湖北系在互联网圈如此成功，以至于有说法是，湖北人统治中国互联网半壁江山。”雷建平在文中感慨，湖北人在互联网江湖创造辉煌的同时，湖北本土却几乎在中国互联网版图消失。在所有人都在谈“互联网 +”的时代，荆楚大地却难有一家能拿得出手的互联网企业。

他直面湖北互联网发展面临的种种痛点，文章结尾，更是毫不留情地指出：“湖北人或许更应该反思，在‘互联网 +’的时代，自己改变思维才能最终改变落后的命运。”

同年年底，另一篇名为《创业在武汉：这个城市没有“独角兽”！ A 轮稀有，B 轮罕见》的文章再度刷屏。

文中称：“这是一座没有‘独角兽’的城市。翻看整个 2015 年的创业公司融资数据，不同于北京、上海、深圳、杭州等城市上亿元融资屈指难数的盛况，武汉就连融完 A 轮的创业公司都是屈指可数的。”

不过文章并非一味地否定，在采访了多家互联网初创企业之后，作者总结：“没有起来的，终归充满希望，烟波江上，黄鹤楼下，被冠以‘天上九头鸟，地下湖北佬’来夸赞的聪明的湖北人，或许会在不远处给我们惊喜。”

惊喜来得很快。

2015 年 12 月，盛天网络登陆创业板，成为湖北首家互联网上市公司，这也是湖北互联网发展史上的一个标志性事件。

几乎同时，宁美国度宣布年销售突破 25 亿元，1 年跃增 10 亿元，成为全国最大的互联网定制电脑企业。2018 年，武汉大学校友雷军掌舵的小米集团在香港上市次日，宁美国度宣布，要打造互联网行业的“小米”。

2016 年 1 月，来自第三方机构的数据显示，从“九块九包邮”起步的平价电商卷皮网月活跃用户同比增长 692.6%，日活跃用户增长 546.2%，成长十分迅速。

2016 年 5 月，湖北省人民政府门户网站转载文章《光谷崛起新一代互联网高地》，文中援引光谷“互联网 +”办公室负责人观点称，以卷皮网、盛天网络、宁美国度等为代表的湖北互联网“四小龙”已经起飞，光谷正在成为中国新一代互联网的创业高地。

晨兴资本（现改名为五源资本）合伙人刘芹是地道的武汉人，曾投资小米、迅雷等多家高科技公司。2016 年 8 月，刘芹带领 10 多人的晨兴资本团队，相继考察了卷皮网、宁美国度等近 20 家光谷互联网企业。他说，“需要重新审视湖北互联网产业格局”。

据不完全统计，仅在 2016 年，光谷各类互联网企业融资额达 29 亿元，超过历年总和。其中，卷皮网与盛天网络入选工信部评选的 2016 全国互联网企业 100 强。

起飞的光谷“四小龙”背后，是“输就输掉了未来”的湖北武汉以光谷为试验田，蹚出的一条互联网产业再造之路。

“这篇文章深刻影响了湖北互联网行业的发展，也改变了我的命运。”后来成为光谷招商大使的雷建平在一次公开演讲时回忆，在读了《出了雷军周鸿祎湖北却消失在中国互联网版图》一文之后，光谷的相关负责人在北京互联网大会的现场找到他，说：“建平，你不能只是批评，还要多帮忙。”

2015 年 6 月的一个下午，东湖高新区管委会会议室，10 位来自腾讯武汉、盛天网络、依迅电子等光谷互联网企业的面试官，从 21 名来自光谷各行政职能

▲ 卷皮网和斑马快跑，相继成为光谷的互联网“独角兽”企业

部门的“80 后”中挑选了 4 位博士为他们所在的行业服务，光谷“互联网 +”产业发展办公室就此成立。

7 个月后，光谷首次发布《武汉东湖新技术开发区关于促进“互联网 +”发展的若干政策》，设立首期 2 亿元专项发展资金支持“互联网 +”基础设施建设、产业发展、企业培育引进等。特别针对互联网企业来说最烧钱的宽带资费，提出了对自用带宽 100M 以上的重点企业，给予不超过 100 万元的年宽带资费 30% 的补贴。此外，对上轮融资达 5000 万元且估值达 5 亿元的“准独角兽”企业连续 3 年实施办公租金补贴，对知名创业投资机构在高新区设立“互联网 +”创投基金和天使基金的，可按最高比例不超过 50%、总额不超过 1 亿元参与引导投资。

独角兽原是神话传说中的虚构生物，而“独角兽”企业，这个 2013 年在美国诞生的专有名词，指的是成立时间少于 10 年、估值超过 10 亿美元的公司。

作为折射区域经历的一个窗口、观察资本热钱流向的一个窗口，在 2016 年的中国，谁捕获了“独角兽”，就意味着谁占据了新经济的高地，经济前景看好。

2016 年 3 月，武汉斗鱼网络科技有限公司完成 1 亿美元融资。《长江日报》头版显著位置刊发武汉“独角兽”破零的报道，这个“新物种”首次出现在武汉主流媒体中。

次月，同在光谷软件园 F4 栋的卷皮网拿下 6 亿元 C 轮融资，成为第二家“独角兽”企业。一栋楼里“进化”出两只“独角兽”，全国罕见。

时隔多年，宁美国度创始人王洪涛还对一张被称为“‘独角兽’的夜晚”的照片印象深刻。那是凌晨时分灯火通明的 F4 栋。“压力很大，不努力就会出局！”他感慨。

“武汉相继诞生‘独角兽’，并不是巧合。”在卷皮网联合创始人夏里峰看来，湖北从来不缺乏创业基因，遗憾的是连续与电商、个人电脑互联网两个“黄金时代”擦肩而过，幸而现在再次遇到新风口，那就是“互联网 +”和移动互联网，“风口很重要，但对创业者而言，更重要的是一座城市对创新创业释放出的宽容和善意。”

当年 8 月，“助力‘独角兽’企业一鸣惊人，做大做强具有独特产品、潜在价值、市场前景极好的初创企业”被武汉列入加快建设创新型城市“十大计划”。

武汉理工大学教授白玉在参加一场由武汉政府和媒体组织的“独角兽”主题的论坛时说，武汉创业生态已经出现了质的转变，正大力吸引和包容创业者，而武汉“敢为人先、追求卓越”的城市精神，正好契合了“独角兽”企业“异想天开”的基因。

同一场论坛上，深创投总经理刘敏预言：“武汉会裂变出大量的‘独角兽’和‘准独角兽’，风投会像蜜蜂一样盯住这里。”

2017 年，成立两年的“货运版 Uber”武汉斑马快跑科技有限公司（简称“斑马快跑”）融资 6.5 亿元，成为湖北诞生的第三家互联网“独角兽”企业。连续创业者李佳风头一时无两。

2018 年，长城企业战略研究所发布“2017 中国‘独角兽’企业榜”，安翰光电、卷皮网、斑马快跑、武汉直播优选在线教育科技有限公司（简称“直播优选”）等五家武汉企业上榜，无一例外，全部位于光谷。

其中，直播优选是在线教育巨头尚德机构在光谷设立的新公司总部，安翰光电则从光谷生物城起步，主打“磁控胶囊胃镜”机器人。

这是一份令人骄傲的成绩单：在全国高新区“独角兽”分布排名中，武汉排名第五。

湖北省网商协会相关负责人还清楚地记得：“2017 中国‘独角兽’企业榜”公布，武汉 5 家“独角兽”企业上榜，仅次于北京、上海、杭州和深圳，数量上超越了香港和广州，“当时办公室里一片欢腾”。

2019 年，同样是长城企业战略研究所发布的《2018 年中国“独角兽”企业发展报告》，同样是 5 家“独角兽”上榜，同样全部位于光谷。城市排名武汉位列第七。其中，最新上榜的药帮忙（武汉小药药医药科技有限公司旗下平台）是一个快速成长中的医药 B2B 电商平台，被誉为光谷最大的“隐形独角兽”。

当然，从更长的时间周期来看，成为“独角兽”并不意味着故事的结束，它们能否扛过市场与时间的检验，还是未知数。然而回到当时的武汉，“独角兽”两年从“0 到 5”，从缺席到聚集，实在是巨大的惊喜，极大提振了武汉互联网的产业信心。

发力“第二总部”

2019 年 12 月 18 日的武汉高新大道特别热闹。位于高新大道 999 号的未来科技大厦里，2019 中国光谷“3551”国际创业大赛半决赛开战，来自全球的八大项目突围而出，拿到 19 日总决赛门票。一路之隔，新思科技武汉全球研发中心落成，4km 外，小米武汉总部宣布开园。

小米武汉总部位于高新大道与花山大道交会处，紧邻东湖高新区管委会，由日本建筑师长田直之设计的大楼造型简洁干脆，棱角分明，主体为钢结构，外立面为全玻璃幕墙，恰似两个方方正正的玻璃盒子，被形象地形容为“光谷之‘光

BOX’”。

从确定拿地到奠基、封顶，小米武汉总部大楼项目就不断上演着“小米速度”：从看地、选址到摘地，只用了 1 个月；从奠基动工到结构封顶，只用了 5 个月；直到大楼完成全面竣工，仅用了不到 1 年的时间。

到武汉宣布开园的小米集团创始人、董事长雷军介绍，截至小米武汉总部开园，小米科技、金山软件、顺为资本三家公司在武汉的第二总部发展迅速，两年时间员工已增至 2000 余名，其中大部分是在本地招聘，核心业务已达到 10 余项，未来将成为小米集团的超大研发总部和人工智能时代的技术高地。

时间回到 2017 年初，时任湖北省委副书记、武汉市委书记陈一新，在一次招商引资大会上，公开向雷军喊话，希望他回武汉看一看。雷军收到消息后说：“我从媒体上看到这个报道，觉得压力有点大。”

同年 4 月底，陈一新率团专程赴京，考察小米集团总部，邀请雷军回武汉。5 天后，雷军带领他所挂帅的小米科技、金山软件和顺为资本三个公司的高管团队来到武汉。6 月，武汉市与小米科技、金山软件、顺为资本签署战略合作框架协议。到了 11 月，小米科技、金山软件和顺为资本三家雷军系公司，在光谷金融港 B24 栋举办了热闹的入驻办公仪式。

雷军给武汉招商引资带来的影响是立竿见影的。就在小米宣布武汉设立第二总部后，小米生态链里的企业相继跟随：例如做定制耳机的小米生态企业——西安慕声电子科技有限公司，就跟着雷军从西安来到了武汉，在光谷设立第二总部及大学生实践基地；做智能驾考的木仓科技，将总部从北京搬到了武汉光谷，落地了新工厂，开拓出硬件制造板块。

也正是从小米武汉总部落地光谷起，“第二总部”现象在光谷集中爆发，成为全国瞩目的产业现象。

雷军之后，又一湖北籍互联网大佬周鸿祎，将 360 数字安全集团第二总部落子武汉，在光谷设研发运营中心。

在离乡 14 年后，海淘“独角兽”企业小红书科技有限公司（简称“小红书”）

创始人毛文超和瞿芳，在光谷建起全球科技总部，作为第二总部与上海双总部运行。2013年，正是在东湖听涛轩东侧的小岛上，两位武汉校友定下了小红书的“户口本”名称：行吟信息科技，出自武汉著名历史建筑行吟阁。

“在武汉设立第二总部，是人生中继读书、归国、创业的另一重大决定。”瞿芳在接受媒体采访时说，小红书选择武汉，不仅是因为它是创始人的家乡，更因为这座城市展现出来的发展动能与广阔前景，政府对创业者、人才有着急切的渴望与支持，武汉是互联网优秀人才的洼地，特别适合小红书的人才战略。

▲ 位于光谷高新大道的小米武汉总部

不完全统计，2017 年，共有小米、科大讯飞、小红书等 24 家互联网企业，宣布在光谷设立总部或第二总部，涵盖人工智能、互联网教育、交通出行、网络安全、安防等多个细分领域，创造数万个就业岗位，光谷“互联网 +”新兴业态迅猛发展。

当年 10 月，《21 世纪经济报道》发文《新互联网经济园区效应：武汉光谷第二总部模式错位竞争》。文中称，以第二总部模式发展起来的东湖高新区的新网络经济产业已经初具规模，并与一线城市形成错位竞争。目前，这一产业已与其他千亿产业一样，成为东湖高新区新兴支柱产业之一。

“到目前为止，我们已有 2 家‘独角兽’企业，1 家上市公司，此外还有大批量国内最热门的互联网公司已经或即将落户。”文中援引时任光谷“互联网 +”办公室副主任李猷的言论，“我们不是摘果子，而是以种苹果树的方式培育产业。”

相隔数日，专注于产业园区的新媒体《园区界》发表文章《39 家中国公司设“第二总部”巨型税源引发城市战争》，文中称：“准一线城市是这一波企业迁徙潮里的大赢家，武汉是数量上的‘最强王者’，上海是实力玩家。”

文章同时指出，虽然数量上是“最强王者”，但第二总部落户武汉的企业多是“独角兽”企业，处于上升期，发展迅猛但税源不稳定。

2022 年，武汉总部各公司整体营收突破 10 亿元，人员规模从 2017 年的 37 人发展到近 1800 人，增长 48 倍，金山软件 5 年来在光谷的快速发展，成为光谷总部经济蓬勃发展的一个缩影。

光谷四路与高新四路交会处，金山软件自建的金山武汉总部项目拟投资 40 亿元，预计 2024 年完工，最多可容纳员工 9000 人。未来将在武汉打造金山办公国际总部、金山云数字医疗云总部、全球游戏发行中心、金山世游全国美术基地等，把武汉总部建设成为面向全国、辐射全球的桥头堡，产品研发、创新的加速器，孵化、运营的大本营。

相隔不远，小米武汉科技园项目于 2023 年 12 月正式建成，将打造以研发、产业园区和智能制造为主的超大研发中心。项目距离 2019 年 12 月投用的小米武汉总部，直线距离仅 4.2km。

近几年，为推动城市经济转型升级以及高质量发展，各地都在加大力度发展“总部经济”。

2021 年 11 月，武汉市发布《武汉市加快推进总部经济高质量发展的政策措施》，提出支持新引进总部企业落户，最高可奖励 4000 万元。力争通过 5 年努力使全市“总部企业”数量突破 400 家。

光谷乘势而上，“总部经济”发展明显加速。短短的 1 年间，一批企业总部、区域总部或创新总部先后落地光谷。

腾讯（武汉）数字产业总部选址光谷中心城中建科技产业园，致力于打造国内顶尖的数字产业总部；极狐中国独立运营总部落户关山大道，牵手百余家汉企拓展开放源代码产业；明源云全国第二总部选址光谷中心城和现代服务业园，预计未来 5 年在汉员工将达 5000 人；骆驼股份创新总部入驻光谷，发力新能源储能电池产业；软通动力第二总部落户光谷中心城，产业集聚生态链将吸纳超过 1 万人就业；OPPO 华中软件研发与技术能力中心落户光谷中心城国采中心；美的（武汉）软件中心入驻光谷花山武汉软件新城……

据不完全统计，截至 2022 年底，已有 80 多家国内知名互联网企业在光谷设立华中总部或第二总部，多承接企业的新业务板块或者研发中心，新增就业岗位近 4 万个，带动光谷互联网产业发展为湖北“光芯屏端网”万亿产业集群的一极。

“我们要加强大公司的引进，不能总是害怕别人抢了我们的饭碗。”光谷互联网行业协会会长王开安曾多次表示，互联网信息更新迭代速度飞快，城市需要广阔的胸怀，去包容各种各样的技术公司，加强技术交流，提升技术能力。

虽然光谷在中国互联网版图上开始崭露头角，但在王开安看来，第二总部的引进，可以增强光谷的竞争力，特别是技术研发型企业，可以为光谷培养技术人才，却并不能让光谷领先全国，“需要发展头部企业，人才、技术才能更好地聚集起来，视野和格局才能更加宽阔”。

对于光谷大力引进第二总部，知乎上获得高赞的一条评论是：“光谷打造第二总部这件事，不但应该做，而且要持续做，做到孵化出越来越多本地‘独角兽’龙头企业的第一总部为止。”

最强“后浪”站上舞台

2020 年 6 月，武汉成立数字经济发展委员会，力争用 3 年时间，使数字经济增加值占国内生产总值比重超过 50%，成为全国 5G 先用先试城市，创建国家数字经济创新发展试验区，建成全国数字经济一线城市。

正如阿里巴巴集团助推杭州成为“数字经济第一城”，武汉冲击“数字经济一线城市”的背后，正是大批光谷互联网企业在各自领域的策马奔腾。

2020 年 2 月底，光谷互联网企业石墨文档宣布完成 B+ 轮数千万美元融资，互联网圈一片欢腾。

石墨文档算不上初创企业，国家提出“大众创业、万众创新”的这一年，从硅谷回汉的双胞胎兄弟吴洁、吴冰共同创立了石墨文档。

虽然成立多年，屡有融资的消息传出，也受到了许多人的关注，但和其东方风韵的产品风格一样，石墨文档一直是文档领域“稍显安静”的一家创业公司，很多人甚至意识不到这是一家武汉互联网公司。

官方数据显示，截至该轮融资，石墨文档注册用户数已超过 2800 万，企业用户数超 37 万家。

创始人吴洁在接受采访时说：“石墨文档绝对不是小而美，而是大而美。”另一位创始人吴冰则表示：“石墨文档有机会成为一家百亿美金的公司，甚至更多。”

石墨文档完成 B+ 轮数千万美元融资的这一年，成立刚刚 3 年的灏存科技斩获中国光谷“3551”国际创业大赛全球总决赛二等奖。

在创办灏存科技之前，从海外归国的熊鹏航先后就职于雷诺集团和东风雷诺

▲ 艺画天开创始人阮瑞

信息技术部。一次坐地铁上班，一个反复玩手指的小朋友吸引了他的注意："他反复玩耍手指的过程中，让我想透了手指关节转角，可以用来探测肢体动作的一个原理，这个小朋友给我的大脑来了一次风暴。"

"在早期的几年，相比于商业公司，我觉得我们更像是一个极客团队。虽然研发人员不多，但每天都在创造。"熊鹏航说。截至 2022 年底，作为华中地区目前唯一的专注动态捕捉技术并且掌握底层传感器技术的企业，灏存科技开发的数据手套迭代到了第九代，而全身动态捕捉已经进入第五代。

"期待 2027 年前后，冲击上市；5 年后，公司的智能穿戴设备将进入家庭生活。"对灏存科技的未来，熊鹏航目标清晰——掌握底层关键核心技术，做元宇宙时代的先行者，"我相信，我们能成为武汉在元宇宙领域里的一张名片。"

熊鹏航期望做元宇宙时代的先行者，而武汉艺画开天文化传播有限公司（简称"艺画开天"）创始人阮瑞则致力于让国创动画"破圈"。

2021 年 11 月，视频网站哔哩哔哩以线上直播形式举办了 2021—2022 国创动画作品发布会，时长 2 分多钟的《三体》动画版最新预告片，在发布会上第一个播出，吸引广大网友发弹幕喊话“三体三体，我是你的催更人”。作为联合出品方并担任制作的艺画开天以及其“80 后”创始人阮瑞成为媒体焦点。

事实上，在《三体》之前，成立不过数年的艺画开天已在动漫圈声名鹊起。2017 年推出的《幻镜诺德琳》及前传《疯味英雄》两部动画作品在豆瓣分获 9.3 和 9.0 的高分；2019 年上线的《灵笼》画质精美，世界观宏大，第一季的播放量超 5.6 亿次，880 万人追番。

《灵笼》是近年来国内动画领域单体体量最大的动画片之一，被媒体形容为“每一帧都在燃烧经费的国漫”“一次本土幻想题材的单兵突围”，能够刷新纪录的就是万众瞩目的《三体》。

作为目前中国动画剧行业投资最大的项目，《三体》动画历时 3 年制作，原画设计超过 1 万张，场景、角色、道具等数字资产超过 2000 套。2022 年 12 月开播后，首日播放量破亿。

在光谷诞生的《三体》因全球性品牌“出圈”，以中国元素“出海”的同时，光谷游戏行业的“出海”之路，同样令人鼓舞。

武汉哈乐沃德网络科技有限公司（简称“哈乐沃德”）海外发行的手机休闲游戏 *Fish Go.io*（《去钓鱼》），多次登上韩国、泰国、法国、德国等国苹果商

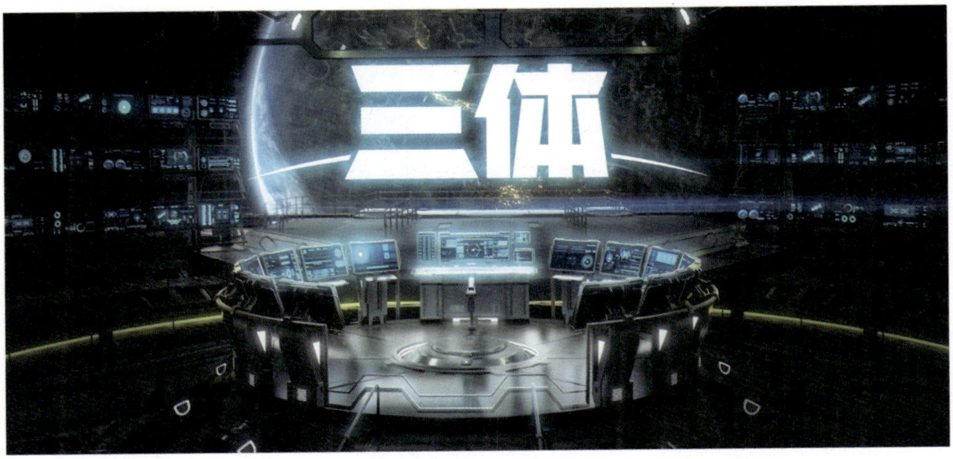

▲ 2021 年《三体》动画版预告片上线，让光谷动漫公司艺画开天出圈爆红

店游戏类前十名。

同在光谷的游戏企业武汉九龙云天信息科技有限公司（简称“九龙云天”）推出的 *Space Attack*（《太空攻击》），在欧美区域付费用户已超 10 万户。

继坐拥数亿玩家的现象级游戏《贪吃蛇大作战》之后，武汉微派网络科技有限公司推出的续作《贪吃蛇进化论》，境外打榜成绩同样不俗。

然而，无论是在校即创业的哈乐沃德创始人夏林威，还是毕业即创业的微派网络“90 后”创始人唐路遥，抑或是国内最早的 H5“探路者”、九龙云天首席执行官卿赟，他们都极少出现在媒体的报道中，公众对其知之甚少。

横空出世的福禄网络创始人符熙，同样是张新面孔。

2020 年 9 月，通过“云敲钟”，福禄控股正式登陆香港交易所，该企业是游戏虚拟产品充值领域的国内第一，也是湖北省当年首家境外上市公司，首家互联网上市企业。

时年 31 岁的符熙“浮出水面”，这也是当时湖北最年轻的上市公司首席执行官。有网友感慨，武汉互联网最强“后浪”站上舞台。

在上市仪式现场，盛天网络董事长赖春临、两点十分董事长王世勇、卷皮网创始人夏里峰、宁美国度董事长王洪涛等悉数到场，俨然成了武汉互联网界的盛宴。王世勇说：“这的确是提振人心的事！为武汉！为武汉互联网！为我们这一代光谷‘后浪’！”

虽然创始人年轻，事实上用“后浪”来形容福禄网络并不准确。福禄网络成立于 2009 年，彼时，20 岁的符熙还是中南财经政法大学的学生，主修计算机信息管理，离毕业还有 3 个月的时间。

历经在虚拟服务行业 10 年的沉淀，福禄网络实现年交易额超百亿，受到腾讯、阿里巴巴、百度、完美世界、盛大游戏、巨人网络等行业巨头的青睐。以 2018 年的收入计算，福禄网络已是中国最大的第三方虚拟产品及服务提供商。

有媒体报道称，福禄网络一直是那个躲在巨头背后的服务者。除了少有的几次线下参展活动，这家虚拟充值服务商鲜少在公众面前露面。明明每年服务的用户数以亿计，但福禄网络在用户面前的形象仍然是近乎透明的。

符熙在上市致辞中说，这 11 年间，公司既不曾主动走到聚光灯前，也没有拿过任何一笔融资，唯一专注的事情，就是持续不断地在虚拟商品及服务行业里耕耘，“福禄网络的上市证明了，即使在巨头环伺的互联网行业，那些踏踏实实做事、能够创造独一无二的价值的公司，依然可以脱颖而出”。

2020 年 1 月，在参加完“光谷互联网 + 创新发展论坛”后，雷建平在接受一位记者采访时说，光谷新兴企业很多，很多都是之前没听说过的，这说明光谷的互联网创业进入了一个热带雨林期，“生物多样性”越来越突出。

数据显示，截至 2019 年底，光谷本土互联网企业已突破 2800 家，比 1 年前增加了 700 家，从业人员超过 10 万人。

这两年，时有媒体发问：武汉如何快马加鞭，追赶互联网第一梯队城市？如何在与杭州、成都等地的竞争中，真正成为“数字经济一线城市”？

浪起大江，终是人为。